Für C & F

1

Und wieder strahlte die Maisonne Wunder hervor. Beatrice Hertz betrachtete die Jungpflanzen, die bereits vor den Eisheiligen aus dem Gewächshaus ins Freie gewandert waren und es nun, nach kurzer Eingewöhnungszeit, offenbar eilig hatten, in reinem Licht und reiner Luft so rasch wie möglich groß und stark zu werden. Bis zum Spätsommer würden diese zarten Pflanzen zu zwei Meter hohen Bäumchen heranwachsen, siebenblättrig, üppig grün und fruchtbeladen. Beziehungsweise üppig beladen nur mit harzigen Blüten. Und genau deshalb war Bea nicht annährend so begeistert wie der Gärtner selbst, ihr alter Freund Albert.

„Albert. Das ist nicht dein Ernst."

„Was?"

„Das geht nicht, im Freien."

„Wieso? Die ganze Reihe links sind doch Tomaten, das fällt nicht auf."

„Kein Mensch verwechselt *Northern Lights* mit Tomaten."

„Doch, doch, die meisten. Die Blätter sehen sich zum Verwechseln ähnlich."

„Aber nicht die ausgewachsenen Pflanzen."

Albert fuhr den Arm aus und beschrieb mit nach oben gewandter Handfläche ein Panorama – sein kleines kultiviertes Reich inmitten des wilden Hektars: 300 Quadratmeter, eingefasst von einem eins fünfzig hohen Wildzaun.

„Brombeeren. Himbeeren. Wuchernd wie verrückt, Sichtschutz bis zwei Meter Höhe, ab Ende Mai. Die Tomatenstauden binde ich eh hoch, die Rankstangen sind extralang. Nach vorn die Pflaumen, nach rechts das Gewächshaus. Erkenntnisgefahr von außen droht mithin nur, wenn ein fremder Kurier, von vorn kommend, das Haus mit seinem Röntgenblick durchdringt. Aber selbst dieser Superheldenkurier würde im Leben nicht erkennen, dass da ein bisschen Hanf zwischen den Tomaten wächst."

SVEN BÖTTCHER

DIE APOTHEKER

Roman

RUB|KON

„Zwanzig Pflanzen sind nicht ‚ein bisschen Hanf'."
„Dreißig."
„Danke. Eins fünfzig hoch, und..."
„Zwei Meter. Brennnesselboden, stark stickstoffhaltig, dazu die effektiven Mikroorganismen und die Düngung mit extra Brennnesseljauche..."
„Genau. Und ab der Blüte erkennt das sowieso jeder Blinde. Sogar jeder Blinde mit 'ner Wäscheklammer auf der Nase." Bea deutete nach vorn, über den halb zugewachsenen Graben. Direkt dahinter bot sich ein völlig anderes Bild als der Albert'sche Wildwuchs: Apfelbäume, gestutzt auf zwei Meter Höhe, Fruchtsoldaten im Spalier. Bis zum Horizont.
„Lässt Werner immer noch den Kindergarten da durchwandern?"
„Kinder wissen nicht, wie Gras riecht."
„Kindergärtnerinnen auch nicht?"
„Nein. Sollten sie jedenfalls nicht, kiffende Kindergärtnerinnen wären ein Fall fürs Jugendamt."
„Du weißt, dass die Mindeststrafe für so was ein Jahr Haft ist, ohne Bewäh..."
Albert legte Bea die Hand auf den Unterarm, beruhigend, und unterbrach sie. „Bea, weißt du, was mir *wirklich* Sorgen macht?"
„...?"
„Die Nacktschnecken."
„Albert."
„An Noahs Stelle hätte ich die nicht an Bord gelassen. Die ersten Kohltriebe, angezüchtet im Gewächshaus? Trotz Schneckenkorn schon im späten Januar, trotz Kupferband und Schnexagon um die Hochbeete, alles weg, ratzekahl. Aber weißt du, was de facto absolut faszinierend ist?"
„Dein Talent, mitten im Satz das Thema zu wechseln?"
„Die Schnecken erkennen *bio*."
„...?"

„Ernsthaft. Die Biopflanzen sind sofort weg. Die Vergleichsgruppe aus dem Baumarkt hingegen – lassen die Schnecken erst mal stehen."

„Faszinierend", sagte Bea.

Albert schaffte es mühelos, die Ironie zu überhören. „Nicht wahr? Und was für ein Beleg für meine Theorien! Selbst die gemeine spanische Nacktschnecke erkennt, dass sich das manipulationsfreie Gemüse in vitalerem Photonenzustand befindet als die degenerierte Variante vom Obi!"

Bea Hertz war eine höfliche Frau. Meistens. Besonders älteren Menschen gegenüber. Und Albert war mit seinen 65 Jahren nun mal 13 Jahre älter als sie, eindeutig volljährig. Konnte also meinen und machen, was er wollte. Grundsätzlich. Nur konnte Bea nicht ausblenden, wem das Stück Land gehörte, auf dem sie und Albert gerade standen – nämlich ihr und ihrem Mann Johannes. Und dass Albert die mitten auf dem Stück Land stehende umgebaute Obstscheune ohne Mietvertrag bewohnte, inoffiziell. Offiziell also gehörte die werdende Cannabisplantage des verrückten Ex-Wissenschaftlers – ihr. Und Hannes.

Bea einigte sich daher abschließend mit sich selbst auf einen Kompromiss. Lahm, aber höflich.

„Albert. Wehe, du und Hannes macht hier Quatsch."

„Wir? Ich? Hannes! Nie im Leben!"

Albert unterstrich seine Versicherung mit einer entschiedenen Geste. Hand aufs Herz. Bea sah darüber hinweg.

„Wo ist eigentlich deine Ernte vom letzten Jahr?"

„Oh. *Geraucht* hab ich die nicht. Rauchen ist total ungesund. Oh, du lieber Gott, das hab ich ja völlig vergessen!"

„Was?"

„Das Geburtstagsgeschenk! Übermorgen! Versprochen! Sag Hannes das bitte, und nimm ihn von mir in die Arme! Rehrücken! Hängt aber noch bei Werner in der Stallgasse."

Bea nickte. Es war ja offensichtlich komplett sinnlos, dem Gärtner noch weiter Vernunft nahebringen zu wollen.

„Du kommst übermorgen zu uns?“

„Aber nein, ihr kommt zu mir. Hat Hannes dir das nicht gesagt?“

Bea schüttelte lächelnd den Kopf. „Wo denkst du hin? Aber Danke für die Einladung.“

2

Johannes Hertz hatte die maskierte Kundin noch nie gesehen, die eben in seine Apotheke getreten war und ihn nun schnurstracks und wortlos mit einem ausgefüllten Rezept bedrohte. Ihm war aber auch ohne Worte bereits klar, dass hier kein Beratungsbedarf bestünde. Nicht nur, weil die Neukundin etwa 120 Kilo wog, eine geräumige McDonald's-Tüte in der Linken hielt und aus der ALDI-Tüte in ihrer Rechten zwei Großpackungen Erdnussflips ragten. Nichts davon war eindeutig. Dafür aber der Blick der Dame, eine ernste Mischung aus Misstrauen und Warnung.

„Guten Tag“, sagte Hannes.

Die Maske sagte „Hmpf“, auffordernd. Hannes sah auf das Rezept. Ein Betablocker, ein Cholesterinsenker, ein ACE-Hemmer. Alle drei Präparate nach seiner Ansicht nicht die besten bei offensichtlich diagnostiziertem metabolischem Syndrom, aber alle drei zwischen Herstellern und Kassen im Rahmen von Rabattverträgen als empfehlenswert ausgehandelt. Stammkunden wies Hannes auf diesen Sachverhalt hin, gelegentlich. Neukunden nicht, denn jeder Neukunde war ein potenzieller Denunziant, ein Testkäufer.

Hannes wies den Komissionierautomaten via Bildschirm an, die verordneten Präparate auszulagern, und stellte sie vor der Maskierten auf den Handverkaufstisch.

Die Maske gab einen Laut von sich, den Hannes optimistisch als Zustimmung wertete. „Und Wiedersprint.“

Hannes korrigierte ihre Aussprache nicht, denn im Großen und Ganzen lag sie ja richtig. Seiner Einschätzung nach war die Frau allerdings nicht wohlhabend, deshalb konnte er sich die Frage nicht verkneifen.

„Wenn Ihr Arzt einen Vitamin-B12-Mangel festgestellt hat, ließe sich der auch mit einem anderen Präparat ausgleichen. Sogar besser, wenn Sie das B12 sublingual einnehmen."

Der Blick der Kundin wurde noch etwas misstrauischer, aber Hannes hatte die hilfreiche Übersetzung von *sublingual* bereits ausgesprochen.

„Zum Lutschen."

Der Kontext spielte jetzt keine Rolle mehr. Hannes entnahm dem Blick seiner Kundin, dass sie ihn für gefährlich hielt.

„So weit kommt das noch."

„B12 wird über die Mundschleimhaut..."

„Das dürfen Sie doch gar nicht."

„Was?"

„Hier was anderes verschreiben als Doktor Willert."

„Ich verschreibe gar nichts. Aber Sie müssen das selbst zahlen, und mein Vorschlag kostet Sie nur halb so viel wie der von Doktor..."

„Wiedersprint."

„Ja. Sehr gern."

Hannes musste sich nur umdrehen. Das gewünschte Produkt stand prominent in der Sichtwahl. Wie alle Produkte, die Apotheker und Hersteller glücklich machten.

Die Kundin zahlte mit Karte. Wortlos.

Hannes verabschiedete sie freundlich. Sie nahm es wohl zur Kenntnis, aber ihrem Blick nach zu urteilen vermutete sie auch hinter Hannes' „Einen schönen Tag noch" eine Falle.

Glücklicherweise stand nun Frau Engler vor Hannes, als nächste Kundin. Und Hannes freute sich aufrichtig, sie zu sehen. Er begrüßte sie, indem er ihr seine behandschuhten Hände hinhielt, Frau Engler nahm den Gruß mit beiden bloßen Händen auf, lächelnd.

„Herzlichen Glückwunsch."
„Danke, Frau Engler."
„Sechzig?"
„Dem Ausweis nach, ja."
„Den können Sie ja ignorieren."
„Problemlos."

Betont sanft hielt Hannes weiter die fragilen Hände der 82-Jährigen, die er nun schon seit fast einem Jahrzehnt kannte, schätzte und begleitete. Marianne Engler hatte mehrmals dem Krebs getrotzt, zuerst mit Mitte vierzig, dann wiederholt mit Mitte und Ende siebzig. Nach der verheerenden letzten Chemotherapie vor vier Jahren hatte sie sich entschlossen, die Chemie abzusetzen und dem Leben seinen Lauf zu lassen. Ihre Ärzte hatten ihr versichert, sie werde binnen drei Monaten tot sein.

Hannes hatte damals keine Prognose gestellt. Er hatte lediglich zu Frau Englers Entscheidung genickt, als sie ihn informiert hatte, sie werde keine weitere Chemo machen. Und er war vorsichtig gewesen, als sie ihn höflich gefragt hatte, was sie denn jetzt noch tun könne oder solle: Er war ja kein Arzt. Sondern Apotheker. Mochten seine biologisch-medizinischen Fachkenntnisse auch hundertmal weiter reichen sein als die jedes Arztes – er durfte niemanden behandeln. Im Grunde durfte er nicht einmal beraten, auch wenn viele seiner Kunden das irrtümlich annahmen. Die Formulierung „fragen Sie Ihren Arzt oder Apotheker" war auf geschickte Weise irreführend gewählt, denn *vor* dieser Anweisung stand ja ausdrücklich: „Zu Risiken und Nebenwirkungen". Und eben nicht „Zu Wechselwirkungen und Studienergebnissen". Erst recht stand da nicht „Fragen Sie Ihren Apotheker, ob er das Medikament für geeignet hält, ihre gesundheitlichen Probleme zu lindern", geschweige denn „Fragen Sie Ihren Apotheker, ob er die Diagnose Ihres Arztes für richtig hält".

Nichts davon war Hannes gestattet, kein Kommentar, kein Hinweis, keine Antwort, selbst wenn man ihn fragte. Er durfte tatsächlich nur Auskunft geben zu „Risiken und

Nebenwirkungen", also dem fragenden Kunden den Beipackzettel vorlesen. Äußerte er sich weitergehend, verstieß er gegen alle Regeln und Gesetze und riskierte seine berufliche Existenz.

Marianne Engler hatte ihn damals, vor vier Jahren, nach Cannabis gefragt. Ihm flüsternd, aber offen und ehrlich mitgeteilt, sie habe damit in jungen Jahren gute Erfahrungen gemacht und wolle das letzte Stück ihres Weges lieber ohne Schmerzen und mit guter Laune zurücklegen als mit Schmerzen und schlechter Laune. Mit dem ausdrücklichen Zusatz, sie sei – auch wenn sie nicht so aussehe – bereits volljährig und kenne die langfristigen Risiken und Nebenwirkungen des Marihuanakonsums, mache sich jedoch keine allzu großen Sorgen, abhängig zu werden und dann binnen ihrer kommenden zwanzig Lebensjahre allmählich zu verblöden.

Hannes hatte sie sofort ins Herz geschlossen. Und da sie nun schon mal da war, direkt in seinem Herzen, hatte er auch ihr Problem lösen können. Vernünftig, wie es generell seine Art war, aber auch vollständig illegal, wie es generell seine Art war, wenn Vernunft und Gesetzeslage kollidierten. Diesbezüglich war Hannes unheilbar. Stieß sein gesunder Menschenstand auf ein Verbotsschild, zog das Schild den Kürzeren. Er hatte durchaus versucht, auf Beas Wunsch, sich diesbezüglich selbst umzuerziehen, aber es war ihm nicht gelungen. Er brachte es einfach nicht über sich, nachts an einer roten Ampel, auf leeren Straßen bis zum fernen Horizont, vor Rot stehen zu bleiben. Als verantwortungsvoll handelnder Erwachsener nahm er das Rot als Warnhinweis gern entgegen, entschied dann aber selbstredend richtig und fuhr weiter. Ebenso konnten und durften nach seiner Ansicht seine alljährlich etwa 30.000 erwachsenen Mitbürger entscheiden, sich im Vollbesitz ihrer geistigen Kräfte die Leber tödlich mit Alkohol zu ruinieren und daran zu sterben. Ebenso zulässig erschien es ihm aber auch, wenn ein geistig gesunder Erwachsener mit terminalem Krebs entschied „Ich möchte jetzt gern sterben" und um eine Einschlafhilfe bat. Oder eben verkündete: „Ich kiffe mich jetzt zu, bis ich vor Lachen tot umfalle." Diese Form der Selbstbestimmung lehnten indes etwa achtzig Prozent seiner Mitmenschen ab, als Kollektiv, als „Staat" formuliert und durchgesetzt mittels drakonischer Gesetze. Diese achtzigprozentige Ablehnung der Selbstbestimmung empfand Hannes überaus respektlos und lehnte sie seinerseits ab. Natürlich respektvoll.

Für Marianne Engler war es ihm leichtgefallen, die rote Ampel zu ignorieren, also das bestehende Betäubungsmittelgesetz zum Zeitpunkt ihrer Anfrage. Damals nämlich hatte die Industrielobby noch nicht begriffen, dass „Medizinalhanf" ein Riesengeschäft sein würde, und vor der Verschreibung und Abgabe an Patienten hatten gewaltige juristische Hürden gestanden. Den Gang zum Bahnhofsdealer aber hatte Hannes Frau Engler nicht zumuten wollen, also hatte er ihr Problem unbürokratisch gelöst. Mit Alberts freundlicher Unterstützung.

Marianne Engler hatte es ihm leicht gemacht, vernünftig zu handeln. Erst recht, da die von der Medizin aufgegebene Gesundheitskundin ja nicht nur nach Gras verlangt hatte, sondern in jeder Hinsicht selbst Verantwortung übernommen hatte, im Wissen, dass ihre Überlebenschance – nach Ansicht ihrer Ärzte – bei null lag. Im Wissen, dass es schiefgehen konnte. Dass sie in Lebensgefahr schwebte.

Englers verschwörerisch geflüsterte Worte von damals hatte Hannes nicht vergessen. „Herr Hertz, sagen Sie das hier bloß keinem, aber wir schweben *alle immer, jeden Tag,* in *Sterbensgefahr.*"

Danach war alles sehr leicht gewesen. Denn wer vor dem Sterben keine Angst mehr hat, den schreckt im Leben nichts mehr.

Vier Jahre später sah Frau Engler immer noch sehr lebendig aus. Und sehr vergnügt. Beim damals festgelegten Codewort war es geblieben.

„Meine Baldriansalbe geht zur Neige."

Hannes nickte.

„Stelle ich heute noch her und schicke Ihnen einen Kurier. Wann sind Sie denn morgen zu Hause?

„Oh. Nach dem Ausritt, vor dem Tennis. Danach muss ich ruhen, mich ankleiden lassen und abends auf einen Ball. Also, zwischen 14 Uhr und 14 Uhr 30 wäre ich verfügbar."

Hannes lächelte.

„Nein", sagte Frau Engler. „Ich bin den ganzen Tag da. Aber wenn Sie einen Kurier schicken, sagen Sie dem bitte, dass der Kleine nicht empfangsberechtigt ist."

„Selbstverständlich. Macht er Ihnen weiter Kummer?"

Engler lächelte und seufzte gleichzeitig. „Ach, Kummer, nein. Doch eher Sorgen."

Sie sah nach links, zum Ausgang der Apotheke, Richtung Fußgängerzone, und Hannes ließ ihrem Blick seinen eigenen folgen.

Marianne Engler war früh Mutter geworden, und der Kleine, Hartmut, der draußen wartete, hatte inzwischen wieder seine Geburtsfrisur – ein bisschen Flaum links und rechts, dazwischen viel Glanz.

„Wenn ich's nicht besser wüsste", sagte Engler, „würde ich an Eides statt versichern: Der ist nicht von mir. Kleinlich, gnatzig, kulturlos, verzagt."

„Er schlägt wohl mehr nach dem Vater?"

„Der hat noch nie nach irgendwas geschlagen."

Hannes nickte mitfühlend, weiterhin in Hartmut Englers Richtung schauend. Hartmut, maskiert und behandschuht draußen am Rand des Passantenstromes stehend, fand offenkundig keine rechte Einstellung zum von ihm zu beaufsichtigenden Rollator seiner Mutter. Er wechselte stetig zwischen beidhändig, wenn Menschen mit Migrationshintergrund sich näherten, und größtmöglicher Distanz zur Gehhilfe, sobald Frauen unter vierzig sich ihm näherten. Wegen des starken Publikumsverkehrs stellte das offenkundig eine stressige Herausforderung dar.

„Vielleicht kommt das ja noch", sagte Hannes, „wenn er erwachsen wird, die Freude, die Gelassenheit, die Weisheit."

„Er ist 56.“

„Geben Sie die Hoffnung nicht auf.“

„Herr Hertz, ich bitte Sie! Das Reihenhaus ist fast bezahlt, die Mutter durchaus wohlhabend mit überschaubarer Restlebenserwartung, dazu mehrere Rentenansprüche gegen Betrieb, Staat und private Versicherer – und doch bleibt er beherrscht von stetiger, alltäglicher Angst. Seit Covid schaut er sich sogar *Haus des Geldes* nur noch mit Maske an.“ Sie seufzte tief. „Ach, Gott. Und ich dachte damals, in seinen ersten Lebensjahren, irgendwann legt sich das mit dem ‚Hose voll‘. Ein Jammer.“

„Seien Sie nicht so streng.“

„Wann, wenn nicht jetzt?“

Hannes sah abermals zum bedauernswerten Hartmut. Dessen Miene sich in diesem Augenblick aufhellte. Den Grund erkannte Hannes eine Sekunde später, ohne Hartmuts Freude teilen zu können. Denn zu dem gesellte sich jetzt ein zweiter Vermummter, nämlich Wolfram Adler, Besitzer der direkt gegenüber der Hertz-Apotheke gelegenen Konkurrenz, der Adler-Apotheke. Und dieser Adler war einer der nur sehr wenigen Menschen, die Hannes von Herzen widerwärtig fand.

Marianne Engler sah missbilligend zu ihrem Sohn. Dann sah sie Hannes an, entschuldigend.

„Ich bedaure“, sagte sie. „Das sind Altlasten in Hartmuts Köpfchen, der Herr Adler hat ihm ja von klein an die meisten Zuckerbonbons geschenkt, das prägt.“

„Ich erkläre Hartmut gern in Ruhe, was einen guten Apotheker ausmacht. Im äußersten Notfall sogar im Beisein seines schlechten Apothekers.“

Marianne Adler tätschelte Hannes’ Hand, tröstend. „Überlassen Sie das mal mir. Ich vergraule den schon. Und da ich erst meine halbe Gehstrecke für heute verbraucht habe, müssen Sie mich auch nicht zu meinem Fahrzeug begleiten.“

„Die Freude lasse ich mir doch nicht nehmen.“

Hannes trat um den HV-Tisch herum und bot Marianne Engler seinen Arm an. Sie lächelte, hakte sich ein und setzte sich an seiner Seite in Bewegung. Würdevoll, beherrscht, als bereitete es ihr keinerlei Mühe, einen Fuß vor den anderen zu setzen. Hannes bewunderte sie. Schritt für Schritt.

Als sie aus der Apotheke traten, sahen Hartmut und Adler in ihre Richtung. Hartmut verängstigt, wie stets, Adler hingegen, anders als sonst, lächelnd. Das irritierte Hannes, denn er hatte Adler noch nie lächeln sehen. Viel Übung schien er damit auch nicht zu haben, denn das Lächeln war schief und unerfreulich.

„Guten Morgen, die Herren", sagte Hannes und setzte ein Strahlen auf. „Geht es Ihnen gut, Adler?"

„Blendend", sagte Adler.

„Gottseidank", sagte Hannes, mit einem dezenten Fingerzeig auf Adlers verbogenes Lächeln. „Ich hatte schon einen leichten Schlaganfall befürchtet."

„Keine Chance", sagte Adler. „Egal, wie sehr Sie mir auf die Nerven gehen."

„Oh, Sie verkennen meine Absichten. Ich wünsche Ihnen nur das Beste, ohne chancenlose Konkurrenz würde ich mich doch sehr langweilen."

Adler arbeitete weiter an seinem Jokerlächeln. Er hatte noch ein gutes Stück Weg vor sich, aber er bemühte sich.

„Als Komiker machen Sie sicher auch keine Karriere."

„Habe ich auch nicht vor. Ich bleibe gern Apotheker."

„Genießen Sie's, so lange es dauert."

„Oha. Das klingt gefährlich. Haben Sie mich wieder angezeigt?"

Hannes sah Marianne Engler und ihren Sohn an und nickte dabei in Adlers Richtung. „Das ist sein Hobby. Seiner Rechtsauffassung nach ist Wettbewerb illegal."

Adler sah ebenfalls die Englers an. „Die Rechtsauffassung von Herrn Hertz kennen wir ja alle, er steht souverän über den Gesetzen."

Marianne Engler beantwortete seine Andeutung mit einem tatsächlich souveränen Lächeln, aber Hannes verstand, weshalb ihr Kleiner auch zukünftig keinesfalls die Baldriansalbe-Lieferungen in die Finger bekommen durfte.

„Lieber Herr Adler“, sagte Hannes. „Ich verstehe Ihren Zorn. Aber es ist noch immer nicht illegal, Desinfektionsmittel zum Einkaufspreis abzugeben. Solidarität ist weiterhin nicht verboten, und ich zwinge Sie doch nicht, sich bei Ihrer Preisgestaltung nach mir zu richten.“

Das war natürlich glatt gelogen. Denn Hannes präsentierte sein Sterilium- und Maskenangebot höchst prominent direkt am Eingang seiner Apotheke, dekoriert mit „%“-Schildern in Neonfarben.

„Nein“, sagte Adler. „Es ist noch immer nicht verboten, sich und andere aus niederen Motiven zu ruinieren, da haben Sie recht. Aber das kann ja noch kommen, das Verbot.“

„Oh. Spekulieren Sie weiter darauf, dass mit Covid-20 alle nicht systemtreuen Apotheker eingesperrt werden?“

„Nein. Aber sicher wird man nicht vergessen, wer Verschwörungstheorien in die Welt gesetzt hat und Menschenleben gefährdet.“

„Man?“

„Man.“

„Mann, Mann. Die Partei oder die Stasi?“

Adler hörte nicht auf zu lächeln. Auch Hannes hörte nicht auf zu lächeln. Aber er musste sich ein bisschen mehr Mühe als vorher geben. Normalerweise wich Adler ihm grimmig blickend aus, sofern sie sich zufällig trafen, einen Auftritt wie diesen hatte er Zeit ihrer Bekanntschaft nicht hinbekommen. Und ein Lächeln schon gar nicht.

Marianne Engler räusperte sich. „So, Hartmut, dann kutschiere doch bitte deine Mutter nach Hause, die Herren Gladiatoren müssen sich ja jetzt auch zurückstürzen in die Konkurrenzkampfarena.“

Lächelnd legte sie Hannes ihre Linke auf den Unterarm.

„Und Sie grüßen bitte Ihre Frau, herzlich. Auch wenn sie mir zuvorgekommen ist – ich kann sie wirklich gut leiden.“

Hannes und Adler nickten ihr und Hartmut zum Abschied zu. Hannes sah der tapferen Frau Engler zu, die Hartmut mit einer kleinen, aber eindeutigen Geste verbot, ihr beim Gehen behilflich zu sein. Er spürte Adlers Blick auf seinem Gesicht und sah hin.

Adler lächelte immer noch.

„Ich kann mir nicht helfen“, sagte Hannes. „Es hat was von einem Schlaganfall.“

„Machen Sie sich mal keine Sorgen“, sagte Adler. „Jedenfalls nicht um mich.“

Er wandte sich ab.

Und ging.

Hannes sah ihm nach. Schüttelte den Kopf. Und wandte sich dann ebenfalls ab. Trat wieder in den Eingangsbereich vor seiner Apotheke und sortierte die Sterilium-Flaschen unter dem „%“-Schild so, dass niemand das Angebot übersehen konnte. Jeder Passant, der aus dieser Richtung die Fußgängerzone betrat, würde mit Sterilium und Masken eingedeckt sein, bevor er oder sie Adlers zwanzig Meter weiter links gelegene Apotheke erreichte. Und sollte Adler darauf reagieren, indem er die Laufkundschaft mit Bonbons zu bestechen versuchte, würde Hannes seinen Preis eben weiter senken, notfalls unter seinen eigenen Einkaufspreis, denn Treffer gegen Adler waren schlicht unbezahlbar.

Ein Räuspern von links beendete seine taktischen Überlegungen.

Hannes drehte sich halb um, zur Quelle des Räusperns. Vor ihm stand Marlene, seine 23-jährige Pharmaziepraktikantin. Mit müdem Blick, verständlicherweise, denn nachdem sechs der neun Angestellten der Harburger Hertz-Filiale wegen einer gemeinsam erworbenen Lebensmittelvergiftung seit vier Tagen fehlten, schoben Marlene, Philipp und das Ehepaar Hertz Doppel- und Dreifachschichten.

„Errmm“, sagte Marlene.

„Ja?“

Ihr junger Blick war nicht nur müde, sondern auch schuldbewusst. „Das ist hinten runtergefallen."

Hannes verstand nicht. Erst als sie die Hand hob, begriff er, dass sie etwas Konkretes meinte, nichts im übertragenen Sinn. Marlene hielt ihm einen Umschlag hin.

„Hinter den Schreibtisch. Sorry."

„Macht doch nichts."

Hannes nahm den Umschlag, der schon auf den ersten Blick Eindeutiges signalisierte, mittels schwarzen Randes rundherum. Hannes drehte den Umschlag und sah erleichtert, dass kein Absender dort angegeben war. So standen die Chancen gut, dass die Harburger Filiale lediglich zufällig auf der tausend Adressen langen Liste eines einflussreichen Verstorbenen gelandet war, mit dem er oder Bea rein zufällig vor zehn oder zwanzig Jahren zu tun gehabt hatten. Als lebenslang erfolgreicher Apotheker und Unternehmer erhielt man ja nicht nur haufenweise Geburtstagsgrüße von lauter Leuten, die man kaum oder gar nicht kannte. Sondern eben oft auch unerfreulichere Mitteilungen.

Hannes öffnete den Umschlag.

Und war aufrichtig entsetzt.

3

Bea parkte ihren zehn Jahre alten Mini erst um kurz nach 21 Uhr vor dem Haus im Sülldorfer Kirchenweg. Sie war froh, endlich zu Hause zu sein, nach einem buchstäblich zerfahrenen Tag. Wegen der anstehenden Frühjahrswerbeaktionen und -umbauten hatte sie Gespräche vor Ort führen müssen mit den Leiterinnen von gleich vier ihrer Apotheken, in Winterhude, Eppendorf, in der Hafencity und in der Innenstadt. Zwischen den Stationen zwei und drei hatte sie obendrein mit einer jungen Redakteurin des Regionalfernsehens telefonieren dürfen, wegen der Location für einen kleinen Film über Hannes, zu dessen eigenem Jubiläum und dem 75. Geburtstag der Hertz-Apotheken. Man einigte sich rasch auf den Drehort Harburg – der Redaktion erschien das passend, ließ sich doch Harburg als sozialer Brennpunkt immer gut verwenden, unter dem Arbeitstitel „Ein Her(t)z für alle Schichten". Bea fand das sehr nett. Auch wenn sie selbst kreuzfroh war, ihrem prekären Geburtsort Harburg heil entronnen zu sein.

Das letzte ihrer Gespräche hatte ihr allerdings bevorgestanden. Sie hatte inständig gehofft, alle Probleme hätten sich unterwegs in Luft aufgelöst, aber das war nicht der Fall gewesen. Im Gegenteil. Ilona Mager, Filialleiterin der Hertz-Apotheke in der City, hatte sich nämlich im Verlauf des Gesprächs mit Bea förmlich selbst gefeuert. An grundlosem Selbstbewusstsein hatte die Mittdreißigerin schon immer gelitten, nun aber hatte sie obendrein beschlossen, einen Vierjährigen zu verklagen, der mit seinem Dreirad ihren nagelneuen SUV angekratzt hatte. Angeblich. Erkennen konnte den Schaden nämlich nur der Lackierer, und der musste ein Mikroskop eingesetzt haben. Indem Mager nun in Beas Beisein, vor versammelter Belegschaft, den Jungen und dessen tapfere alleinerziehende Mutter als „Hartzer Roller" bezeichnete und darüber selbst am lautesten und längsten lachte, verpasste sie sich eigenhändig einen Freifahrtschein für den Arbeitsmarkt. Denn Bea hatte sie schon in der Vorwoche gewarnt, von ihrem absurden Plan abzusehen, aber Mager hatte das offenbar nur für einen unverbindlichen Vorschlag gehalten, nicht für einen Befehl. In derartigen Fällen von Bekloppttheit handelte Bea grundsätzlich höchst besonnen. Sie stellte den oder die Bekloppte einmalig freundlich zur Rede, und wenn der oder die Bekloppte nicht Vernunft annahm, beendete sie die Bekanntschaft. Ganz gleich, ob es sich bei dem Bekloppten um einen Lieferanten, einen Beamten, einen Steuerberater oder eine Filialleiterin handelte.

Aber das endgültige Kündigungsgespräch mit Mager konnte warten. Anderes hatte derzeit eindeutig Vorrang. Bea war um halb sechs aufgestanden, um halb sieben von Blankenese in die Harburger Filiale gefahren und hatte dort bis zur Öffnung Rezepturen hergestellt, Salben, Tinkturen, Kapseln. Früher Kerngeschäft von Apothekern, boten die meisten ihrer Kollegen diesen Service gar nicht mehr an, aus Effizienzgründen. Für Bea kam es aber nicht in Frage, diesen Dienst am Kunden einzustellen. Auch wenn man damit nichts oder nur wenig verdiente: es gehörte einfach dazu. Zudem hatte sie nicht Pharmazie studiert, weil ihr nach dem Abitur nichts Besseres eingefallen wäre, sondern weil sie die Biochemie *mochte* und hochspannend fand. Weil sich bei Kenntnis biochemischer Zusammenhänge tatsächlich etwas bewirken ließ. Nicht auf dem eigenen Konto, wohl aber hinsichtlich der Gesundheit jener, die ihren Rat suchten. Und Bea schätzte es, sich nützlich zu machen: zu wirken, zum Wohl anderer.

Deshalb war sie weiterhin Apothekerin. Neben Sperling oben in Eißendorf die letzte im Harburger Stadtgebiet, die noch selbst herstellte. Aber anders als Sperling arbeitete sie nicht nur bekannte Rezepturen ab, sondern hatte in ihr Harburger Labor beträchtlich investiert, von Abzug bis Reinraum-Technik bis halbautomatischer Kapselmaschine, und versuchte sich gelegentlich auch an Verbesserungen bestehender Formulierungen – jedenfalls dann, wenn diese bestehenden Formulierungen unerwünschte Nebenwirkungen mit sich brachten. Daraus resultierten indes keine marktfähigen neuen Medikamente, denn natürlich musste Bea sich auf die Galenik beschränken, also die Bearbeitung von ärztlich verordnungsfähigen Wirkstoffen mit Substanzen, die uneingeschränkt eingenommen werden durften. Dass außer ihr niemand so etwas machte, wunderte sie nicht. Denn es erforderte viel Zeit, es brachte etliche Fehlschläge mit sich, und hatte man am Ende tatsächlich einen Weg gefunden, die Zusammensetzung von Kapseln verträglicher zu gestalten, konnte man die Entwicklungskosten niemandem in Rechnung stellen. Dass die Hertz'schen Eigenproduktionen inzwischen tatsächlich Gewinne abwarfen, nachdem sich deren Qualität in immer größeren Kreisen herumgesprochen hatte, war Beas alleiniges Verdienst – Ergebnis ihres Fleißes, ihrer Hartnäckigkeit und, wie Hannes ihr gern attestierte, ihres vorhandenen Genies im Umgang mit den unscheinbarsten Substanzen.

Eine von denen fehlte Bea allerdings an diesem Morgen, und das war überaus ärgerlich. Normalerweise hielt sie in jeder ihrer Hamburger Apotheken immer einen Defektur-Vorrat an Fumarsäurekapseln gegen Schuppenflechte bereit, denn eben jene hatten sich im Lauf der Jahre tatsächlich zu einem Dauerbrenner entwickelt, den sie und Hannes inzwischen sogar in großen Mengen an Kollegen in ganz Europa versandten, gegen Rezepte. Dass die Kapseln in Harburg fehlten, war ungewöhnlich, aber vor lauter Personalmangel hatten Bea und Hannes offenbar vergessen, neue herzustellen. Dies nachzuholen erwies sich jetzt aber als unmöglich, weil im Labor, hinter der verschlossenen Tür zur Kammer mit den Chemikalien, das Regal mit der Fumarsäure gähnend glänzte. Leer.

Bea hatte in Winterhude angerufen und um Nachschub gebeten. Winterhude hatte aber ebenfalls keine Kapseln mehr gehabt. Eppendorf hatte. Eppendorf schickte einen Kurier. 400 Kapseln, der Rest. Die Fumarsäure fehlte auch dort. Also hatte Bea um kurz nach neun ihren Chemikalien-Großhändler angerufen und für sämtliche Filialen Nachschub bestellt, 5.000 Gramm Dimethlyfumarat 1.000 Gramm Calcium Monoethylfumarat, 500 Gramm Magnesium Monoethylfumarat, per Express.

Man hatte ihr bedauernd mitgeteilt, das sei nicht möglich.

„Dann eben per Kurier."

„Nein, wir können Sie nicht beliefern."

„Sie beliefern mich immer."

„Wir haben keinen Lagerbestand an Fumarsäureestern."
„Das ist schlecht, denn die braucht ja nun jeder."
„Richtig. Aber es besteht ein Lieferengpass."
„Bis?"
„Das kann ich Ihnen nicht sagen."
„Sie werden ja wohl Ihren Lieferanten gefragt haben."
„Ja. Die Antwort steht aus. Seit vier Wochen."
„Dann rufen Sie da doch bitte direkt noch mal an. Und dann rufen Sie mich an und nennen mir einen Liefertermin binnen der nächsten Woche. Ich möchte nämlich nicht zu ihrer Konkurrenz wechseln, Sie beliefern mich ja schon seit zwanzig Jahren."
„Vielen Dank für Ihr Verständnis."

Nachdem Bea aufgelegt hatte, fragte sie sich unwillkürlich, weshalb das immer alle sagten oder unter Briefe und emails schrieben: *Wir danken Ihnen für Ihr Verständnis.* Sie hatte doch gar kein Verständnis. Allenfalls hatte sie Nachsicht. Oder Geduld. Aber eigentlich nicht mal das.

Nach ihrem einstweilen verhinderten Versuch, die Vorräte für ihre von Schuppenflechte geplagten Kunden wieder aufzufüllen, hatte Bea den Rest des Vormittags als Akkord-Verkäuferin zugebracht, im pausenlosen Gespräch. Einen Kaffee trinken? Fehlanzeige. Tief durchatmen? Auch Fehlanzeige. Hannes hatte sie dann mittags nur kurz gesehen, im Vorbeihasten, als er sie abgelöst hatte, war von Harburg aus die 45 Minuten zu Albert gefahren, ins Alte Land, von dort aus nach Winterhude, in die City, in die Hafencity und von dort aus zurück nach Hause.

Und jetzt reichte es. Bea freute sich auf einen Tee. Auf Ruhe. Und ihr Bett.

Begrüßt wurde sie direkt nach dem Öffnen der Wohnungstür von einem Fluch. Der allerdings nicht ihr gelten konnte, kam er doch aus dem Wohnzimmer, leise, aber eindeutig aus Hannes' Mund. Bea schob die Doppeltür vorsichtig auf und konstatierte, innerlich seufzend, dass sie vor dem Zubettgehen noch würde aufräumen müssen, denn anders als Hannes konnte sie Chaos nicht ertragen. Und im Wohnzimmer herrschte Chaos in Reinkultur.

Zu seinem runden Geburtstag hatte Hannes wahre Berge von Grußkarten, Glückwünschen und Geschenken erhalten. Sein Freundes- und Bekanntenkreis war groß, der Kreis der Mitarbeiter, Zulieferer und kooperierenden Pharmahersteller noch wesentlich größer, und schon die gratulierend gelieferten Wein- und Champagnerlieferungen hätten wohl ausgereicht, um einen eigenen Laden zu eröffnen. Dankenswerterweise hatte Hannes aber Beas Vorschlag akzeptiert, die gesammelten Präsente auf und unter dem Tisch zwischen Kamin und Südfenster zu arrangieren, teilweise entpackt, größtenteils noch verpackt, zur späteren koordinierten Würdigung.

Dieser Plan war offenkundig explodiert. Das Wohnzimmer sah aus wie die Geschenkeabteilung von Karstadt nach einem Bombenanschlag, und mittendrin, zwischen sehr, sehr viel Papier und Karten, Flaschen, Bildern, Drucken, Büchern, Teetassen, Handtüchern, Nippes, Kisten, Körbchen, Kästchen, Blumen und sonderbaren Gegenständen, saß Hannes, mit einem Holzelefanten in der Rechten, einer Grillschürze in der Linken, und fluchte.

Bea trat zu ihm, beugte sich vor und küsste ihn auf die lichte Stelle am Hinterkopf.

„Und wie war dein Tag?"

„Woher soll ich wissen, was von Patrick ist?"

Hannes hob den Elefanten und die Schürze etwas höher, mit ratlos vorwurfsvollem Blick.

„Das weiß ich natürlich auch nicht. Und wie war dein Tag sonst so?"

„Unerfreulich", murmelte Hannes in Richtung Elefant und Schürze. „Wie jeder Tag, an dem ich von dir getrennt bin."

„Du bist ein Schatz."

„Ja. Aber warum sollte Patrick mir einen indischen Elefanten schenken?"

Hannes stellte den Elefanten weg und fing auf allen Vieren an, sich durch Papier und Geschenke Richtung Kamin zu arbeiten, suchend, prüfend, verwerfend. „Oder ein handgeschnitztes Würfelspiel. Oder eine Handyhülle. Buddha? Immer gut, aber der sieht Patrick nicht ähnlich, oder Max Bruch? Karten für die Elbphilharmonie? Eine Großpackung Aspirin, ah, nee, Scherzartikel, *Chillo-Pillo*? Na, wer's braucht... die Perücke ist lustig, die ist garantiert von Astrid, guck, nur für meinen Helikopterlandeplatz... Schinken? Wieso schenkt mir jemand Schinken? Patrick hatte doch gar keinen Bezug zu Schinken, oder?"

„Nicht, dass ich wüsste", sagte Bea. „Hannes?"

„Ja?"

„Bist du so lieb und hilfst mir mal?"

„Man soll so was einfach nicht verschieben!"

„Aha."

„*Du* würdest so was nicht verschieben. Du bist konzentriert, ordentlich..."

Bea nickte ins Chaos.

„Organisiert", sagte Hannes.

„Du bist auch organisiert, nur eben an hundert Stellen gleichzeitig."

„Das stimmt, aber es rächt sich eben."

Hannes hatte diverse weitere Geschenke aus dem Papiermeer gewühlt, betrachtete sie kurz und warf alles zurück ins Knisternde. Er griff nach einer Papprolle, entfernte den Deckel, zog den Inhalt heraus, einen auf Seide gemalten etwa einen Meter langen Kranich, und machte sich nicht die Mühe, das Geschenk wieder zusammenzurollen.

„Nichts für ungut, Schatz, aber was suchst du?"

„Patricks Geschenk."

„Aha. Und warum?"

„Weil ich seine Karte nicht verstehe. Auf dem Kamin. Oh! War das dieser UPS-Kurier, Paket aus der Schweiz?"

„Weiß ich nicht."

Bea war bereits aufgestanden und fand nach kurzem Suchen auf dem Kaminsims die Karte, auf die Patrick Hillert seinen Geburtstagsgruß geschrieben hatte: *Lieber Hannes, ich wünsche dir nur das Beste. Für alles. Oooommmm. Im Wissen, dass du weißt: Die Wahrheit liegt in der Mitte. Herzlich P.*

„Wo ist das Paket?", sagte Hannes, mit Blicken suchend. „Was war da drin?"

„Weiß ich nicht. Was ist mit der Karte? Ist doch nett."

„Ja. Aber welches Geschenk gehört dazu?"

„Himmel, Hannes! Ruf ihn doch an und frag ihn."

Hannes stellte das Suchen und Scannen ein und sah Bea vorwurfsvoll an.

„Wie denn? Das geht doch nicht mehr."

„Wieso das denn nicht?"

„Ach so. Patrick ist tot."

Bea versuchte schweigend, das zu verstehen. Nickte kurz. Bewegte denn verneinend den Kopf nach links und nach rechts, nickte dann wieder, und sagte: „Was?"

„Ja", sagte Hannes. „Entschuldige, du hast recht. Das konntest du ja nicht wissen. Auf dem Küchentisch."

Bea setzte sich in Bewegung. Und versuchte auf dem Weg zum Küchentisch, Schritt für Schritt eine Erklärung zu finden. Denn Hannes musste sich doch irren. Patrick Hillert war nur zwei Jahre älter als sie. War. Nicht war *gewesen,* denn mit 54 war man nicht tot, sondern lebendig. Erst recht als Jogger, Nichtraucher, Freizeitsegler und Vater zweier wunderbarer Kinder. Selbst wenn man sich vielleicht einen Hauch unbeliebt gemacht hatte beim Schicksal, als Pharmareferent. Aber Patrick Hillert war ja ein netter Referent gewesen. Also auch in der Hinsicht eine Ausnahmeerscheinung.

Patrick konnte nicht tot sein.

Leider stand aber sein Name auf der Karte. Mit Geburtsdatum. Und Sterbedatum. Vor einer Woche. Und es standen die Namen seiner Frau und seiner Kinder und seiner Eltern drauf. Deren Herzen gebrochen waren, weil das Herz ihres geliebten Mannes, Sohnes, Vaters jäh und unerwartet versagt hatte.

Bea schüttelte noch eine Weile kaum merklich den Kopf, dann drehte sie sich um zu Hannes, der immer noch im Geschenkpapier verzweifelte.

„Das ist schlimm."

„Ganz schlimm. Es trifft immer die Falschen. Die Netten sterben, die Gemeinen werden hundert."

„Ja, fies hält gesund. Aber das ist doch trotzdem... ach, Gott, schrecklich."

Hannes kramte weiter.

„Hannes, was ist denn so... wichtig an Patricks Geschenk? Nichts für ungut, aber du kannst dich doch eh nicht mehr bedanken?"

„Schlimm genug. Und doppelt schlimm, nein, tragisch! Entsetzlich! Nie! Nie gehe ich mit niemand im Streit auseinander!"

Bea ließ ihm das doppelte nie durchgehen. Es stimmte ja. Selbst wenn sie sich mal stritten, was allenfalls zweimal pro Jahrzehnt vorkam – er war derjenige, der die Versöhnung herbeiführte, umgehend. Hannes war noch nie im Streit eingeschlafen.

Bea stutzte. „Wieso im Streit?"

Hannes kramte. Verwarf Geschenke.

„Hannes?"

„Na ja, Streit ist sicher zu viel gesagt. Unsere Meinungen sind als Freunde auseinandergegangen." Er gestikulierte vage in Richtung der Karte von Hillert, die irgendwo in den Papierbergen steckte. „Deshalb ja auch die Versöhnung, ‚die Wahrheit liegt in der Mitte', Patrick war doch genauso harmoniesüchtig wie ich. Oder fast."

„Worüber habt ihr euch denn... gestritten?"

„Über dich."

„Bitte?"

Hannes kramte ein Buddelschiff aus dem Papier und betrachtete forschend die Aufbauten des in die Flasche bugsierten Schiffes.

„Lass das mal“, sagte Bea. „Bitte.“

Hannes sah sie an.

„Über mich?“

„Nein. Ja. Über deine Kapseln. Du kennst doch Patrick.“

„Äh. Ja. Nein, und?“

„Gut, er hat in den letzten Jahren, auch wegen uns, also weil wir ja oft geredet haben… Geht uns ja auch so, man profitiert ein Leben lang von diesem Krankensystem und wird wohlhabend, aber irgendwann will man doch auch mal was zurückgeben.“

„Ich habe keine Ahnung, worauf du hinauswillst.“

„Bei aller Nettigkeit… Patrick war nun mal Verkäufer. Und hat jeden Tag gesehen, bei uns, bei den Ärzten, auf seinem Konto, welche Margen sich da einfahren lassen mit den dämlichsten Medikamenten. Und mit den *richtigen* Medikamenten sowieso. Ohne die fiesen und besonders die chronischen Diagnosen, Krebs, Diabetes und Konsorten würden wir ja garantiert nicht in Blankenese wohnen.“

Bea wartete.

„Patrick hat uns für bescheuert erklärt, weil wir deine Fumarsäurekapseln nicht gescheit vermarkten.“

„Tun wir doch.“

„Nein, gescheit im Sinne von ‚mit einem großen Partner‘. Also, logisch, seiner Firma, BBOS. Er hatte irgendeine Idee, mit einem Schweizer Partner, wie man das Geld für die Zulassung zusammenbekommt, Risikokapital, und meinte, dass wir damit bestimmt richtig verdienen können.“

„Kann ja sein, aber das wollen wir doch gar nicht.“

„Das hab ich ihm ja auch gesagt.“

„Und?“

„Und das fand er doof. Vorsichtig formuliert. Er hat es nicht so vorsichtig formuliert. Sondern uns attestiert, wir müssten was am Kopf haben. Denn wir könnten ja wohl vernünftig sein, die Gewinne machen und mitnehmen und dann seinetwegen alles nach Afrika spenden. Aber so eine halbe Million einfach liegenzulassen, nein, damit war er nicht einverstanden."

„Mh. Hast du mir gar nicht erzählt."

„Nein. Weil ich das ärgerlich fand. Und unangemessen von ihm. Er hat es ja als Kompliment verpackt – und ohne Frage war er genauso begeistert von deinem Präparat wie ich. Aber dabei hätte er es ja auch belassen können. Da muss man doch nicht gleich von Millionen phantasieren und Risikokapital und hastenichtgesehen. Und schon gar nicht muss man uns dann doof nennen, nur weil wir *nett* sind."

Bea überlegte eine ganze Weile. So lange, dass Hannes seufzte und halbherzig wieder anfing, im Papier zu kramen. Dann sprach sie ihre Frage aber doch noch aus, obwohl sie ahnte, dass sie damit Öl ins Feuer goss.

„Wann war denn das? Euer Streit?"

„Ph. Zwei Wochen her. Vielleicht drei. Er war ja danach auf Reisen."

„Aber er hatte nicht mit seinen Leuten darüber gesprochen?"

„Nein. Weiß ich nicht. Wieso?"

„Wir haben keine Fumarsäure mehr. Und Harder sagt, wir bekommen auch erstmal keine. Lieferschwierigkeiten. Keine Termine genannt."

Hannes saß da wie vom Donner gerührt. Bea sah, wie es in seinem Gehirn ratterte, und schritt direkt ein.

„Nein", sagte sie. „Das wollte ich damit *nicht* sagen. Sondern nur: Wir sollten vielleicht mal bei BBOS fragen, ob Patrick damit was zu tun hatte. Denn auch wenn er, wie du ganz zurecht sagst, ein netter Kerl war, er war ja nun mal auch ein Verkäufer."

„Ausgehend von *meiner* Prämisse ergibt sich aber was anderes."

„Ja, das hab ich befürchtet, aber das..."

„Ausgehend von der Prämisse *Patrick Hillert war ein guter Mensch,* ist hier ein guter Mensch, topfit, jäh und unerwartet verstorben, nachdem er seinem Big-Pharma-Mafia-Auftraggeber nicht die gewünschte Million beschaffen konnte. Das nennt man Strafe. Und um den Deal jetzt sowohl ohne Patrick als auch ohne uns zu machen, schneidet die Mafia uns die Versorgung ab."

„Das ist weit hergeholt."

„Das ist eine Arbeitshypothese. Penicillin war auch weit hergeholt."

„BBOS ist nicht die Mafia."

„BBOS ist die Pharmaindustrie, das ist schlimmer."

„Unbestreitbar. Wenn es um etwas geht. Aber hier geht es um *nichts*. Eine Million Umsatz? Die man überhaupt nur dann zusammenbekäme, wenn man zugelassen wird? Da ist doch schon die 3-Phasen-Studie zehnmal teurer als der erwartbare Gewinn. Das rechnet sich vorn und hinten nicht, Hannes. Dafür steigt ein Pharmamanager nicht mal aus seinem Golfwagen."

„Hm."

„Es könnte vielleicht doch der Buddha sein", sagte Bea und deutete auf den kleinen dicken Holzmann neben Hannes' linkem Knie. „Vielleicht meinte auch Patrick, dass du ruhiger werden musst."

„Nein", sagte Hannes, denkend, aber bestimmt nicht an den Buddha. „Aber das kann man ja herausfinden. Man kann ja fragen. Ich spreche mal mit Stocker."

„Was? Nein. Das lässt du schön bleiben!"

„Wieso, den sehe ich eh morgen, der holt die Salbe für Theo ab."

„Dann sprich darüber mit ihm. Oder übers Wetter."

„Wetter wird überschätzt. Jedenfalls als Konversationsgegenstand. Steht auf der Karte, wann Patrick beigesetzt wird?"

Bea sah auf die Karte, die sie immer noch in der Hand hielt.

„Übermorgen. Im ... Friedwald."

„Ha!", sagte Hannes.

Bea seufzte.

„HA!", sagte Hannes noch einmal. „Das war ja so klar! Sofort einäschern, Friedwald binnen zehn Tagen, das nenne ich aber mal *Expresszustellung*. Da liegen doch die meisten noch im Kühlraum, und die Verwandten haben noch nicht mal mitbekommen, dass Mutti im Krankenhaus ist...."

„Hannes, nicht jeder, der eingeäschert wird, ist ein *Mordopfer*."

„Nicht jeder. Aber jeder Zweite, frag mal die Gerichtsmediziner. Und bei Patrick ist die Indizienlage ja wohl glasklar. Ich rede mit Stocker."

Bea schüttelte den Kopf.

„Sei nicht nachtragend", sagte Hannes.

„Was heißt hier nachtragend? Er hat dich verhaftet. Mitten in der Apotheke. Obwohl du nichts gemacht hattest. Bei aller Liebe, so einen guck ich doch im Leben nicht mehr an, nicht mal rückwärts."

„Das ist lange her. Und ich war ja auch schuldig."

„Schuldig, dir ein Motorrad klauen zu lassen?"

„Schuldig, weil ich den Schlüssel habe stecken lassen. Ich kann doch nicht ahnen, dass Manni damit Streckenrekord auf der Reichsstraße fährt."

„Nicht deine Schuld."

„Aber beeindruckend, die 218 Sachen hat bis heute keiner überboten."

„Schön, aber dann hätte Stocker doch besser Manni festnehmen sollen?"

„Grundsätzlich richtig. Aber Manni war ja fahrerflüchtig, vernünftigerweise. So war es doch besser, dass Stocker *mich* verhaftet hat." Hannes lächelte. „Denn ich hatte ja ein Alibi für die Tatzeit. Dich."

Bea gab es auf. „Bitte. Mach dich gern zum Narren, rede mit deinem Stocker. Aber... da du neben einer Flasche 2004er Linticlarus sitzt. Können wir vorher noch über was anderes reden? Oder über gar nichts?"

„Sehr gern. Beides. Sogar gleichzeitig. Du redest, ich höre zu. Hast du Frau Mager schon gefeuert, oder darf ich das morgen für dich erledigen?"

4

„Sie wissen zu viel. Wieso hat Sie noch keiner erschossen?“

Kommissar Danny Stocker machte von seiner kräftigen Stimme gern Gebrauch, ohne per Tonfall zu signalisieren, dass er zum Sarkasmus neigte. In der rappelvollen Harburger Filiale war der Geräuschpegel des Stimmgewirrs bis zu Stockers Bemerkung völlig normal gewesen. Danach war es schlagartig sehr still.

Hannes sah sich genötigt, mit breitem Lächeln in die Runde zu entwarnen. „Der Herr Kommissar belieben zu scherzen.“

Der Geräuschteppich kehrte nur zögernd zurück in seine alte Form. Stocker setzte ein strenges Gesicht auf. „Das war kein Scherz. Die Salbe ist zu billig und hilft, Theos Arzt ist arbeitslos, Sie sind eindeutig geschäftsschädigend.“

„Solange Sie mich nicht verpfeifen, merkt das ja vielleicht keiner.“

„Solange Sie nicht den falschen Leuten richtige Tipps geben.“

„Ich habe inzwischen einen guten Blick für U-Boote.“

Stocker zog die Augenbrauen hoch. „Das ist ein Scherz.“

„Nein.“

„Wie, U-Boote? Blonde Bräute mit Doppel-D, die sich mit Ihnen hinten zwischen den Salben einschließen wollen, mit ’ner Webcam zwischen den Körbchen?“

Es wurde kurz wieder etwas stiller.

„Nein. Total unauffällige Bräute, die mich ganz lieb verleiten wollen, etwas Kritisches zu den Diagnosen ihrer Ärzte zu sagen.“

„Ernsthaft?“

Hannes nickte.

„Wer schickt denn so was?“

„Die Konkurrenz ist groß.“

„Arr, die Welt ist doch echt ein *Sumpf*.“

„Man muss halt drauf achten, wo man hintritt.“

Hannes stellte den kleinen Tiegel auf die Glasplatte, gefüllt mit der Salbe für Stockers Neunjährigen, Theo.

„Jo", sagte Stocker. „Man meide Schlangen und falsche Schlipse. Kenn ich. Blöd nur, dass alles voll ist von den Dingern."

Er hielt Hannes einen 10-Euro-Schein hin. Stocker zahlte bar. Immer. Hannes ließ die Kasse aufspringen, gab Wechselgeld heraus und fragte, während Stocker den kleinen Tiegel einsteckte, „Braucht Theo die Salbe überhaupt noch?"

Stocker schüttelte den Kopf. Er wusste, dass der Tiegel eine Mogelpackung war, darauf hatten er und sein Apotheker sich verständigt, von Anfang an. Die von Hannes hergestellte Salbe enthielt nur zehn Prozent des vom Hautarzt verordneten Kortisongehaltes, und sofern Theo sie überhaupt anwandte, wirkte das Mittel irgendwo im Graubereich zwischen Homöopathie und Placebo. Aber es half.

„Nur noch im Winter, gelegentlich", sagte Stocker. „Dient nur als Backup für Notfälle. Aber Ihre Behandlung sollten Sie sich mal patentieren lassen, Dishydrose ist nämlich unheilbar. Angeblich."

„Was sollte ich da patentieren lassen, den Duschwasserfilter? Oder das Weglassen von Schädlichem? Das Milieu muss stimmen. Wenn ein Fisch in trübem Aquariumswasser schwimmt, geben Sie ja auch nicht dem Fisch eine Spritze, sondern Sie verbessern die Wasserqualität. Die Salbe ist nicht entscheidend. Entscheidend ist das Milieu."

„Sag ich ja, Sie leben gefährlich. Sagen Sie das bloß keinem. Lassen Sie mal was *weg*. Sie Anarchist. Sie Wirtschaftswachstumsvernichter."

„Treten die Bläschen denn im Sommer überhaupt noch auf?"

„Nur bei Verstößen gegen Ihre Anweisung *chill ma, Wilma*. Aber das schafft Theo nicht immer, cool bleiben. Wie auch? Ist ja den halben Tag unter Soziopathen, neunzig Prozent Mitschüler, der Rest darf unterrichten."

Hannes schnalzte mitfühlend. „Ja, das ist natürlich ein Problem."

„Er hat's ja schon besser als die meisten anderen. Wenn ihm einer doof kommt, kann er ja wenigstens sagen, „mein Papa ist leicht reizbar, hat 'ne Knarre und manchmal echt fiese Zuckungen.".

„Ja. Das sollte mobbende Mitschüler wohl beeindrucken. Aber die Zuckungen sind ein Scherz? Oder sind die neu?"

„Hatte ich früher nur, wenn meine Mutter Dschungelcamp guckt."

„Und jetzt?"

„Jetzt auch, wenn der HSV spielt."

Hannes beugte sich ein bisschen vor, denn das ging ja nun wirklich keinen der Umstehenden was an.

„Ernsthaft. Hat sich da was verändert?"

Stockers Blick war nicht eindeutig zu entnehmen, ob er sich über die Nachfrage freute oder ärgerte. Vermutlich beides. Zwei Jahre zuvor hatte er sich einer neurologischen Untersuchung unterziehen müssen, auf Anweisung von oben. Seine damalige Symptomatik hatte er selbst treffend zusammengefasst: „Ich hab Augentinnitus, ich seh nur Pfeifen. Und die dann auch noch doppelt." Seine Vorgesetzen hatten das nicht ganz so amüsant gefunden wie er selbst, wohl auch deshalb, weil er sie dabei unmissverständlich angesehen hatte. Die nachfolgende Untersuchung wegen seines tatsächlichen vorübergehenden Doppeltsehens hatte dann allerdings via MRT-Bild ergeben, dass in seinem Gehirn ein paar Entzündungsherde schwelten, und das hatte genügt, um ihm die verheerende Diagnose „MS" zu bescheren: Multiple Sklerose.

Die Therapieempfehlungen der behandelnden Ärzte waren eindeutig gewesen. Kortison in hohen Dosen, dann lebenslängliche tägliche Medikation, um den Verlauf der Erkrankung zu verlangsamen. Stocker aber hatte die Visage seines Professors nicht gefallen, also hatte er Zweit-, Dritt- und Viertmeinungen eingeholt, von Ärzten, seiner Mutter, von einem befreundeten Bäcker mit philosophischer Ader – und die Meinung eines Apothekers. Die von Hannes. Danach hatte Stocker auf die

Behandlung verzichtet. Sehstörungen hatte er seither keine gehabt. Und sonst auch keine Beschwerden. Obwohl er zum Leidwesen seines Apothekers weiterhin rauchte („ständig"), trank („außerdienstlich!") und den entgiftenden Konsum von reichlich Brokkoli und Rosenkohl strikt verweigerte („widerlich!").

„Alles gut", sagte Stocker. „Mein Gehirn hat ja eh nie funktioniert wie die der anderen, deshalb löse ich ja auch meine Fälle. Und die nicht."

„Dann sollten Sie das so lassen."

„Ganz meine Meinung. Sieht nur die frische Konifere anders."

„Wer?"

„Ruppert, Neurologe. Wollte ich gar nicht hin, aber ich hab 'ne neue Freundin. Körbchengröße geht Sie einen Scheißdreck an, lässt sich zusammenfassen: Nur kein Neid. Nici hat aber nicht nur große Augen, sondern auch ein großes Herz – also Mitgefühl. Also Sorgen. Also bin ich zu Ruppert, weil sie den kennt, und Ruppert sagt das Gleiche wie dieser Psychoprof von damals. Sofort Medikamente draufschmeißen, sonst: Paralympics."

„Meine Meinung dazu kennen Sie ja."

„Jup. Und ich kann sogar selbst Studien lesen, jedenfalls die Zusammenfassungen für Kinder, die mit den bunten Bildern. Danke. Sind wir uns einig. Ruppert hat da aber was ganz Neues in seinem Neuro-Hipster-Regal." Stocker griff sich in die Innentasche der Lederjacke, und es wurde schlagartig wieder stiller. Die neben ihm stehenden Kunden machten unauffällige Schritte zur Seite.

Statt seiner Dienstwaffe zog Stocker aber nur einen zerknitterten Post-it-Zettel heraus und entzifferte seine eigene Handschrift. „Arluthian."

Er reichte Hannes den Zettel. Hannes entzifferte die gleichen Buchstaben.

„Nie gehört. Bisher."

„Sie enttäuschen mich.“

Hannes gab den Namen in seinen Rechner ein. Ergebnislos.

„Ja“, sagte er. „Ich mich auch. Möglicherweise ein Buchstabendreher. Aber der Markenname hat sowieso nichts zu sagen, es sind etwa zweihundert neue MS-Mittel in den Pipelines. Sehr beliebte Krankheit. Bei den Shareholdern, bei den Patienten eher weniger.“

„Unsolidarische Bande.“

„Eben. Denken immer nur an sich, nicht an den Wirtschaftsstandort Deutschland. Gut. Ich finde mal heraus, unter welchem Namen das Mittel getestet worden ist, die Studien müssen ja schon länger gelaufen sein.“

„Guter Mann. Erbitte Rückmeldung, muss auch nicht gestern erledigt sein. Aber wenn das die *magic bullet* ist, auf die wir alle gewartet haben, nehm ich die. Bleifrei.“

„Ich kümmere mich.“

„Danke.“

Stocker klopfte mit der flachen Hand auf den Tisch. Und wandte sich zum Gehen.

„Äh“, sagte Hannes.

„Ja?“

„Das ... ist mir ja regelrecht unangenehm, aber dürfte ich Sie um etwas bitten?“

Stocker wandte sich Hannes wieder zu. „Bitten geht immer.“

„Ein Freund von mir ist letzte Woche verstorben.“

„Oh. Das tut mir leid.“

„Hier, im Krankenhaus, in der Europaklinik. Herzinfarkt. Könnten Sie da vielleicht mal nachschauen, ob ... es eine Obduktion gegeben hat? Oder irgendwelche Anhaltspunkte, dass da etwas ... nicht stimmte?“

Stocker zog die Augenbrauen hoch, eindrucksvoll verdutzt. „Nicht stimmte? Im Sinne von was? Schlamperei?“

„Ja, vielleicht auch das.“

„Wie, auch? Was sonst? Fremdverschulden im Sinn von ‚Ich guck gern Tatort'? Herr Hertz, machen Sie's doch wie ich, gucken Sie lieber Fußball. Das entspannt. Solange der HSV nicht spielt."

„Ja. Nein. Also, wenn es nicht zu viel Mühe macht. Sollte alles in Ordnung gewesen sein, ist es ja gut. Falls nicht, sage ich gern was dazu."

Stocker schwieg. Aber seine Augenbrauen blieben hochgezogen.

„M-mh."

„Ja."

„Gut. Gucke ich mir an. Aber sagen kann ich Ihnen dazu sowieso nichts, oder waren Sie mit dem verwandt?"

„Nein."

„Ich guck's mir an."

„Danke."

Stockers abschließender Blick pendelte irgendwo zwischen verdutzt und verärgert. Hannes verstand ihn gut, auch ohne Worte. Wo kam man denn da hin, wenn alle Welt einen bei jedem Todesfall aufforderte, eine SoKo zu gründen? Aber Stocker beließ es beim Blick. Und machte mit einem angedeuteten Abschiedsgruß Platz vor dem Handverkaufstisch, für die hinter ihm wartenden Kunden.

Hannes sah Stocker nach.

Pro forma. Tatsächlich aber sah er durch den Rücken des Kommissars hindurch, beziehungsweise benutzte die Rückseite des schwarzen Halbmantels nur als Leinwand für einen aus seinem eigenen Inneren projizierten Film. Mit Bea in der Hauptrolle. Als verärgerter Göttin. Arme vor der Brust verschränkt, linker Fuß in raschem Puls auf dem Boden tappend. „Was auch immer du so *meinst,* Hannes Philantropicus. Es sind nicht alle deine Kumpels und Fans. Du bist zu erfolgreich. Du bist zu selbstbewusst. Und die *merken* das. Das Amt hasst dich. Die Kammer hasst dich. Die Konkurrenz hasst dich. Nicht nur Adler. Und Stocker ist auch nicht in erster Linie dein *Buddy*. Stocker ist Polizist. Und offenbar ein guter. Vergiss das nie."

„Jaja, ist ja gut", sagte Hannes. Wie er bemerkte, sagte er es sogar laut.

Was die vor ihm stehenden Kunden geringfügig irritierte.

Hannes setzte ein Lächeln auf. Für die Runde. Fünf Personen, den Sicherheitsabstand zueinander penibel wahrend. Die Reihenfolge unter den Wartenden war allerdings unklar, man stand halb versetzt, unsortiert. Hannes sah auffordernd von der einen zum anderen, sein Blick fiel auf die bezaubernde junge Dame in der zweiten Reihe. Sehr schöne Augen. Blau. Wie die von Bea. Überhaupt: eine sehr aparte jüngere Ausgabe von Bea. Bestimmt war sie an der Reihe.

Der überhaupt nicht aparte Cordjackenträger links von ihr sah das anders.

„Na, Sie ham ja die Ruhe weg", brummte die Cordjacke und hielt Hannes ein Rezept hin.

Hannes nahm es. Stellte dabei aber fest, dass es sich nicht um ein Rezept handelte, sondern um einen sehr kleinen Umschlag. Blassrosa.

Auf der Vorderseite stand sein Name. Auf die Rückseite waren in feinen Lettern gedruckt Name und Anschrift von Marianne Engler. Die Cordjacke hielt Hannes einen Quittungsblock hin. Hannes öffnete den Umschlag, ein feiner Duft stieg auf. Chanel No. 5, natürlich.

Die Cordjacke ächzte.

Englers Nachricht, elegant handgeschrieben, war kurz.

Lieber Johannes Hertz, ich bin untröstlich. Die Schwatzhaftigkeit indes hat Hartmut nicht von mir. Da auch sein Vater überaus *diskret war, gerät Hartmuts Herkunft immer weiter ins Dubiose, ja, ich bin inzwischen* überzeugt, *dass man mir damals im Krankenhaus irrtümlich einen fremden Säugling* überreicht *hat. Gleich wie: Hartmuts Andeutungen dem Herrn Adler gegenüber konnte ich vollständig neutralisieren, aber für die Baldriansalbe sollten wir zukünftig neue Lieferverabredungen treffen, in vollständiger Abwesenheit meiner missratenen Brut. Herzlich.*

„Ist Glatteis?“, sagte die Cordjacke.

Hannes sah den Kurier an.

„Nein.“ Er öffnete die Kasse und entnahm dieser zwei 50-Euro-Scheine. „Aber Sie gehen jetzt eine Flasche Moet & Chandon kaufen und einen Strauß schöne Blumen, und dann ...“ Hannes schrieb bereits seine kurze bestätigende Nachricht auf die Rückseite von Englers Nachricht, „bringen Sie das alles zurück zu der Adresse, von der sie gerade kommen.“

Hannes steckte die Nachricht zurück in den Umschlag, überreichte sie der knurrigen Cordjacke und unterzeichnete die Quittung.

„Rest ist für Sie.“

Die Cordjacke überlegte kurz. Rechnete. Und nickte dann.

„Danke“, sagte Hannes.

„Mh“, sagte die Cordjacke. Und ging.

Hannes wandte sich wieder den Wartenden zu. Ohne zu fragen, wer an der Reihe wäre. Das stand doch längst fest.

Die sehr hübsche junge Dame war, wie sich zeigte, obendrein bezaubernd höflich und sprach mit sehr angenehmer Stimme. Dass sie ausgerechnet Hannes auserkoren hatte, ihr gegen Vorlage des hautärztlichen Rezeptes eine leichte Antibiotikasalbe zu fertigen, freute den im Herzen ewig jungen Apotheker. Denn es gab doch wahrlich nichts Schöneres, als für die eigene Arbeit geschätzt zu werden von bezaubernden jungen Frauen.

Um Hannes Hertz’ unbestechliche Wachsamkeit war es nicht immer so gut bestellt, wie er selbst sich einredete. Aber die mahnende Vision von Beatrice war bedauerlicherweise längst verschwunden.

5

Schon mit dem Aufstehen am frühen Morgen darauf meldete sich Hannes' schlechtes Gewissen laut und energisch zu Wort. Das konnte ja wohl nicht sein Ernst sein! Einen ganzen Vormittag abzuhauen! Seine arme, tapfere Frau allein zu lassen im tobenden Kundensturm, in der weiterhin unterbesetzten Harburger Filiale! Hannes' Gewissen beherrschte sogar Kraftausdrücke. Mit Ausrufezeichen dran.

Chancen hatte es trotzdem keine. Denn Hannes haute ja nicht einfach so ab. Sein Dienstagmorgenprogramm war harte Arbeit. Und die machte er doch vorrangig für Bea, weil die eben nicht mit sechzig Witwe sein, sondern noch etwas länger etwas an ihm haben sollte.

So entwaffnete Hannes sein zeterndes Gewissen mit ebenfalls deutlichen Worten. Er machte das doch alles nicht zu seinem Vergnügen! Nur für Bea.

Und es war doch auch nicht getan mit den 45 Kapseln und Pillen pro Tag. Das konnte ja jeder. *Musste* ja jeder, der auf sich achtete und anerkannte, dass der Mensch sich seine hohe Entwicklungsstufe auf Kosten seiner Sterblichkeit eingekauft hatte. Wer Sauerstoff verstoffwechselt, peroxidiert eben. Rostet. Selbst wenn er nicht rastet. Evolutionär war das durchaus zielführend gewesen, denn unsterbliche Menschen wären ja eine noch größere Katastrophe für den Rest der Natur gewesen als Sterbliche. Aber die Natur hatte den Menschen freundicherweise auch mit Hirn und Geist ausgestattet, und das durfte der ja dann bitteschön auch benutzen, um den Alterungsprozess nach Kräften zu verlangsamen. Der großzügige Konsum von Antioxidantien war daher förmlich gesetzt. Täglich. B-Vitamine, Vitamine C, E und Hormon D (jedenfalls im Winter, denn unter 45 Grad Einstrahlwinkel schaffte es ja die Haut nicht, aus dem lebensspendenden Sonnenlicht ihr D zu bilden). Dazu Selen und als essentielle Katalysatoren Molybdän, Mangan, Chrom, Kupfer, zwingend ergänzt um ein semipolares Antioxidans, logischerweise: Silymarin, für stabil juvenile Leberwerte. Hinzu kamen fürs Herz Ubichinol, Pangamsäure, Orotsäure, Carnitin, dazu Enzyme, Magnesium, Kalium, abrundend Glutathion, Alphaliponsäure, Biotin. Und Melatonin als Betthupferl.

Hannes trug seine von Bea gewählten Kosenamen mit Fassung, sowohl „Hypochondrix" als auch „Paranoiix". Aber mit dem Einwerfen von Dutzenden Substanzen war es ja beileibe nicht getan. Zum Pillenschlucken musste man ja keinen inneren Schweinehund besiegen. Der allerdings stand beim Erhalt der eigenen Fitness, der eigenen körperlichen Vitalität, ganz entschieden im Weg, und zwar jedermann. Mit zunehmendem Alter zunehmend knurrig.

Hannes hatte das Vieh ausgetrickst. Mit einem geeigneten Programm, das ihn eben nicht nur forderte, sondern auch erfreute. Äpfel und Bogen. Und von seinem hierzu gewählten Rundkurs ließ er sich auch an diesem frühen Dienstagmorgen nicht abhalten, trotz Personalnot.

Aufstehen um sechs, Stretching, Kaffee und Banane , dann aufs E-Bike, acht erste Ü60-Ironman-Kilometer bis zum Anleger Schulau, dort auf die Fähre, zwanzig Minuten Durchatmen beim Überqueren des hier schon kilometerbreiten Stroms, der Blankenese und Wedel vom Alten Land trennte. Am Lüheanleger zurück aufs Rad, links nach Höhen, durch das Meer aus reifenden Kirschen hinunter Richtung Steinkirchen, dort kurz beim Bäcker halten, und weitere zehn Minuten später links hinein in den Feldweg zwischen den Apfelhöfen, über Stock und Stein bis zur ehemaligen Obstscheune, die dort so unwirklich und verwunschen stand zwischen Wildwuchs und Apfelspalieren.

Es war einfach erfrischend. Es erfreute Augen, Herz und Lungen. Jedenfalls solange man sich nicht klarmachte, was die Monokultur-Apfelbauern zur Linken und zur Rechten so alles auf ihre Felder und Früchte spritzten im Lauf der Saison.

Hannes ließ das E-Bike langsam über den Rasen links der Zufahrt zum Haus ausrollen, auf die Magnolie und den Rhododendron zu, der die vordere Terrasse schützte. Er vermutete Albert am Tisch hinter dem Wind- und Sichtschutz, und die Pulsbeschleunigung für seinen alten Freund war Hannes ein liebes Ritual geworden. Albert hatte ja keine Vorerkrankungen, daher fielen moderate Adrenalinausschüttungen unter „Vorsorge“.

Hannes legte das Rad lautlos ab, spähte durch die Büsche, sah erfreut, dass Albert mit einem Kaffee am Tisch saß, der Morgensonne zugewandt, mit geschlossenen Augen. Mit einem zufriedenen Lächeln trat Hannes um den Rhododendron. Und räusperte sich.

Albert japste, schrak auf und wollte zur Haustür eilen, bleib aber dann doch sitzen, da er Hannes erkannte.

„Lieber Gott!“

„Aber nein“, sagte Hannes. „Ich bin’s nur. Guten Morgen. Hast du schlecht geschlafen?“

„Morgen. Auch.“

Hannes bemerkte den im Hausinneren direkt neben der Tür stehenden Bogen – die Sehne war bereits draufgespannt, und das war zumindest unüblich.

„Hast du kein Melatonin mehr?“

„Doch. Aber Bea hat mich angesteckt.“

„Bea schläft wie ein Engel.“

„Paranoia.“

„Was? Wenn hier einer paranoid ist, bin ich das.“

„Der Kurier gestern. Der war neu. Den hatte ich noch nie gesehen. Und der hat mich förmlich durchleuchtet mit seinem Blick. Und ins Haus geguckt, um mich herum.“

„CIA?“

„Eher DEA. Oder wie das in Deutschland heißt.“

„Kripo, vermutlich.“

„Meinetwegen.“

„Und wieso sollen die hinter dir her sein? Versteckst du Flüchtlinge in meinem Keller?“

„Deine Scheune hat keinen…“
„Ich weiß. Was dann?“
„Das Gras.“
Hannes stutzte. Ungläubig. Bea musste wirklich vorsichtiger sein mit ihren vorsichtigen Ahnungen, Albert war entschieden zu schreckhaft für Horrorszenarien.
„Deine Pflanzen sind höchstens zwanzig Zentimeter hoch und sehen aus wie Kresse.“
„Das ist nicht der Punkt. Die Lagerbestände vom letzten Jahr sind noch da, und ich hab kein Rezept.“
„Da würde dir ja auch ein Rezept nichts nützen, du hast nichts Chronisches und kein Attest.“
„Eben. Also schlafe ich jetzt chronisch schlecht.“
„Wir müssen dich irgendwann mal zur Therapie schicken.“
„Das wäre Zeit- und Geldverschwendung, mein Vertrauen in die Menschheit ist irreparabel zerstört.“
Hannes fielen zwar ein paar Relativierungen ein, aber angesichts Alberts Miene behielt er die für sich. Es war Albert ernst. Und Hannes konnte es ihm nicht verdenken. Wer derart von seinem Lehrstuhl gemobbt und verfolgt worden war, wer alles verloren hatte, und das nur wegen einer intelligenten Idee, der konnte wohl tatsächlich nicht mehr viel Sympathie für seine Mitmenschen aufbringen. Hannes war nur froh, dass er und Bea Albert hatten helfen können. Zumindest ein wenig. So war dem geschassten Professor ja zumindest das Schicksal seines Seelenverwandten Wilhelm Reich erspart geblieben, der wegen seiner eigenen Orgon-Theorie denunziert und diffamiert worden und schließlich im Gefängnis gestorben war. Albert war wegen seiner Biophotonen-Theorie wenigstens nicht im Knast. Und nicht tot. Sondern lebendig im Alten Land.
Wo er allerdings nicht offiziell lebte. Sondern in Schweden. Unter der Adresse eines Freundes, zur Untermiete. Angeblich. Weil Albert nämlich auch nach seiner Vernichtung durch das System darauf bestand, ein freier Mensch zu sein, wozu in seinen Augen – unter anderem – gehörte, dass er die

Verantwortung für sein Tun und Lassen selbst tragen durfte. Dazu gehörte seine Altersvorsorge. Oder eben Nichtvorsorge. Und dazu gehörte seine Gesundheit. Albert beharrte darauf, eine Versicherung könne einem eh nichts Wesentliches „versichern“, jedenfalls nicht versichern, dass man gesund bleibe oder wieder werde. Daher bestand er darauf, keine Beiträge zu entrichten, sondern sparsam zu leben und seine höchstens alle paar Jahre mal anfallenden Arztrechnungen selbst bezahlen zu dürfen (Hundebiss, Handbruch, Sehnenabriss, „idiotisch, wieso benutze ich morscher Mittsechziger auch einen Erdbohrer!“). Und natürlich durfte er das auch: Verantwortung für sich selbst übernehmen. Überall auf der Welt, jedenfalls in allen Freien oder ansatzweise freien Ländern. Von den USA bis in die Schweiz, von Südkorea bis Frankreich.

Nur nicht in Deutschland, denn in Deutschland waren Freiheit und Selbstbestimmung gesetzlich verboten. Im Großen wie im Detail, von der Wiege bis zur Bahre, von der Quarantäne bis zur Maske. Statt Bildungspflicht herrschte der ausnahmslose Staatsschulzwang, unverändert freies Denken verhindernd, und im sogenannten Gesundheitssystem hatte erst recht kein Defätist aus der Reihe zu tanzen. Ein „versicherungsfreier Selbstzahler“? Ausgeschlossen! Ein Ungeimpfter? Undenkbar. Wo kommen wir denn da hin!

Deshalb wohnte Albert nicht in seiner Heimat.

Aber er lebte gern in seiner Heimat.

„Kaffee?“, fragte Albert.

„Nach dem Schießen“, sagte Hannes. „Sonst kommt mir mein Puls in die Quere.“

„Dein Puls spielt keine Rolle.“

„Für mich schon.“

„Ja. Weil du immer noch zielst, statt zu treffen.“

Das alte Lied. Ärgerlich. Nur hatte Albert dummerweise recht. Aber Hannes arbeitete dran, denn das konnte und wollte er nun wirklich nicht auf sich sitzen lassen, jedenfalls nicht mehr lange. Er würde es schaffen. Zehn Sekunden am

Stück. Und das beliebig oft nacheinander. Seinen Geist zu leeren und nichts zu denken. Nichts wahrzunehmen außer Hier, Jetzt, Bogen, Pfeil, Scheibe, Atem. Nichts zu denken.

Eine Herkulesaufgabe. Für ihn. Nicht für jeden. Bea hätte das gekonnt. Bea war zwar strukturell „blau“ – großhirnrindengesteuert, sachlich, konzentriert, skeptisch, wachsam –, aber sie schaffte dennoch den kurzen Sprung ins Nichtdenken, eben *dank* ihrer ausgeprägten Ratio. „Grüne“ Zeitgenossen – gesteuert vom Stammhirn, instinktiv, intuitiv – schafften das sowieso. Die mussten ja nicht mal etwas Störendes abschalten. Aber „Rote“ wie Hannes, gesteuert vom Zwischenhirn, in alle Richtungen gleichzeitig unterwegs und rund um die Uhr dauerbombardiert von Ideen und Gefühlen, „Rote“ hatten mit dem Abschalten echte Probleme. Tagsüber. Nachts. Immer. Und natürlich auch beim Bogenschießen.

„Gut“, sagte Albert. „Erst schießen, dann Kaffee. Scheibe steht schon.“ Er machte die zwei Schritte nach links, griff durch die Tür ins Haus und präsentierte Hannes dessen eigenen Bogen. Die Saite war allerdings noch nicht drauf.

Hannes legte die Spannhilfe um die Arme des Bogens, trat mit dem Fuß auf das Band und zog die Wurfarme nach unten.

„Ich brauche mal deinen Rat“, sagte er, die Saite aufspannend, „Bei einer Versuchsanordnung. Beziehungsweise einer Hypothese.“

„Thema?“

„Mord.“

Alberts linkes Auge zuckte leicht.

Hannes korrigierte sich eilig. „Todesumstände. Fragwürdige. Fast hypothetisch.“

„Mh.“ Albert sah nicht beruhigt aus.

„54-jähriger Mann. Angestellter bei BBOS, wollte Beas Schuppenflechtekapseln kommerziell verwerten, das Potential war ihm bekannt, seinem Arbeitgeber, BBOS, vermutlich auch – wir haben den Vorschlag abgelehnt, sehr zu Verärgerung des Mannes. Kerngesund, Sportler, Nichtraucher, keine

Vorerkrankungen oder Morbiditäten bekannt. Hatte einen Herzinfarkt, am *elften,* eingeliefert ins Krankenhaus, dort *drei* Tage später verstorben. Eine Woche her. Die Trauerfeier ist aber schon heute Nachmittag, Friedwald, Urnenbegräbnis."

Albert runzelte die Stirn. „Das ist..."

„Ungewöhnlich schnell, genau. Wir sind zwar eh Europa-Schlusslicht bei Obduktionen, aber bei Patrick *kann* es gar keine Obduktion gegeben haben, denn bis der Gerichtsmediziner Zeit hat – das hätte länger gedauert."

Albert wartete.

Dann sagte er „Und?"

„Was, und? Die Arbeitshypothese lautet: BBOS hat den Mann umbringen lassen. Und dafür gesorgt, dass die Leiche sofort verbrannt wird."

„Oh!"

„Oh, was?"

„Oh! Das ist aber keine gute Verschwörungstheorie."

„Aha. Danke für deine offenen Worte."

„Ich bin immer offen. Nichts zu danken."

„Und was ist daran nicht gut?"

„Alles. Menschen sterben, das kommt vor. Dauernd. Auch Gesunde. Und ich sehe keinen Anhaltspunkt für deine Theorie, nicht den geringsten. Der Verstorbene war doch angestellt bei dieser Firma, wieso sollten die den denn umbringen wollen?"

„Weil er ihnen den Millionenvertrag nicht beschaffen konnte."

„Oha. Na schön. Dann formuliere deine These ‚XY hat Z umgebracht' – und unternimm einen Versuch, sie zu falsifizieren. Alles andere wäre unwissenschaftlich. Widerlege dich selbst. Das sollte ja sehr einfach sein. Du musst ja nur dir selbst nachweisen, dass keiner der Pfleger ein gemeiner Mörder ist und dass niemand Polizei und Staatsanwalt bestochen hat, auf die Obduktion zu verzichten. Denn du brauchst ja einen Mörder, zwingend. Und bestochene Leute. Solltest du aber all das *nicht* finden, sondern belegen können, dass es sich um einen zweifelsfrei *natürlichen* Tod handelte – was ja offenbar die Aussage aller ist –, hast du deine gesamte Theorie widerlegt. Denn ohne Fremdeinwirkung fällt alles rückwärts in sich zusammen, insbesondere deine Annahme, ein Pharmakonzern lasse wegen ein paar lumpigen hunderttausend Euro Menschen töten. Dir ist bewusst, dass der Gesamtjahresumsatz der Branche bei etwas über einer *Billion* Dollar liegt?“

„Danke“, sagte Hannes und nahm seinen Bogen. „Du und Bea, ihr solltet euch zusammentun.“

„Sehr gern. Aber sie liebt nun mal dich.“

„Wenn Kolumbus auf Leute wie euch gehört hätte, wäre Amerika noch heute unentdeckt.“

„Im Konjunktiv wären das fünfzig Millionen weniger tote Indianer. Ich bin retrospektiv dafür, weder auf dich noch auf Kolumbus zu hören. Der hat sich übrigens auch total verrechnet, wusstest du das?“

„Nein. Ja. Erzähl mir das beim Kaffee. Jetzt schieße ich erstmal zehn mal zehn Pfeile in die Mitte.“

„Ist recht. Definiere ‚Mitte‘ im Sinne von ‚Mitte von was‘? Mitte der Scheibe? Mitte des Grundstücks? Mitte von Deutschland? Aber keine Sorge, das Fangnetz hängt schon.“

6

Halb voll. So betrachtete Bea nicht nur halbleere Gläser, sondern auch halbierte Belegschaften. Und freute sich an diesem Morgen erstens darüber, dass ihre Mitarbeiter sich nur gemeinsam an Gyros den Magen verdorben hatten, nicht kollektiv an einem schlecht zubereiteten Kugelfisch, zweitens darüber, dass gleich zwei ihrer Mitarbeiterinnen sich vorzeitig als arbeitsfähig zurückgemeldet hatten – auch, weil das ganz entschieden für den familiären Zusammenhalt in ihrer kleinen Harburger Frau- und Mannschaft sprach. Doro Seitz konnte sich aber einen Seitenhieb gegen die weiterhin fehlenden beiden männlichen Kollegen nicht verkneifen.

„In der Europaklinik planen die ja jetzt angeblich 'ne eigene Intensivstation für Männer mit Schnupfen."

Bea und Melanie Opitz mussten lachen, aber die junge PTA verteidigte die Abwesenden auch umgehend: „Die simulieren nicht, Holger hing wirklich bis gestern in der Klinik am Tropf."

Bea sah aus dem Augenwinkel, dass am Handverkaufstisch nahe des Eingangs Marlene mit einer Stammkundin beschäftigt war. Und zwar mit Frau Hansen. Das konnte nicht gutgehen. Bea entschuldigte sich bei Melanie und Doro, durchquerte den Laden und erlöste Marlene. Die ihr mit einem erleichterten Blick dankte.

„Frau Hansen, guten Morgen."

„Morgen, Frau Hertz."

„Was können wir für Sie tun?"

„Neues Symptom. Ernst."

„Was ist denn neu aufgetreten?"

„Ich war bei Doktor Ramke. Aber Ärzte hören nicht zu."

Grundsätzlich hätte Bea hier zustimmen müssen, aber bei Frau Hansen galt grundsätzlich etwas anderes. Bea sah sie freundlich fragend an.

„Völlegefühl."

„Oh. Ja. Und Doktor Ramke ...?"

„Regelmäßig. Immer nach dem Essen."

„Aha."

„Das kann man nicht so auf die leichte Schulter nehmen. Weil das schubförmig ist. Und ich hab das jetzt auch beobachtet, denn das kommt im Wechsel."

„Mit was?"

„Hungergefühlen."

„Ah."

„Immer acht bis zwölf Stunden später. Ich hab das jetzt dokumentiert."

„Hatten Sie schon Placedrin?"

„Was?"
„Hatte Dr. Ramke das nicht schon verschrieben?"
„Nein."
„Ach, Mensch. Na gut, muss er auch nicht, ist ja rezeptfrei. Das hilft aber wirklich vielen, die genau die von Ihnen beschriebene Symptomatik aufweisen."
„Echt?"
„Ja. Augenblick."
Bea erwiderte Marlenes Lächeln im Vorbeigehen, ging die paar Schritte nach hinten, in die Rezeptur. Mehrere Hunderter-Dosen Placedrin, korrekt kleingedruckt beschriftet mit den Inhaltsstoffen Lactose und Glucose, standen als Vorrat neben den bestellten Rezepturen, neben einer von Hannes am Vortag hergestellten Antibiotikasalbe auf Bestellung. Bea nahm eine der Placebo-Dosen, kehrte zurück zu Hansen und stellte die Plastikdose auf dem HV-Tisch ab.
„Und das hilft?", sagte Hansen.
„Den meisten."
„Ist das vegan?"
„Ja."
„Und was kostet das?"
„Probieren Sie es einfach aus. Wenn es hilft, kann Dr. Ramke Ihnen ja ein Rezept schreiben, dann rechnen wir das ab. Sonst nicht."
„Das ist aber nett. Danke."
„Nichts zu danken."
Hansen steckte das potente Medikament ein. Lächelte. Und ging.
Marlene stand kopfschüttelnd neben Bea.
„Irre."
„Nein, nur etwas zu besorgt. Wegen allem."
„Hatte sie nicht letztes Mal chronische Kopfschmerzen?"
„Ja. Immer nach dem dritten Glas Weißwein. Sind aber weg, dank Nux Vomica."
„Ich glaub nicht, dass Homöopathie hilft."

„Darauf kommt's nicht an. Sie glaubt es."

Eine weitere Kundin näherte sich, eine unbekannte Maskierte, Bea begrüßte sie. Die Dame hatte ein Rezept für Fumarsäurekapseln, von einem Hamburger Arzt, dessen Namen Bea noch nie auf einem Rezept gelesen hatte. Aber es kam durchaus vor, dass Hamburger Ärzte ihre Patienten bis ganz nach Harburg schickten. Die Qualität von Beas Kapseln hatte sich ja nicht nur in Hamburg herumgesprochen. Bea ging abermals in die Rezeptur, nahm eine der vier letzten Hunderterpackungen aus dem Vorratsschrank und stellte sie der Kundin hin.

Die Kundin betrachtete Dose und Etikett skeptisch. Es stand ja nur drauf „Dimethyfumarat 240 mg 100 Stück". Kein Markenname. Einen solchen durfte Bea nicht erfinden, das durften nur die offiziellen Hersteller. Ganz gleich, ob deren Inhaltsstoffe dieselben waren wie bei Beas Kapseln.

„Doktor Uhland sagt, ihr No-Name geht auch gegen meine Schuppenflechte."

„Ja."

„Er sagt auch, damit habe ich vielleicht nicht solche schrecklichen Probleme."

„Welche?"

„Ich kriege immer Herzrasen und einen total roten Kopf, wenn ich das nehme."

„Von diesem hier nicht."

„Das sagt Doktor Uhland auch. Aber das kann doch gar nicht sein. Da ist doch dasselbe drin wie in den anderen, die ich sonst nehme."

„Das stimmt. Aber der Wirkstoff wird anders freigesetzt."

Die Kundin betrachtete die unscheinbare Dose weiter. Skeptisch. Und besonders skeptisch das darauf angebrachte Preisschild.

„Probieren Sie es aus", sagte Bea. „Doktor Uhland hatte schon einen Grund, sie hierher zu schicken."

„Das, was ich sonst nehme, ist aber sechsmal so teuer."

„Ja."

„Und da ist dasselbe drin?"

„Der Wirkstoff: ja. Das Markenprodukt hat einen Farbstoff mehr."

„Der kostet so viel?"

„Nein, der kostet gar nichts."

Die Skepsis der Kundin nahm eher zu als ab. Aber sie steckte die Dose ein. Brachte ein halbes Lächeln zustande. Einen Dank. Und ging.

Bea ging ebenfalls, und zwar nach hinten, ans Telefon im Büro. Drei Dosen Fumarsäurekapseln waren verblieben, das würde kaum mehr für die kommende Woche reichen. Und sobald ihre Vorräte verbraucht waren, würde sie ihre Kunden – auch die Stammkunden – bitten müssen, auf das sechsmal so teure und weniger gut verträgliche Markenprodukt auszuweichen. Das kam nicht infrage. Und es kam auch nicht infrage, dieses Problem auszusitzen oder zu vertagen oder die Lösung ihren Angestellten zu überlassen. Denn wenn sie, wie geplant, in zwei Wochen mit Hannes für zehn Tage nach Finnland flöge, wäre schlicht niemand mehr da, der die Kapseln herstellen konnte oder durfte. Nicht, weil der Prozess sonderlich kompliziert gewesen wäre – Bea hatte im Lauf der Jahre nicht nur das Labor geeignet ausgestattet, sondern auch ein halbautomatisches Verfahren entwickelt, inklusive Anschaffung einer geeigneten Maschine zum Verfüllen der Kapseln. Nur reagierten leider neun von zehn Menschen schon beim schlichten Öffnen einer Packung Fumarsäure in „Atemweite" mit Hautausschlägen oder Atemnot, denn Fumarsäure war nun mal ein hochgiftiges Biozid. Bea selbst hatte das Glück, nicht empfindlich zu reagieren. Was schlicht bedeutete, dass sie selbst neue Kapseln würde herstellen müssen. Und dazu brauchte sie ihren Wirkstoff. Umgehend. Nicht irgendwann.

Sie telefonierte abermals mit ihrem Stammlieferanten, diesmal mit einem anderen Mitarbeiter. Das Ergebnis blieb dasselbe. Im Computersystem des Großhändlers war weiterhin kein Datum angegeben, zu dem man die gewünschten Fumarate wieder würde liefern können. Bea machte dem Mitarbeiter gegenüber keinen Hehl daraus, dass sie diese Form der Nicht-Organisation für lächerlich und peinlich hielt. Sie verlangte nach dem Geschäftsführer. Der hatte zwar laut seiner Vorzimmerdame keine Zeit, aber nachdem Bea etwas lauter geworden war, sprach er doch mit ihr. Kurz. Und kurz angebunden. Er könne ihr auch nichts sagen. Schließlich bezog auch er seine Fumarsäureester von einem internationalen Hersteller. Der eben offenkundig Lieferprobleme hatte. Bea konterte dieses Ende der Durchsage mit einer geeigneten Wiederholung ihrer Einschätzung der Managementsituation bei ihrem „nun Ex-Lieferanten", verkürzt auf „Saftladen".

Nachdem sie aufgelegt hatte, rief sie die Konkurrenz an – den zweitgrößten Lieferanten, mit dem sie normalerweise nicht arbeitete. Man begrüßte sie höflich, man nahm ihre Bestellung auf. Sie musste einen Moment in einer Warteschleife verbringen, unter empörend lauter Mozart-Beschallung, dann meldete sich ein anderer Mitarbeiter, fragte sie höflich noch einmal, wer sie sei und was sie bestellen wolle. Sie nannte abermals ihren Namen und die Lieferadresse. Der Mann am anderen Ende der Leitung sagte „Augenblick", tippte hörbar irgend etwas in sein System ein und erklärte Bea dann bedauernd, man habe keinerlei Fumarate am Lager und könne ihr auch keinen Liefertermin nennen.

Bea bedankte sich.

Und rief einen Großhändler in Hannover an.

Das Spiel wiederholte sich. Freundlicher Empfang. Aufnahme der Bestellung. Weiterleitung. Der Ansprechpartner wechselte. Neuerliche Abfrage des Namen. Bedauern: Keine Fumarsäure. Kein Liefertermin.

Bea mochte keine Verschwörungstheorien. Für so was war Hannes zuständig.

Sie würde es in Holland versuchen müssen. Und notierte sich auf einen Post-it-Zettel neben einem deutlichen Ausrufezeichen „Anderen Namen angeben“.

Marlene betrat das Büro, sah erleichtert, dass ihre Chefin nicht telefonierte, und deutete vage nach vorn, Richtung Offizin. „Äh“, sagte sie. „Können Sie sich den einmal kurz angucken?“

„Den was?“, sagte Bea, war aber bereits aufgestanden.

„Ich glaube“, sagte Marlene, „der braucht einen Arzt.“

Bea trat an Marlenes Seite in den Verkaufsraum, und Marlene nickte in Richtung des maskierten Kunden, der vor einem der HV-Tische wartete. Die Finger seiner behandschuhten Rechten trommelten fast unhörbar auf der Glasplatte, und seiner gerunzelten Stirn nach zu urteilen war er höchst unzufrieden mit dem hier gelieferten Service. Oder Mangel an Service. Aber während Bea sich dem Mann näherte, ahnte sie schon ohne weitere Erklärungen von Marlene, weshalb sie sie gerufen hatte.

„Hertz“, stellte Bea sich vor. „Meine Mitarbeiterin bat mich ...“

„Ja, wenn die das nicht selber kann. Dann halt Sie. Was, verdammt nochmal, ist so schwer an ‚Aspirin‘ und ‚Paracetamol‘? Soll ich’s ihnen buchstabieren? Oder aufschreiben? Können Sie lesen?“

„Ja“, sagte Bea, sehr freundlich. „Wo haben Sie denn Schmerzen?“

„Nicht, dass sie das was angeht, aber ich hab ja keine Geheimnisse. Rücken. Hölle. Und nein, ich stell mich nicht an, und, nein, ich kann mich gerade nicht ausruhen, vielen Dank. Und, nein, ich kann auch nicht zum Arzt, weil ich keine Zeit habe, sechs Stunden im Wartezimmer zu sitzen, und, danke, nein, ich kann eh nicht gut sitzen, weil: Ich. Habe. Rücken. Brauche: Paracetamol. Zu kompliziert?“

„Nein.“

„Super.“

„Wie lange haben Sie das schon?"

„Verarschen Sie mich? Verstehen Sie Spaß? Paracetamol. Aspirin. Welches dieser zwei Worte verstehen Sie nicht?"

„Wie lange nehmen Sie das schon?"

„Was weiß ich, zwei Wochen?"

„Und wie oft?"

Der Mann verdrehte fassungslos die Augen. Das war einerseits unschön, weil Bea nur sehr ungern Leute zur Weißglut trieb, andererseits aber auch hilfreich, weil sie so noch besser sehen konnte, dass nicht nur die Stirn- und Wangenhaut des Mannes leicht gelblich war, sondern auch sein Augenweiß diese Farbe anzunehmen begann.

„Was soll das?", sagte er.

Bea hatte bereits hinter sich gegriffen, denn die Dauerbrenner – Erkältungsmittel, Hustensäfte und Schleimlöser – standen ja immer in Reichweite in den Regalen.

„Lassen Sie mich raten", sagte sie. „Sie haben keine Zeit, weder fürs Wartezimmer noch zum Lesen von Packungsbeilagen. Und sie haben höllische Schmerzen. Sie nehmen also zirka alle ein bis zwei Stunden ein paar Paracetamol."

„Ja, und? Anders geht's halt nicht."

Bea wandte sich Marlene zu. „Ein Glas Wasser, bitte."

Marlene eilte. Bea öffnete eine N-ACC-Packung und nahm ein Dutzend der Tütchen heraus.

„Hä?", sagte der Kunde.

Marlene kehrte mit einem Glas Wasser zurück.

„Danke", sagte Bea, riss das Dutzend Tütchen auf, schüttete das Pulver ins Glas und sah den Kunden an. „Trinken."

„Was? Hören Sie schlecht? Ich habe keinen HUSTEN! Ich habe RÜCK-EN-SCHMERZEN!"

Bea wandte sich Marlene zu. „Ich fahre den Herrn selbst."

„Okay", sagte Marlene.

„Hä?", sagte der Kunde.

„Paracetamol", sagte Bea, „wird über die Leber verstoffwechselt. Wenn Sie die Abstände und die Dosis nicht einhalten –

400 Milligramm alle vier Stunden –, wirkt Paracetamol toxisch. Sie sind schon gelb, das heißt, wenn wir nicht sofort gegensteuern, sind Sie heute Abend tot."

Der Kunde schwieg. Die jetzt klare Flüssigkeit im Glas perlte noch ein wenig vor sich hin.

„N-ACC", sagte Bea. „Kein ASS, sondern Acetylcystein. Ungefährlich. Hilft zwar nicht gegen Kopfschmerzen, aber entgiftet ihre Leber. Trinken."

Der Mann griff nach dem Glas. Sah Bea entsetzt an. Trank das Glas aus.

„Gut", sagte Bea. „Dann mal los."

„Bitte, was?"

„Mein Auto steht drüben auf dem Parkdeck. Ich fahre Sie in die Notaufnahme."

7

Eilers. So lautete der Nachname ihres Passagiers, das bekam Bea auf Befragen heraus. Mehr aber auch nicht, denn Vorname unbekannt Eilers schwieg während der kurzen Fahrt zur Europaklinik im Harburger Hafen beharrlich vor sich hin. Seiner Miene war dabei nicht eindeutig zu entnehmen, was ihm die Sprache verschlagen hatte, und Bea konnte sich bei ihren gelegentlichen Seitenblicken nicht entscheiden zwischen wütend, besorgt, ungläubig und gekränkt in seiner Mannesehre. Aber das musste sie ja auch nicht. Sie musste Eilers nur in einer Notaufnahme absetzen und ihm das Leben retten, dabei brauchte man sich ja nicht auch noch zu unterhalten.

Von der City aus waren die Asklepios-Klinik, das Maria Hilf und die Europaklinik annähernd gleich weit entfernt. Gegen die vergleichsweise neue EK sprach zwar, dass man dort „Privat" großschrieb und „für alle" betont klein, aber da Bea für Eilert garantiert weder Maximalversorgung noch einen Kreißsaal benötigte, entschied sie sich an diesem Morgen für die Luxusvariante. Sie redete sich erfolgreich ein, dass bei ihrer Entscheidung allenfalls eine Nebenrolle spielte, dass man Patrick Hillert ebenfalls in die EK gebracht hatte, eine Woche zuvor.

Bea begleitete Eilers in die Notaufnahme und teilte der diensthabenden Schwester in geeigneter Kürze mit, woran der Schweiger litt. Die Schwester nickte ihr bestätigend zu, kommentierte wortlos „Was für ein Idiot" und wies Eilers an, einen Fragebogen auszufüllen. Bea wünschte ihm einen schönen Tag. Eilers brachte ein „Danke" zustande, ohne sie anzusehen, er musste sich offenkundig auf die komplizierten Fragen auf dem Bogen konzentrieren. Bea hatte keine Zweifel, dass er die Antworten hinbekommen würde. Notfalls konnte man ihm aber dabei auch sicher helfen, denn Notaufnahmen hantierten ja häufig genug sogar mit bewusstlosen Kunden.

Bea verließ die Notaufnahme und wandte sich nach links. Richtung Hauptgebäude, durch einen Tunnel aus etwas Stahl und viel Glas über einem backsteingefassten Kanal. Eleganter Holzfußboden, dazu draußen eine Portion „Schöner Leben", Enten in Grütze, Schilfgewächse vor einer Wand dekorativ erhaltener Fassade der entkernten Fabrikanlage, in die die Europaklinik vor zwei Jahren eingezogen war.

Den Empfang ließ Bea links liegen, bestieg einen der vier geräumigen Fahrstühle und wählte die „8" aus dem Menü. Neben der Ziffer hatte man sich die „Station" gespart und es beim einfachen „Privat" belassen. Psychologisch geschickt, denn selbst der neugierigste fahrstuhlfahrende Kassenpatient geriet sicher kurz ins Grübeln, ob man „Privat" einfach so ansteuern durfte. Nicht, dass man am Ende in den Privatbereich der Ärzte geriet, wo die vielleicht ohne Kittel herumliefen, zwischen Sauna und Bar.

Natürlich gab es oben keine Sauna. Und keine Bar. Wohl aber einen sehr eleganten und erfrischend offen gestalteten Empfangsbereich, der auch einem durchschnittlichen

5-Sterne-Hotel gut gestanden hätte. Der Holzfußboden war hier sogar noch ein bisschen schöner als unten im Erdgeschoss. Eichenparkett. Man gönnt sich ja sonst nichts.

Für die Patienten, die Bea zur Linken am Ende des langen Ganges entdeckte, war der Luxus eigentlich trotzdem eine Nummer zu klein. Wie es sich gehörte, ging Herr Scheich voran, mittels rollbaren Tropfständers ausgewiesen als Patient, die achtköpfige familiäre Entourage folgte Richtung Panorama-Lounge. Die Reihenfolge auf dem Weg zu Kaffee und Keksen wurde selbstredend eingehalten: Frauen und Kinder zuletzt. Bea wunderte sich dennoch, denn in der Regel logierten Gäste aus dem näheren Osten in den Privatkliniken in besseren Hamburger Lagen. Zwar verfügte die Harburger EK fraglos über eine der besten radiologischen Abteilungen im gesamten Norden, dennoch wurde die Klinik eher von reichen Russen und Polen goutiert als von Scheichs. Die EK hatte sich also vermutlich ein neues handverlesenes Professorengenie eingekauft, hoch angesehen von Riad bis Moskau. Bea tippte auf „Spezialität Nieren". Bei Nasen und Brüsten konnte niemand mit den Privaten mithalten.

Bea trat an den Empfangstresen. Die junge Schwester dahinter lächelte sie offen und freundlich an. Kein aufgesetztes Lächeln. Authentisch lieb.

„Was kann ich für Sie tun?"

Es erschien Bea nicht zielführend, mit reiner Wahrheit und Fakten ins Haus zu fallen, sie machte es dem Mädchen leicht.

„Mein Name ist Hillert", sagte sie leise, „guten Tag."

„Oh."

„Mein Bruder ist..."

„Ja. Das tut mir sehr leid. Mein Beileid."

„Danke. Ich bin eben erst angekommen, sagen Sie... wie ist denn das passiert?" Bea versagte fast die Stimme vor Kummer. „Patrick war doch ganz gesund?"

Die junge Schwester fühlte offenkundig mit. „Ja, das war ganz überraschend. Es tut mir wirklich sehr leid."

„Können Sie mir denn Näheres sagen? War jemand bei ihm, als er starb?“

„Ich glaube nicht, das war früh morgens. Also, die Nachtschwestern waren hier, natürlich.“

„Wer war denn der diensthabende Arzt?“

Die junge Schwester zögerte einen Augenblick. Dann siegte ihr Mitgefühl. Sie fing an, in ihren Unterlagen zu blättern.

„Patrick war doch ursprünglich wegen eines Infarktes hergebracht worden? Und ist dann zu Ihnen verlegt worden?“

„Ja.“

„Macht man denn das, wenn ein Patient noch in Gefahr schwebt? Verzeihung, ich kenne mich damit nicht aus, das ist Ihr Fachgebiet.“

Die Schwester hatte das entsprechende Datum in ihrem dicken Einsatzplan gefunden, der angemessen gefüllt war mit handschriftlichen Notizen und Kürzeln. Ihr Zeigefinger bewegte sich suchend über das Papier, ihre Antwort geriet daher ungefiltert.

„Nein, dann wäre er auf der Intensivstation geblieben.“ Der Finger rutschte weiter, abwärts, aufwärts, abwärts. Dann sah sie Bea an, mit bedauerndem Blick.

„Tut mir leid, da muss ich gleich Schwester Simone fragen. Ich bin noch nicht so lange da, ich kenne noch nicht alle Kürzel.“

„Und Schwester Simone hatte Dienst?“

„Nein, das ist unsere Oberschwester. Dienst hatten ...“ Der Finger suchte erneut in den Kürzelzeilen. „Schwester Monika und ...“

„Guten Tag.“

Die Schwester sah auf, verstummte. Bea drehte sich um, sah vorwiegend weiß und schaute nach oben. Direkt vor ihr, eindeutig zu nah, stand ein sehr großer und sehr breiter Mann. Ausweislich des Namensschildes an seinem Revers hieß der M. Müller-Meffert und war „Dr.“. Beas ohnehin skeptisches Gehirn stolperte allerdings spontan darüber, dass der Mann keine Maske trug, sondern einen fusseligen Bart. Und einen langärmligen Kittel. Und unter dem Kittel ein Oberhemd. Mit Manschettenknöpfen. Deutschland lag im internationalen Vergleich vorn bei den „an Krankenhauskeimen verstorbenen Opfern“, primärer Killer war dabei clostridium difficile, ein gegen alle Antibiotika resistentes Bakterium. Weltweit verzichteten Professoren und Chefärzte in Krankenhäusern auf lange Ärmel und Manschettenknöpfe. Deutsche Professoren und Chefärzte hielten standesstolz an beidem fest.

Der Arzt hielt Bea seine nackte Pranke hin. „Müller-Meffert.“

Bea ließ die Hand im Raum hängen.

„Hillert.“

Müller-Meffert ließ die Hand sinken. „Die kleine Schwester?“

„Ja.“

„Mein Beileid.“

„Danke.“

„Sind Sie direkt aus Stuttgart gekommen?“

In Beas Kopf begann spontan eine rote Lampe zu rotieren. Sollte sie umschalten auf einen dezent oder eindeutig schwäbischen Akzent? Gleich wie, die Antwort konnte ja nur lauten...

„Ja.“

Müller-Meffert nickte. „Nein. Dresden.“

Die rote Lampe in Beas Kopf rotierte etwas schneller, aber es war ja bereits zu spät.

Der große Bart- und Manschettenmann machte kurzen Prozess. „Ich habe keine Ahnung, wer Sie sind. Ich weiß nur, wer sie nicht sind, nämlich Patricks Schwester.“

Aus dem Augenwinkel sah Bea, dass Offenheit und Zutrauen der jungen Schwester einen schweren Wirkungstreffer kassierten.

„Ich...“, sagte Bea, aber der große Bart war noch nicht fertig.

„Und ich darf Sie auffordern, das Haus und das Krankenhausgelände sofort zu verlassen.“

„Ich bin mit Patrick befreundet. War.“

„Weiß seine Frau das?"

Bea schwieg. Hatte der Sherlock in Weiß ihr gerade unterstellt, sie sei eine *Affäre* von Hillerts, die sich unter Vorspiegelung einer falschen Identität durchs Leben log?

„Und Sie heißen?", sagte Müller-Meffert.

„Beatrice Hertz. Hertz-Apotheke, hier, in der City…"

„Machen Sie das öfter, sich unter falschem Namen in Krankenhäuser schleichen?"

„Ich bin nicht geschlichen. Ich wollte mich nur erkundigen…"

„Unter falschem Namen? Weil sie wissen, dass wir Ihnen keine Auskunft geben dürfen?"

Bea schwieg. Ein Nicken erschien ihr unpassend.

Müller-Meffert nahm ihr das Nicken ab.

„Erkundigen Sie sich bei der Witwe. Ich bin sicher, unter Freunden gibt sie Ihnen gern Auskunft."

„Sicher."

„Sicher."

Müller-Mefferts Blick sprach Bände. Seine Geste auch. Er wies mit Nachdruck in Richtung der Fahrstühle. „Aber wenn das so ist: Wir sehen uns ja nachher. Alle."

Bea leistete keinen Widerstand. Sie setzte sich in Bewegung. Die Alarmleuchte in ihrem Kopf kreiselte jetzt allerdings noch ein bisschen schneller, denn das hatte sie tatsächlich vergessen. Sie mochte ohnehin keine Trauerfeiern, aber für die den heutigen Nachmittag anstehende hätte sie in diesem Moment wirklich gern ein ärztliches Attest gehabt.

8

Hannes überredete Bea zur Teilnahme. Hannes bestand darauf. Bea nahm ihm allerdings das Versprechen ab, sich hinter ihm unsichtbar machen zu dürfen. In der allerletzten Reihe der Trauergäste, noch besser, *hinter* der letzten

Reihe, mit Sonnenbrille. Mit ihren 1,65 würde sie hinter Hannes eine gute Deckung finden, notfalls konnte sich ja auch noch ein bisschen in die Knie gehen und sich auf 1,35 verkleinern.

Sie fuhren am späten Nachmittag direkt von Harburg aus nach Westen, Richtung Buxtehude. Bea hatte ein mulmiges Gefühl, und sie fragte sich selbst, warum. Natürlich stand ihr die Trauerfeier bevor. Natürlich befürchtete sie tadelnde Blicke des anwesenden Dr. Yeti. Aber da war noch irgend etwas anderes. Es konnte nicht an der wie üblich trostlosen Strecke liegen. Die jetzt tief stehende Sonne verwandelte sogar die Cuxhavener Straße in einen erträglichen Ort. Aber erst, als Hannes den Wagen auf den Parkplatz am Friedwald von Neukloster lenkte und abseits der Autos der anderen Trauergäste einen Parkplatz ansteuerte, begriff Bea die ganze Ursache ihres Unwohlseins.

„Oh Gott, er hat das *gewusst*?"

„Was?" Hannes stellte den Motor ab und sah sie erstaunt an.

„Er hat doch darüber mit uns gesprochen. Erinnerst du dich nicht?"

„Woran?"

„Das war... keine Ahnung, bei irgendeinem Abendessen, frag mich nicht. Doch! Lämmertwiete, beim Inder. Und das ist auch noch gar nicht so lange her, ein paar Monate."

Hannes verstand kein Wort und sah Bea entsprechend an.

„Beim Inder. Samsara. Deshalb. So sind wir nämlich drauf gekommen. Und du wolltest das nicht hören, ich auch nicht, das will sowieso keiner hören, der *ewige Kreis von Werden und Vergehen,* niemand möchte über den Tod reden, schon gar nicht beim *Abendessen.*"

„Ich jedenfalls nicht. Und ich erinnere mich auch nicht."

„Du kannst ja eh gut vergessen."

„Stimmt, weil ich mir so viel merken muss."

„Der Punkt ist, Hannes..." Bea sah wieder nach vorn. Es war wirklich ein wunderschönes Waldstück. „Man muss das wirklich vorbereiten. Wenn man will, dass die Angehörigen keinen Stress haben. Und genau das hat er damals als Erklärung angegeben. Falls er mal stirbt, wann auch immer, soll Sandra sich um nichts kümmern müssen. Er selbst hatte das gemusst. Bei seiner Mutter, weil die eben nichts vorbereitet hatte. Nur ihren Wunsch irgendwo notiert, ‚Ich möchte ins Mittelmeer'. Aber wenn du, wie Patrick, genaue Wünsche hast, dann musst du nicht nur alle Unterlagen beisammenhaben und einen Bestatter und den möglichst auch schon bezahlt haben oder ein Treuhandkonto irgendwo, du musst auch den Ort kennen."

„Ja. Und?"

„Und? Patrick kommt vor acht Wochen plötzlich drauf, dass es im Fall eines Falles wirklich ganz schnell und ohne jeden Stress für seine Witwe geht, und dann stirbt er acht Wochen später wirklich?"

Hannes schwieg.

Dann sagte er „Mh". Und dann: „Wer ist hier für die wilden Verschwörungstheorien zuständig, du oder ich?"

„Für die wilden Theorien: du. Aber das ist keine wilde Theorie. Er hat sich vor kurzem zufällig intensiv mit seinem eigenen Tod beschäftigt. Mehr sage ich ja gar nicht."

„Das ist ja auch schon einiges", sagte Hannes.

Hannes sah an Bea vorbei zum Eingang des Waldgeländes. Eine erstaunlich große Zahl schwarz gekleideter Menschen hatte sich dort versammelt, und in diesem Moment hielt ein schwarzer BMW vor den Gästen. Die Beifahrertür ging auf, Sandra Hillert stieg aus dem Wagen und öffnete die Fondtür. Der Fahrer, ein älterer Herr, vermutlich ihr Vater, stieg ebenfalls aus und öffnete die Fondtür links.

Hillerts zwölfjährige Tochter nahm die Hand ihrer Mutter. Selbst auf die Entfernung konnte Bea sehen, dass sie weinte. Der ältere Herr führte Hillerts Sohn Max zu seiner Mutter, und mit je einem Kind an den Händen ging Sandra Hillert unsicher auf ihre Gäste zu. Bea ging all das schon auf die Entfernung zu nah.

Hannes räusperte sich. „Wir… können ja etwas… Abstand lassen."

„Bitte, ja", sagte Bea.

Sie warteten.

Bis sich die Gruppe etwa hundert Meter entfernt hatte. Dann stieg Bea aus. Hannes folgte. Zu groß durften sie den Abstand auch nicht werden lassen, denn gab es einen Andachtsplatz oder eine Andachtshalle, musste man ja dringend den langen Auftritt als Nachzügler vermeiden. So schlossen Hannes und Bea in sicherer Entfernung zu den letzten Teilnehmern der Waldprozession auf und hielten sich im perfekt unauffälligen Abstand.

Es gab keine Halle. Es gab tatsächlich einen Andachtsplatz. Baumstümpfe, vor einem Christenkreuz gruppiert, auf einer kleinen Lichtung inmitten des friedlichen Grün. Die späte Maisonne zauberte mithilfe der leichten Brise bezaubernde Kunstwerke auf dem Boden und in die Gesichter, ein stummes, sanft glitzerndes Windspiel.

Etliche Gäste fanden keinen Platz auf den Baumstümpfen und blieben stehen. Sehr zur Erleichterung von Bea, die sich so hinter Hannes' breitem Rücken fast vollständig unsichtbar machen konnte.

Ein Mann, Mitte fünfzig, trat vor die Anwesenden, stellte sich als Karsten vor, ältester Freund des Verstorbenen, begrüßte die Freunde, und danke Sandra für die Gelegenheit, dem unentschuldigt fehlenden Freund noch ein paar Worte auf den Weg mitgeben zu dürfen. Zu Beas großer Erleichterung benötigte Karsten keinen Notizzettel und blieb auch im Folgenden seiner eingeschlagenen Linie treu. Er vermied allen Kitsch. Sein Kummer war so elegant in Worte gekleidet, dass das Ergebnis um so eindeutiger ausfiel. Niemand blieb ungerührt, die Tränen flossen ungehindert.

Auch Bea weinte. Hinter Hannes' Rücken.

Der letzte Akt folgte nach der Rede. Der zuständige Förster, nicht Bestatter, übergab der Witwe die Urne mit der Asche des

Verstorbenen, Sandra kniete sich vor ihre Kinder, denn offenbar war abgesprochen, dass diese die sterblichen Überreste des Vaters in das Loch unter seinem Baumfreund versenken sollten. Das allerdings scheiterte am Widerstand beider Kinder. Weder Hillerts Tochter noch sein Sohn wollten die Urne anfassen. Sandra bemühte sich wohl, sie zu überreden, aber die Kinder blieben bei ihrem traurigen Kopfschütteln. So blieb Sandra Hillert nichts anderes übrig, als die Urne selbst an ihrem Ruheort zu platzieren. Sie trat zurück, betrachtete noch einen Augenblick die Wurzeln des Baumes, sah nach oben. Wurzeln bis in den Himmel. Sie wandte sich ab und nickte dem Förster zu. Der daraufhin begann, die Urne mit Erde zu bedecken.

Die Gäste traten im Spalier an, zum Kondolieren. Bea und Hannes fanden sich unverhofft in der Mitte der Reihe wieder, aber zu Beas Erleichterung stand Müller-Meffert weit vorn – und hatte sie, gut verborgen, bisher noch gar nicht wahrgenommen. Da sie das höchst begrüßenswert fand, schmiegte sie sich noch etwas unsichtbarer in Hannes' Rücken, langsam vorrückend. Schritt für Schritt näher heran an das gedämpfte Murmeln von vorn, bis Hannes endlich die Stimme erhob, leise, dezent, und der Witwe sein Beileid aussprach.

Jetzt schob Bea sich endlich aus dem Schatten ihres großen Schutzschildes, um ebenfalls zu kondolieren. Und von diesem Moment an ging alles viel zu schnell.

Später sollte Bea alles in Einzelbilder zerlegen können. Wie nach jedem Unfall. Aber im Augenblick selbst ging alles nahtlos ineinander über, ohne dass sie auch nur bewusst hätte reagieren können.

Sandra Hillerts Blick in Hannes' Gesicht war bereits skeptisch gewesen, fragend, aber offensichtlich hatte sie ihn einfach nicht richtig einordnen können, ihn nicht erkannt. Bea hingegen erkannte sie. Ihr Gesichtsausdruck verwandelte sich von fragend zu empört zu wütend, und Bea kam nur bis zum „Frau Hillert, auch ich teile Ihren…", dann teilte sie den Schmerz tatsächlich selbst.

Sandra Hillert verpasste Bea ohne Vorwarnung eine schallende Ohrfeige.

Und holte ein zweites Mal aus.

Hannes verhinderte den zweiten Schlag, gab einen wütenden Laut von sich, den Bea von ihm noch nie gehört hatte, und holte seinerseits aus, um Sandra Hillert zu ohrfeigen. Bea fiel ihm in den Arm und verhinderte nun seinen Gegenschlag. Gleichzeitig schrie Sandra Hillert sie an. Sehr laut.

„Das ist doch nicht *wahr*! Das ist doch nicht dein *Ernst, Bitch*! Wegen dir haben Marie und Max keinen *Vater* mehr, du verdammtes Arschloch!"

Bea befand sich schlagartig in einem Paralleluniversum. Schockstarr. Sie sah wohl, dass da, vor ihr, Patrick Hillerts Frau stand, zwischen zwei zusammenzuckenden Kindern, sah wohl, dass die Frau hysterisch war, hörte wohl, was die Frau sagte. Aber nichts davon konnte real sein.

„Wieso!? Was hast du *gemacht*!? *Wieso* hast du das gemacht! Warum hat *er* das gemacht, was hattet ihr, 'ne Affäre, ihr hattet 'ne Affäre?"

Das Mädchen fing an zu weinen. Der Junge fing an zu weinen.

Bea spürte hundert Augenpaare auf ihren Wangen, ihrem Rücken. Blicke, die sie töteten. Und Sandra Hillert hörte nicht auf.

„Das ist so *krank*! Und dann kommst du auch noch *hierher*! Zu seiner Beerdigung! Wie krank bist du?! Wie kannst du es wagen!"

Sie spürte Hannes' Hand auf ihrem Unterarm. Fest, nachdrücklich. Spürte, wie er sie wegzog. Gab nach. Obwohl sie nicht einverstanden war. Weder mit dem, was die Frau sagte, noch mit dem Schlag ins Gesicht, noch mit dem Rückzug, der dem Ganzen die Krone aufsetze und aussehen musste wie ein Schuldeingeständnis.

Aber sie folgte Hannes' Führung.

Betäubt.

Sandra Hillerts fortgesetztes lautes Schreien und Keifen im Rücken, das jetzt, da sie sich entfernte, leiser wurde. Dann in einen Wutschrei überging. Dann in lautes Schluchzen. Dann gedämpfter.

Hannes ging mit raschen und bestimmten Schritten. Bea ging mit. Geriet ins Straucheln. Hannes hielt sie, stabilisierte, führte sie zum Auto. Öffnete die Tür. Setzte sie hinein. Schloss die Tür. Öffnete die Fahrertür. Setze sich neben sie. Schloss die Tür.

Es war totenstill.

Und Bea hörte sich selbst schluchzen.

Und weinte.

Hannes hielt ihre Hand. Versuchte es mit beruhigenden Lauten, die ins Bodenlose fielen. Bea war nicht beruhigt. Im Gegenteil. Und sie sah auch keinen Anlass, ruhig zu werden.

Hannes startete den Wagen. Sah noch einmal in Richtung der weit entfernt versammelten Trauergäste, setzte zurück, legte den Vorwärtsgang ein. Kies spritzte in Richtung des Friedwaldes, als der BMW sich rasch entfernte.

Bea schwieg.

Hannes schüttelte den Kopf.

„Himmel. Was war das denn?"

Bea schwieg. Hörte auf zu weinen und lauschte in das hochfrequente Summen in ihrem Kopf. *Overload*. Spannung zu hoch. Notabschaltung erforderlich. Implosionsgefahr.

„Mich hat noch nie", sagte sie, „jemand geohrfeigt."

Hannes schwieg.

„Noch nie."

„Tut es sehr weh?"

„Nicht körperlich."

Das stimmte nicht ganz. Sandra Hillert hatte mit Wucht getroffen. Aber der eigentliche Schmerz war nicht oberflächlich, der Schmerz saß wesentlich tiefer, vernichtend. Die Frau hatte einfach so alle Grenzen überschritten, war mit roher Gewalt in den armlangen Abstandsbereich eingedrungen, in den niemand einzudringen hatte, ungefragt, nicht einmal ein Freund oder Vertrauter, allenfalls der oder die eine, dem man so sehr vertraute, dass man neben ihr oder ihm die Augen schloss und schlief.

Bea war tief getroffen. Von einer Demonstration von Macht, Gewalt, einem schweren Übergriff. Von einer Fremden. Vor Fremden. In der Öffentlichkeit.

„Ich hätte dir erlauben sollen", sagte sie. „... zurückzuschlagen. Das war ein Reflex."

Hannes musste anhalten, vor einer roten Ampel.

„Nächstes Mal", sagte er „Versprochen. Nächstes Mal lasse ich mich nicht aufhalten."

„Gut."

Er schwieg. Sah sie an.

„Ihr hattet eine Affäre?"

Beas wandte den Kopf, und als ihr Blick seinen traf, war ihre Erschütterung bereits nahtlos übergangen in Entrüstung. Hannes sah traurig aus. Aber das machte Bea nur noch wütender. Sie sah ihn an, als sei er gerade aus ihrem Salat gekrabbelt.

„Was? Nein. Spinnst du?"

„Oh, gut", sagte Hannes.

„Wie kannst du so was glauben?"

„Verzeih. So eine Ohrfeige hat eine gewisse Überzeugungskraft."

„Ich hatte keine Affäre." Bea schüttelte sich, unwillkürlich. „Mit Patrick. Brr. Und auch sonst keine. Herrgott."

„Hätte mich auch gewundert", sagte Hannes. „Das hättest du mir ja sicher vor der Veranstaltung gesagt. Und dann wäre ich doch besser allein hingegangen."

Beas Züge entgleisten, und ihr Lachen sprang ebenso unverhofft an.

„Ja. Ja, du hast recht. Logisch, Da habe ich gar nicht drüber nachgedacht."

„Kann ja mal passieren."

„Danke für dein Verständnis."

„Gern."

Die Ampel sprang auf grün. Hannes fuhr weiter. Sah nach vorn, ungerührt. Bea sah ihn von der Seite an und hätte ihn gern noch mal vom Fleck weg geheiratet.

Sie sah selbst nach vorn. Schüttelte den Kopf. „Unglaublich. Was war das?"

„Genau das ist die Eine-Million-Euro-Frage. Aber die Nummer von meinem Telefonjoker hab ich zu Hause vergessen."

Bea sah ihn fragend an.

„Die von Stocker", sagte Hannes.

„Was soll Stocker da machen? Dir erklären, wieso Patrick keine Affäre mit mir hatte?"

„Nein. Aber jetzt wird's doch langsam rund. Oder völlig irre. Hillert hatte offenbar eine Affäre – wenn auch nicht mit dir. Aber so ganz unrecht wird seine Frau ja nicht haben, auch wenn sie die Falsche im Visier hat. Hillert wusste, dass er gefährlich lebt und sich schon mal sehr intensiv mit seiner Beerdigung befasst, vorsichtshalber, und dann hat er aus heiterem Himmel einen Herzinfarkt, schafft's noch ins Krankenhaus und hat da trotz Überwachung einen zweiten, diesmal tödlich? Wenn das nicht was für einen Kommissar ist, was dann?"

„Offen gestanden..."

„Ja?"

„Das ist schon wieder eine Verschwörungstheorie mit Unmengen Löchern."

„Wieso Löcher?"

„Was soll eine Vielleichtaffäre mit dem Herzinfarkt zu tun haben?"

„Vielleicht hatte er den bei ihr. Weil sie vielleicht 24 ist und ungeheuer vital. Reiki-Masseurin und Reitlehrerin..."

„Hannes."

„So was kommt vor!"

„Ja, und dann fährt sie ihm ins Krankenhaus hinterher und bringt ihn um? Denn... das geht nicht, wenn er wieder aufwacht und ausplaudert, dass sie seine Affäre ist... Weil? Seine 24-jährige Reitlehrerin mit dem Bundespräsidenten verheiratet ist?“

Hannes lachte laut. „Au ja! Langsam kommen wir der Sache näher!“

„Nein, wir entfernen uns. Im Galopp. Ernsthaft. Wieso bin ich schuld an Patricks Tod?“

„Bist du ja nicht.“

„Denkt aber seine Frau.“

„Weil ihr eine Affäre hattet.“

„Das ist der Teil, den sie sich zusammenspinnt, weil ihr nichts Besseres einfällt. Das ergibt aber keinen Sinn.“

Sie fuhren schweigend.

Schließlich schüttelte Hannes den Kopf. „Albert hat recht.“

„Womit?“

„Wir müssen da anders rangehen. Die ganze Verschwörungstheorie steht und fällt doch mit dem gedachten Tatort. Dem Krankenhaus. Gut, wenn er nicht obduziert worden ist, haben die schnell gearbeitet, das spricht ja erst mal für uns.“

„Uns?“

„Unsere Theorie.“

„Deine.“

„Meinetwegen. Aber ich brauche ja einen Täter. Und einen Modus operandi. Dass dein Arzt, dieser Müller, dich abtropfen lässt – gut. Dass die Schwester nicht sehen kann, wer Dienst hatte: auch gut!“

„Na ja...“

„Mauser kann ich nicht fragen. Der leitet zwar die Neurologie. aber der hasst mich.“

„Verständlich. Weil du bei dieser Feier sein schwarzes Geheimnis ausgeplaudert hast: ‚Ihre Kunden wünschen Gesundheit, Sie leben von Krankheit. Das ist ein sehr grundsätzlicher Interessenkonflikt.‘“

„Ja, das war gut!“

„Vor hundert Leuten.“

„Natürlich! An dem Satz hab ich lange gearbeitet, den verschenk ich doch nicht!"

„Also. Mauser fällt aus."

„Thilo macht das." Hannes sah Bea an. „Siri, ruf mal Thilo an."

Bea zog ihr Smartphone heraus und suchte ohne Siri nach Thilo Becks Nummer. Hannes hatte recht. Natürlich würde Thilo Beck ihnen helfen.

Sie gab Becks Nummer ein, klemmte das Smartphone in die Halterung im Armaturenbrett und schaltete den Lautsprecher ein. Beck meldete sich nach dem zweiten Klingeln, wie üblich müde, freundlich und sanft. Bea mochte zwar prinzipiell keine Einzelkinder aus gutem Arzthause, die selbst Ärzte wurden, aber für Beck machte sie gern eine Ausnahme. Eingedenk des goldenen Löffels, mit dem er geboren worden war, war der angenehme Charakter des 42-Jährigen ein doppeltes Wunder.

„Thilo", sagte Hannes fröhlich, „Hannes hier!"

„Hey! Schön, dich zu hören, junges Haus."

„Danke für die freundlichen Gaben. Der Wein war von dir, oder, nicht das Testo-Gel?"

„Testo kannst du dir selbst kaufen, damit will ich nichts zu tun haben. Nachher ist das zu aufregend für dich, und dann bin ich schuld, nee, danke."

„Thilo, weshalb ich anrufe... ich bitte um Nachsicht, schon vorher."

„Wer braucht ein Einzelzimmer?"

Hannes lachte. „Niemand. Ich brauche einen Namen."

„Du hast doch schon einen."

„Stimmt. Nein, ich brauche einen anderen. Den Arzt, der am Sonntag, vierzehnten Mai, auf eurer Privatstation Dienst hatte. Und die Namen der Schwestern. Und Pfleger."

Thilo Beck schwieg.

„Keine Sorge", sagte Hannes. „Ich will denen keinen Kunstfehler anhängen, ich muss nur die Namen wissen."

„Und ich möchte nicht wissen, wieso. Das war nicht zufällig die Nacht, in der dieser Pharmavertreter gestorben ist?"

„Doch."

„Dann möchte ich erst recht nicht wissen, wieso du die Namen brauchst."

„Danke."

„Mache ich. Morgen. Aber was auch immer dabei rauskommt, von mir hast du das nicht."

„Danke. Abermals."

„Dafür nicht. Du schuldest mir ein Abendessen. Wann?"

„So bald wie möglich."

„Wir müssen mal wieder zum Spanier. Dem mit dem großen Bildschirm mit Real und Barca drauf."

„Unbedingt."

„Die spielen übermorgen. Aber wir könnten auch morgen gehen, ohne Fußball."

Hannes wechselte einen Blick mit Bea. Sie erwiderte den Blick und schob mitfühlend die Unterlippe vor. Thilo Beck war ein netter Mann und ein sehr guter Arzt. Er hatte schon vor seinem Wechsel aus dem Maria Hilf an die EK immer ungeheuer viel gearbeitet, obwohl er kein Workaholic war, er ging wenigstens dreimal pro Woche abends auswärts essen und sah sich jedes Champions-League-Spiel an, obwohl er eigentlich kein großer Fußballfan war. Thilo Beck war sanft, begabt und klug. Nur bei der Auswahl der Mutter seiner zwei sehr netten Kinder hatte er sich eben gründlich im Regal vergriffen.

„Machen wir, Thilo", sagte Hannes. „Wir telefonieren morgen und finden was, da hab ich dann auch meinen Kalender vor der Nase."

„Prima. Freu mich drauf. Grüß Bea."

„Mache ich", sagte Hannes. „Grüß Sybille."

„Heute lieber nicht. Aber ich kann ihr ja nachher 'ne SMS schicken."

Hannes lachte abermals, in der stillen Hoffnung, den richtigen Ton zu treffen.

„Halte dich tapfer."

„Wer denn sonst? Ciao, Hannes."

9

Die Fahrt nach Harburg blieb Bea und Hannes erspart. Beim frühmorgendlichen Einschalten von WLAN und Smartphones sah Bea erleichtert, dass Marlene nachts eine SMS geschickt hatte: *Alle Frau/Mann an Deck*. So konnten Bea und Hannes in Ruhe frühstücken und einigten sich auf Eppendorf – die umsatzstärkste und gleichzeitig entspannteste ihrer Filialen. Die Eppendorfer Kunden, primär Kundinnen, waren nicht nur überaus gesundheitsbewusst, sondern auch solvent und bestens informiert von Doktor Google und sämtlichen Algorithmen in ihren persönlichen Filterblasen. Sie wussten in jeder Hinsicht, was sie zwecks perfekter Selbstoptimierung zu tun, zu lassen und zu kaufen hatten, ob nun beim Designmöbelhändler, beim Biobäcker, auf dem Markt oder in der Apotheke. Orthomolekulare Produkte gingen weg wie warme Semmeln, Bea und Hannes hatten den Versuch längst aufgegeben, ihre Kundschaft auf weniger gnadenlos vermarktete und dafür nur halb so teure Produkte hinzuweisen. Die Leute waren ja eindeutig erwachsen. Und hörten es auch gar nicht gern, wenn man ihnen in die eigenen mühsam recherchierten Lebensentscheidungen hineinredete.

Thilo Beck meldete sich um kurz vor zehn telefonisch bei Hannes. Bedauernd.

„Keine Ahnung, wer das war."

„Wie, keine Ahnung? Es muss doch einen Einsatzplan gegeben haben."

„Ja, aber Trautmann hat sich kurzfristig abgemeldet, der war nicht in der Klinik. Und ich weiß nicht, wer für ihn eingesprungen ist. Wenn ich ihn sehe, frage ich ihn. Aber der ist immer noch krank."

„Mh."

„Kommt vor. Auch unter Ärzten."

„Unterschreibt ihr da nicht irgendwas? Oder steckt eine Karte ins System?"

„Nein. Kürzel, Anwesenheit bestätigt. Aber das Kürzel kenne ich nicht."

„Aber die Schwestern müssen doch..."

„Ja. Sicher. Aber ich kann nicht auf die Privatstation dackeln und Detektiv spielen. Was soll ich denn sagen, wenn die mich fragen, wieso ich das wissen will?"

„Kann das dieser neue Prof gewesen sein?"

„Wer?"

„Euer Ronaldo, den ihr neulich eingekauft habt."

Beck lachte. „Der heißt Esser. Kann ich mir nicht vorstellen, dass der Nachtdienste schiebt."

Hannes schwieg. Nicht gut. Thilo hatte ja recht. Natürlich konnte er jetzt auch noch in der Verwaltung vorstellig werden, aber ebenso natürlich geriete er dadurch in akute Erklärungsnot. Und sofern Hannes recht hatte, dass etwas an Hillerts Ableben faul war, brächte die Fragerei ja allenfalls seinen alten Freund Thilo in Gefahr. Es musste einen anderen Weg geben. Er wusste nur nicht welchen.

Ein junger Mann war in Hannes' Blickfeld getreten. Lächelnd. Unmaskiert. Das irritierte Hannes, denn er hielt sich ja gerade ein Smartphone ans Ohr und sprach hinein, und der junge Mann hatte keinen Blindenstock dabei. Zudem war in der Offizin gerade nicht viel los, zwei PTA waren frei und ansprechbar, Bea beendete in diesem Moment ebenfalls ein Kundengespräch.

„Barca spielt Mittwoch", sagte Beck.

Der junge Mann lächelte Hannes weiter an. Anzug, Preisklasse Kaufhof. Schlips. Schöne Zähne. Adrette Frisur. Was mochte in dem Köfferchen sein? Hatte denen die letzte Diskussion nicht gereicht? Schon wieder ein Wachturm auf Wanderschaft?

„Ich ruf dich gleich noch mal an", sagte Hannes. „Danke, Thilo."

Er legte auf. Sah den Wachturmhausierer an. Und wartete.

„Herr Hertz."

„Ja."

Der junge Mann fuhr die Hand aus, latexbehandschuht. „Ullrich."

„Herr Ullrich", sagte Hannes, wartete aber, ob er die Hand nehmen sollte. Das konnte ja jeder, seinen Namen sagen. „Was kann ich für Sie tun?"

Bea trat zu ihm und dem jungen Hausierer.

„BBOS", sagte der. „Wir waren verabredet."

Bea und Hannes wechselten einen Blick, und Bea reagierte schnell. Sie sah Ullrich an, lächelte und reichte ihm zur Begrüßung die Hand. „Herr Ullrich. Richtig." Sie sah Hannes an und signalisierte ihm wortlos, er brauche das nicht zu kommentieren, ja, sie hatte es vergessen, und, ja, das kam zwar sonst nie vor, aber bei dem Stress der letzten Tage war das ja auch kein Wunder, Danke, Schatz.

„Ach", sagte Hannes und reichte Ullrich jetzt ebenfalls die Hand. „Sie sind Patricks Nachfolger?"

„Ja. Freut mich sehr. Also, Sie kennenzulernen. Und ich dachte ... ich wollte mich direkt persönlich vorstellen. Herr Hillert ist ja bedauerlicherweise nicht mehr unter uns, tragische Geschichte, Sie waren gut bekannt, wenn ich das richtig verstehe?"

„Ja."

„Schlimm."

„Ja."

„Ist es Ihnen denn recht? Kurz? Sonst können wir auch einen anderen Termin ..."

„Nein, nein." Hannes wies in Richtung des Büros, „bitte. Kommen Sie. Kaffee?"

„Gern Tee."

Hannes sah mit einem Seitenblick auf Bea, dass Ullrich einen Rekord aufgestellt hatte. Sie konnte zwar streng sein, aber normalerweise benötigten selbst die unangenehmsten Zeitgenossen wenigstens fünf Minuten, um sich selbst zu disqualifizieren. Ullrich schaffte es binnen neunzig Sekunden. Nicht, weil er Patrick beerbt hatte, dafür konnte er ja nichts.

Aber er sprach lauter und langsamer als erforderlich, um Hannes' und Beas Alter Rechnung zu tragen. Ein schlechteres Entrée konnte man sich bei Bea nicht verschaffen.

Bea setzte trotzdem Wasser auf und bot höflich „Ingwer-Zitrone?“ an, Ulrich nickte höflich, dankte und saß bereits am Tisch in der Personalküche, mitten in seinem Element angekommen. Das Köfferchen enthielt allerdings keinen Wachturm, sondern wesentlich aparter gestaltete Broschüren. Ein roter Sonnenschirm vor Azur. Wolkenlos, wunderbar, relaxt. So schön kann Krankheit sein.

Hannes las den Produktnamen neben dem schützenden R und konstatierte, dass eben auch brillante Kommissare nicht immer alles richtig machten. Stocker hatte tatsächlich einen Dreher in den Gerüchte-Geheimtipp seines Neurologen eingebaut, das neue Produkt hieß nicht Arlithuan, sondern Arliuthan.

„Es ging jetzt doch schneller“, sagte Ullrich. „Das BfArm hat im Sinn der Patienten gehandelt und die endgültige Zulassung beschleunigt, wenn Sie mich fragen: Gut so. Denn bei einer so schweren Erkrankung ist ja Eile geboten, die neuen Leitlinien geben zurecht das Motto aus ‚hit hard and early‘...“

„Ja“, sagte Hannes. „Das war zu hören. Klingt zwar nicht gesund, eher nach Baseball, aber wenn Sie meinen...“

Ullrich lachte. „Das ist ja nicht so gemeint. Es bedeutet eben übersetzt...“

Zu laut. Zu langsam.

Bea ging sofort dazwischen. „Schon klar, ja. Und das ist jetzt Ihre neue Wunderwaffe?“

„Allerdings! Arliuthan hat alle Studienphasen mit Bravour überstanden, die Läsionslast im Gehirn der Probanden ist *deutlich* geringer als in der Vergleichsgruppe, und man kann tatsächlich von einem Meilenstein in der MS-Behandlung sprechen.“

Hannes blätterte die Hochglanzbroschüre auf. Hüpfende Frau. Radelnde Frau. Frau im Sonnenlicht. Weichgezeichnet.

Glückliche Kinder, an Mama geschmiegt. Sie und er, gutaussehend, glücklich, vor unscharfem *Landliebe*-Motiv.

„Im Vertrauen", sagte Ullrich zu laut, „weil das noch nicht publik ist. Der Neurologenverband wird Arliuthan in zwei Wochen auf der Jahresversammlung auszeichnen als Produkt des Jahres."

„Super", sagte Bea.

„Ja", sagte Ullrich.

„Wie Monobryn", sagte Bea fröhlich zu Hannes.

„Stimmt", sagte Hannes fröhlich.

Das Gewinnerlächeln fiel Ullrich spontan aus dem Gesicht.

Er schwieg. Hannes hörte förmlich den Ringrichter zählen, „sechs, sieben, acht", und gönnte Bea den präzis gesetzten Treffer. Schließlich war das von den Neurologen so hochgejubelte Monobryn nach zwei Jahren wieder vom Markt genommen worden, wegen unerfreulicher Nebenwirkungen und einiger Todesfälle.

Bea schaltete um auf Versöhnlich. Sie trat nicht nach. Nie. Und Ullrich war ja schon. Am Boden. „Monoklonaler Antikörper?", fragte sie.

„Nein", sagte Ullrich, reanimiert. „Das ist ja das Tolle! Keine *Frankendrug,* hahaha, Sie wissen, ein Scherz, aber nein! Ein ab-so-lut sicherer und verträglicher Stoff, und zwar einer, der eben nicht, wie alle Konkurrenzprodukte, täglich gespritzt werden muss! Arliuthan wird oral eingenommen. Was für ein Gewinn an Lebensqualität für alle MS-Betroffenen!"

Damit hatte er allerdings recht. Und jetzt waren Hannes und Bea tatsächlich aufmerksam und neugierig. Denn mochte Ullrich auch ein zu lauter Vertreter sein, hier hatte er recht: Die Möglichkeit, auf die tägliche Nadel verzichten zu können, würde das neue BBOS-Produkt für etliche Erkrankte höchst attraktiv machen.

„Ich bin neugierig", sagte Bea, versöhnlich. „Was ist denn die Wirkstoffkombination?"

„Keine Kombination! Nur *ein* Wirkstoff!"

„Und zwar?"

„Dimethylfumarat."

Diesmal fiel Bea die gute Laune schlagartig aus dem Gesicht. Davon merkte Ullrich allerdings nichts, beziehungsweise interpretierte Beas Gesichtsausdruck völlig falsch.

„Sagt nicht allen was, verständlich..."

Hannes drückte Beas Hand. Bea schwieg. Ullrich nicht.

„Als Kombination aus Di- und Monoethylfumarat im Einsatz gegen Schuppenflechte, seit Jahren sicher im Einsatz und anwendungsbeobachtet. Arliuthan aber enthält lediglich Dimethylfumarat – nachdem wir in unseren aufwendigen Studien das Glück hatten festzustellen zu können, dass unsere an Schuppenflechte *und* MS erkrankten Probanden in doppelter Hinsicht profitieren."

„Ist ja toll", sagte Hannes, ohne Beas Hand loszulassen.

„Oh ja!", sagte Ullrich. „Und wissen Sie, was noch toller ist?"

Hannes gönnte ihm den Moment und sah ihn fragend an.

Ullrich beugte sich vor. Und wechselte die Tonlage. „Machen wir uns nichts vor, wir müssen ja alle leben, und wer lebt nicht gern gut, wenn er tagtäglich anderen hilft? Wir rechnen zwar mit politischem Widerstand und einer dann vorzunehmenden marginalen Korrektur, aber der zunächst festgelegte Preis für die Monatspackung Arliuthan liegt bei 3.885 Euro."

Bea nickte.

Hannes sagte „Wow."

„Die Herstellungskosten", sagte Bea, „liegen bei vierzig Euro."

„In etwa", sagte Ullrich. „Aber natürlich müssen wie die Millioneninvestitionen für *Research and Development* wieder einspielen. Gleich wie – es wird Gegenwind geben, es muckt ja immer einer auf, der sich in Berlin profilieren will. Aber sein Sie unbesorgt, es wird nicht weiter runtergehen als auf 2.900, 2.800. Und Ihre Marge kennen Sie ja selbst."

„Toll", sagte Hannes.

„Ja, toll", sagte Bea.

„Nicht wahr?"

„Herzlichen Glückwunsch. Ist ja eine Riesenerfindung."

„Danke. Zu unser aller Nutzen. Zum Nutzen der Patienten, zu ihrem, zu unserem."

„Was sagen denn die Kassen?", fragte Bea.

„Kein Problem. Seit Einführung des Morbiditätsrisikostrukturausgleichs – ein Geniestreich! – bekommen die GKV doch für jeden chronisch Kranken mehr Geld als für therapierbare Patienten und *wollen* gar keine billigen Medikamente mehr! Und erst recht wollen die nichts mehr, was die Chronischen wieder gesund macht. Da besteht also gar keine Gefahr."

„Toll", sagte Hannes und drückte Beas Hand. Knebeln konnte er sie ja nicht. So konnte er nur hoffen, dass sie ihre Empörung für sich behielt. Er war erleichtert, als sie den Druck seiner Hand erwiderte und signalisierte, dass sie verstanden hatte.

„Sagen Sie ... Herr Ullrich."

„Ja."

„Ganz was anderes. Das wollte ich schon Patrick fragen, weil ja so viel im Gange war und ist bei BBOS. Wir sprachen darüber länger, er hatte auch versprochen, ein paar Antworten auf meine Fragen zu finden, aber das geht ja jetzt leider nicht mehr."

„Tragisch. Ja."

„Sie sind umgezogen?"

„Ich?"

„BBOS."

„Oh, ja."

„Nach Irland."

„Ja."

„Aus steuerlichen Gründen."

„Ja. Na ja, offiziell wegen der besseren Infrastruktur. Unternehmerisch jedenfalls sicher ein kluger Schachzug ..."

„Unbedingt. Das hat Ihnen ja Pfizer vorgemacht, die sparen zig Milliarden Steuern. Das wird ja bei BBOS nicht viel weniger sein."

„Nun ja, Pfizer…"

„Der Chef ist ja auch Schotte."

„Jahaha, das stimmt."

„Ihr neuer ist Schweizer? Kennen Sie den schon?"

„Kennen… kennen ist sicher zu viel gesagt. Aber natürlich habe ich seine Antrittsrede gehört, hier in der Zentrale. Das war schon sehr stark, hat mich an Jobs erinnert, früher, die guten Präsentationen, die kann man sich ja immer noch ansehen bei youtube, Legende. Benjamin Krill ist aber wirklich schon eine… Legende, wir können froh sein, dass er zu uns gewechselt…"

„Ja, wir sind auch begeistert."

„Sehen Sie."

„Zwei Krebsmittel, bei beiden die Preise erhöht um fast 4.000 Prozent das war schon smart, diese Gesetzeslücke zu nutzen. Und bedeutet für uns einen Zweit-Ferrari."

„Einer reicht doch", sagte Hannes.

„Die Einstellung der Orphan-Drug-Forschung?" Bea sah Ullrich fragend an. Ullrich erwiderte den Blick, fragend. „Ebenfalls smart. Nur… dass Sie jetzt auch keine Antibiotika mehr herstellen wollen… stimmt das?"

„Das… ist noch nicht entschieden, meines Wissens. Derzeit eingestellt, ja, kann aber wiederkommen. Sie wissen ja selbst, dass das ein Zuschussgeschäft ist, massiv. Die Margen gehen gegen null, aber die Entwicklung ganz neuer Antibiotika wird wegen der vielen resistenten Bakterien eben immer schwieriger und teurer …"

„Also lassen wir das?"

„Na ja. Nein, es wird schon… jemand weiterforschen."

„War denn Arliuthan auch Krills Projekt? Seine Entscheidung?"

Ullrich schwieg. Und suchte in Beas Augen nach Anhaltspunkten. Was sollte das werden? War die Frau nur vorlaut und neugierig? Oder führte sie ihn auf irgendein Glatteis, das er noch nicht sah? Andererseits… konnte er sie ja auch nicht schweigend verärgern, schließlich gehörte sie zu seiner Sales Force, vorderste Front.

Ullrich entschied sich für vertrauensbildende Maßnahmen. Er beugte sich wieder vor und flüsterte, wenn auch seniorengerecht langsam und etwas lauter.

„Na ja. Im Vertrauen. Er war ja noch nicht offiziell bei uns, als wir angefangen haben mit der Forschung. Aber sicher wusste er schon Bescheid, die Markteinführung hatte ja einen Vorlauf, und bei der genauen Zusammensetzung mussten ja auch weitreichende Entscheidungen getroffen werden."

Bea nickte. „Stimmt. Gerade wegen der Nebenwirkungen."

„Oh, ja. Nein, die sind vernachlässigbar. Das ist ja das Geniale ... das lästige tägliche Spritzen entfällt, keine Verhärtungen oder Quaddeln an den Einstichstellen, weil es keine gibt ..."

„Ich meinte den Flush. Beim Dimethyl wird das Methanolmolekül abgespalten, das ist ja ein regelrechter toxischer Schock."

„Äh."

„Aber das wird man ja berücksichtigt haben."

„Da bin ich sicher."

„Durch eine geeignete Galenik?"

Wieder drückte Hannes Beas Hand.

Er lächelte Ullrich an.

„Was haben Sie uns denn noch so mitgebracht an schönen neuen Dingen?"

10

Inzwischen hatte Bea aufgegeben. Aber in den ersten Monaten nach Alberts Einzug in die Scheune hatte sie noch mehrmals darauf bestanden, in den Räumen herrsche reines Chaos. Dem hatte Albert indes widersprochen, fein differenzierend. Denn im Wortsinn bedeutete Chaos ja nicht nur „völliges Durcheinander“, sondern auch die „Auflösung jeglicher Ordnung“. Und während er entspannt zugab, alles erscheine äußerlich durcheinander, konnte von Ordnungsauflösung absolut nicht die Rede sein. Denn auch wenn es für eine primär „blaue“, vernunftgesteuerte Person wie Bea schlicht unbegreiflich war und blieb, wusste Albert instinktiv, was sich wo befand. Und zwar alles. Nicht nur seine Lesebrille. Auch seine Papiere, jedes einzelne Buch, jede einzelne Socke (bis auf die, die in *allen* Ordnungen in Wurmlöchern verschwanden), jedes der im Lauf der Jahre von Bea und Hannes bei ihm abgeladenen Geschenke, jedes Gewürz und jedes Küchenutensil.

Die Geschenke hatten an diesem Abend wieder etwas Zuwachs bekommen. Drei gelbe IKEA-Kisten, vollgestopft bis zum Rand mit allem, was Hannes zum Geburtstag bekommen hatte und nicht unmittelbar verwenden wollte. Also auch die Zwitscherbox, der Kranich, der indische Elefant, der Buddha und die zahllosen harmlosen Proben und Muster, Vitamine, Spurenelemente, diverse Varianten zur Regulierung des Mikrobioms. Dazu kamen mehrere Kisten Wein, ebenfalls Geschenke, die noch neben den gelben Kisten standen, neben dem langen Esstisch in Alberts Wohnküche. Der Tisch selbst war förmlich aufgeräumt, jedenfalls die rechte Hälfte zwischen den drei Tellern, vor denen Albert und seine Gäste saßen und aßen. Die linke Hälfte des Tisches hingehen wirkte so gefährlich chaotisch, dass Bea besser gar nicht richtig hingesehen hatte. Andernfalls hätte sie zumindest die oben auf dem wackligen Stapel liegenden zwei Laptops und das iPad vermutlich aufs Sofa gerettet, aber natürlich war auch das alles andere als sicher.

Sie hätte in dieser Küche nicht kochen können. Selbst wenn sie gewusst hätte, nach welchem angeblichen System hier Ordnung herrschte. Aber Albert hatte alles gefunden. Und alles sofort. Sogar die Muskatnüsse und die Knoblauchpresse. Und das Ergebnis war ein Gedicht.

Soweit sie das beurteilen konnte. Denn sie war mit den Gedanken nicht bei der Sache. Weder beim Essen, dem Rehrücken, dem handgestampften Kartoffelpetersilienbrei, dem jungen, perfekt gewürzten Spinat, der wunderbaren Soße – noch bei Hannes und Albert. Bea versuchte zu sortieren. Die Gedanken in ihrem Kopf. Und sortierte dabei auch die Fleischstücke und den Spinat und den Brei anders, denn nach Essen war ihr nicht zumute. Als Hannes das Reh lobte, schaffte sie problemlos eine Zustimmung, als er Albert auf die kippelnden Laptops ansprach, schaffte sie die Zustimmung ebenfalls, aber mehr auch nicht.

„Musste sein", sagte Albert zu Hannes. „aber dann musste ich ja kochen."

„Exzellente Soße."

„Da hab ich geschummelt. Die Markknochenbrühe habe ich nicht selbst gemacht, und die war vom Rind, nicht vom Reh."

„Gut geschummelt."

„Bei den Rechnern nicht. Steht jetzt alles, Tor und VPN, ich bin offiziell überall, nur nicht hier. Ich kann überall rein, und zwar *mit* Java, und trotzdem sieht mich keiner."

„Anonymes Rezeptegooglen? Da braucht man das doch gar nicht."

„Anonym ist immer besser."

„Bedingt. Eigentlich ist es ja egal. Auch wenn man dir persönlich nicht folgen kann."

„Weil?"

„Weil wir alle leider nicht so einmalig sind, wie wir denken. Mich gibt es tausendmal. Oder zehntausendmal. Bei 7,5 Milliarden Menschen. Dich auch. Und wenn die anderen 9.999 Alberts komplett erfasst werden, kann ich auch jeden Schritt dieses einen Alberts vorhersagen. Auch wenn ich ihn nie beobachtet habe."

„Jaja." Albert nickte ein bisschen vor sich hin. „Sehr wahr. Aber demotivierend. Also deprimier mich nicht. Hat's geschmeckt?"

Hannes wies auf seinen leeren Teller.

Albert sah auf Beas halb vollen Teller.

„Dir nicht?“

„Bitte?“

„Hat’s dir nicht geschmeckt?“

Bea brauchte einen Augenblick, um die Frage zu verstehen. Dann sagte sie, „Doch, es war sehr gut. Ich hab nur keinen Appetit.“

Hannes übersetzte für Albert, mit nachsichtigem Lächeln zu Bea. „Es kocht noch. In ihr.“

„Nein, ich koche nicht. Ich bin nur verwirrt. Und sauer. Glaube ich.“

„Das wäre ja nur zu verständlich.“

„Weil?“, sagte Albert.

„Die paar Euro pro Packung“, sagte Bea vorwurfsvoll. Ohne darauf Rücksicht zu nehmen, dass Albert ihre gesammelten Gedanken bis hierher ja gar nicht kennen konnte. „Und ich darf nur ein paar Prozent draufschlagen, Rezepturtaxe, festgelegt. Und zwar unabhängig davon, ob ich einfach das Fumarsäurepulver in Kapseln kippe oder sechs bis acht Arbeitsschritte vorschalte, um das Pulver in ein retardiertes Granulat zu versetzen, das dann bei unterschiedlichen pH-Werten in den verschiedenen Magen-Darm-Abschnitten den Wirkstoff langsam freisetzt.“

„Äh“, sagte Albert. „Bitte?“

Hannes nickte ihm zu. „Das ist übrigens wirklich genial. War Beas Idee.“

„Danke“, sagte Bea. „Aber so was gibt es nicht in der deutschen Rezepturtaxe, Platz für gute Ideen, also darf ich ja diesen arbeitsintensiven Schritt zum Wohl unserer Patienten nicht berechnen. Und muss mir dann von dieser Dumpfbacke vom Aufsichtsamt auch noch anhören, dass meine Rezeptur ja wohl nichts taugen kann, wenn die so viel billiger ist als das Markenprodukt, und ob ich das alles richtig berechnet habe, oder ob ich hier nur wieder unerlaubten Kundenfang mit Dumpingpreisen betreibe.“

„Aber das ist gar nicht der Punkt“, sagte Hannes.

„Nein.“

„Sondern?“, sagte Albert, einigermaßen verloren.

„3.800.“

„Was?“

„Euro.“

„Strafe wegen Dumpings?“

„Nein. Monatlicher Packungspreis für dieses neue MS-Mittel, Arliuthan.“

Hannes half. „Würde bei Bea 100 kosten, maximal. Nicht 3.800. Und sie stellt das schon lange her, eigentlich.“

„Nein, das stimmt nicht.“ Bea schüttelte den Kopf und wandte sich Albert zu. „Nicht ganz. Arliuthan enthält als Wirkstoff lediglich Dimethylfumarat. Meine Kapseln enthalten Monoethyl- *und* Dimethylfumarat, gegen Schuppenflechte. Wir hatten auch reines Mono-Ethylfumarat im Angebot, für besonders empfindliche Patienten, das scheint aber nur bei meiner Galenik zu wirken, weil es im sauren Bereich freigesetzt wird, in dem es nicht durch Hydrolyse gespalten und sofort unwirksam werden kann. Darum ist es wohl bei Arliuthan komplett verschwunden aus der Zusammensetzung. Ich halte ja reines Dimethyl für ganz schön gewagt, nur …“ Bea griff nach links unten, hob sich die Handtasche auf den Schoß, und zog eine Packung Arliuthan heraus. Sie öffnete die Probe von Vertreter Ullrich und faltete den langen Beipackzettel auseinander. „Die Zusatzstoffe. Na gut, alles normal, wobei … die Druckertinte hätten sie sich sparen können, finde ich, aber interessant ist die Hydroxymethylpropylcellulose.“

Albert nickte. Sicherheitshalber.

„Verstehst du?“

„Kein Wort.“

„Die braucht man nur für meine Idee. Die Galenik. Weil, schau … das ist doch das Gemeine am Dimethyl: die Abspaltung des freien Methanolmoleküls. Das ist fieser Alkohol, reines Gift. Und genau das führt direkt nach dem Einnehmen, nach

Kontakt mit der Magensäure, zu einer sofortigen Gefäßerweiterung. Also einer roten Birne, dem ‚flush'. Sofern man *nicht* meine Galenik verwendet."

„Bea", sagte Albert entschieden. „Ich trage meinen Professorentitel mit Stolz, aber ich habe etwas anderes studiert. Elaboriere. Sonst ... setzen, sechs."

„Entschuldige. Man kann das verhindern, den Flush. Mit Ummantelungen, mehreren. Bei uns sind das acht Schichten. Und nur bei uns, das macht niemand sonst. Die Kapsel selber ist aus Hartgelatine, also *nicht* magensaftresistent, die gibt ihren Inhalt im Magen frei. Wir haben den Wirkstoff aber ummantelt, mehrfach durch Granulierung, also wird die Säure erst auf dem weiteren Verdauungsweg über Dünndarm und Dickdarm freigesetzt. Alles messbar, im Reagenzglas: die Freisetzung beginnt schon im schwach sauren Bereich, pH3, im Grunde schon im Magen, und steigert sich dann immer mehr bei steigenden pH-Wert, die Wirkstoffe werden also sukzessive auf dem Weg der Magen-Darm-Passage im Dünndarm – pH 6–8 – freigesetzt. Je häufiger überzogen wird, desto mehr lässt sich der Prozess verlangsamen. Aber die schrittweise Freisetzung ist eben knifflig. Denn du musst erstmal die HPC / HEMC-Lösung in Aceton herstellen, deshalb" – sie hielt den Beipackzettel hoch – „die Hydroxymethylpropylcellulose. Diese Lösung wird auf die Fumarsäurekomponenten aufgesprüht und gut durchgemischt, danach muss das trocken, im Trockenschrank, erst dann wird das entstandene Granulat gesiebt. Der gesamte Vorgang dauert mehre Stunden und wird dreimal wiederholt ..."

„Aha", sagte Albert. „Nur zwischendurch: Möchte jemand einen nicht magensaftresistenten Espresso?"

„Gern", sagte Hannes.

„Später", sagte Bea. „Das fertige Granulat wird in die Kapseln abgefüllt, gestreckt, damit sich nichts absetzt, sondern alles sich gleichmäßig verteilt. Fließmittel Aerosil, Füllstoffe

Cellulose oder Mannitol. Mit unserer Maschine schaffen wir 250 Kapseln in einem Vorgang, halbautomatisch."

„Okay." Albert nickte. „Verstanden. Grundsätzlich. Und das ist das Mittel, das ihr auch an Apotheken in ganz Deutschland liefert?"

Bea nickte. „Gegen Rezept. Zum kleinen Preis, marginale Gewinne. Das fällt unter Kollegenhilfe. Weil, wenn ein Patient mit so einem Rezept in eine normale Apotheke geht, fällt der Apotheker erst mal direkt in Ohnmacht oder schickt den Patienten gleich wieder weg, denn der arme Mann müsste ja eine Rezeptur mit nur hundert Fumarsäurekapseln herstellen, Irrsinn, kann er nicht, dazu braucht er ein Reinlabor. Und er wird mit dieser Rezeptur nicht mal verpflichtet, die Substanz Magen-Darm-verträglich zu ummanteln, das würde sich ja noch weniger rechnen."

„Kurz", sagte Hannes, „wenn der Patient die Kapseln überhaupt bekommt, werden sie ihm schlecht bekommen."

Bea lachte. „Nicht schön, aber schön gesagt."

„Na gut", sagte Albert. „Ihr habt also ein wirksames *und* einmalig verträgliches Mittel, für das ihr fast kein Geld nehmen dürft."

Bea und Hannes nickten.

„Und wieso bekommt jetzt BBOS dafür zehnmal so viel Geld wie ihr? Oder dreißigmal mal so viel, genauer..."

„Weil Fumarsäure jetzt ein MS-Mittel ist. Gegen Multiple Sklerose."

„Ach was?"

„Ja."

„Auf einmal? Wieso, Fumarsäure gibt's doch schon ewig."

„Ja. Aber bisher nur gegen Schuppenflechte, als Mono- plus Dimethyl. Jetzt, als Di- ohne Mono, hilft es gegen MS. Und schon kostet es statt 1.200 Euro im Jahr 38.000."

Es war kurz still. Dann sagte Albert: „Das ist ja toll!"

Hannes lachte. „Ja, allerdings."

„Wie geht denn so was?"

„Eigentlich ganz einfach, man muss nur drauf kommen. Kreative Wissenschaft. Man stellt fest oder behauptet festgestellt zu haben: „Ui, unsere Patienten mit Schuppenflechte *und* MS, die haben ja auch irgendwie weniger ... MS-Probleme." Das lässt man dann an einer größeren Gruppe beobachten, braucht aber, entscheidend, keine teure 3-Phasen-Studie mit Tierversuchen und der ganzen Doppelverblindung, weil: der eigentliche Wirkstoff – Fumarsäure – *ist* ja bereits längst zugelassen."

Albert sah von Bea zu Bea und wieder zurück. Ungläubig, aber mit leuchtenden Augen, als hätte man ihm von einem besonders cleveren Banküberfall erzählt.

„Sapperlot!"

„Genau. Diese *Anwendungsbeobachtung* ist der Trick. Das spart die ganzen Forschungsmillionen. Vergleichbar mit: ‚Oh, wir haben ganz zufällig gemerkt, dass Aspirin nicht nur gegen Kopfweh hilft, sondern auch gegen Krebs. Diese eine Anwendung lassen wir schützen, und schon kostet unser Anti-Krebs-und-Kopfweh-Aspirin pro Pille statt einem Euro – ein Vermögen.'"

„Brillant."

„Es ist sogar noch brillanter", sagte Bea. „Denn aus der reinen Anwendungsbeobachtung – gern irgendwo in Afrika oder in Indien – ergibt sich ein ‚indikationsbezogener Patentschutz'. Warum wieso das Mittel jetzt wirkt ... na ja, klingt beeindruckend, aber da spricht ja wirklich nur der Schamane, von wegen ‚mutmaßlich aktivierter Jak-Stat-Signalweg'. Jak ist nur *ein* Faktor, der zur Transkription von Genen führen *kann*, die unter anderem antientzündlich und antioxidativ wirksame Genprodukte kodieren *könnten*. Aber es klingt ja gut. Widerlegen kann es sowieso keiner, denn MS ist eine Krankheit mit unbekanntem Auslöser und total unbekanntem Normalverlauf. Und wenn tatsächlich jemand käme und zweifelt und sagt, „Hey, BBOS, darf ich mir mal die *Rohdaten* deiner Studie anschauen? Ich bezahl ja schließlich 'ne Menge Geld für dein Mittel ..."

Hannes ergänzte den Satz: „Dann sagt BBOS, ‚Nö, das sind *meine* Daten. Zeig ich dir nicht.'"

Bea nickte. „Genau."

„Ihr nehmt mich auf den Arm", sagte Albert.

„Nein", sagten Bea und Hannes.

„Gilt auch für alles, was wir gegen Covid und Corona finden", sagte Bea. „Kein Einblick in die Studiendaten für die Staaten, die das kaufen."

„Vogelgrippe?", sagte Hannes zu Albert „Erinnerst du dich noch?"

„Hatte ich nicht. Aber, ja, die Panik und das Impfgeschrei waren ja genauso wie zuletzt..."

„Damals war's Tamiflu. Da wollte die britische Regierung das aber dann auch wissen. Weil ja wegen der Pandemie-Warnung der WHO alle Staaten das Zeug von Roche kaufen und einlagern mussten, für ein paar hundert Millionen. Und die Briten meinten, wenn wir das schon bezahlen müssen, möchten wir natürlich auch wissen, ob das überhaupt wirkt. haben also einen Wissenschaftler zu Roche geschickt, der sich das mal angucken sollte, die Studiendaten."

„Und?"

Hannes schüttelte den Kopf. „Keine Chance. Keine gesetzliche Grundlage. Alle Studiendaten gehören den Studienbetreibern. Also den Herstellern. Bei Tamiflu hat es zehn Jahre gedauert, bis die Regierung die Daten dann endlich doch erhalten hat. Dabei kam dann allerdings heraus, ‚Na ja, nützt wohl nix oder nicht viel, rettet jedenfalls keine Leben und verkürzt den akuten Verlauf nur um ein paar Stunden. Das hätten wir uns sparen können. Müssen.' Aber die paar hundert Millionen hatte Roche da schon kassiert. Mussten sie auch nicht zurückgeben. Und das wird auch bei allen zukünftigen Influenza- und Corona-Impfungen nicht anders laufen, kein unabhängiger Forscher wird je die Rohdaten sehen."

„Irrsinnig", sagte Bea. „Aber völlig normal. Nur, bei der Fumarsäure ... klar, natürlich ist es möglich, dass die auch gegen MS wirkt, aber ganz *sicher* wirkt Arliuthan auf den Aktienkurs von BBOS. Oral einzunehmen statt Spritzen, wunderbar! 2,5 Millionen Kunden. Das wird ein internationaler Blockbuster, Jahresumsatz eine Milliarde Dollar aufwärts. Bei Entwicklungskosten nahe null. Produktionskosten: auch nahe null. Aber für uns entscheidend ist doch... Albert, hast du noch mal ein Glas Wasser für mich?"

„Ja, sicher." Albert stand auf und trat an den Kühlschrank, während Bea den Kapselstreifen aus der Arliuthan-Packung zog und sich eine der Kapseln auf die Handfläche drückte. Albert schenkte ihr Wasser in das vor ihr stehende Glas. Mit skeptischem Blick.

„Ist das dein Ernst?"

„Ja."

„Du hast doch gar keine MS."

„Nein, und auch keine Schuppen. Also, wirken kann das bei mir nicht. Aber nebenwirken."

Bea warf sich die Kapsel in den Hals und trank Wasser nach.

Hannes grinste seine Frau an. „Du spinnst. Aber ich mag das."

„Keine Sorge. Schweckendiek hat das auch im Selbstversuch gemacht, damals, in den Sechzigern. Keine Lebensgefahr. Gut, Fumarsäure ist giftig, tödlich für Schimmelpilze auf Leder und Schuhen. Seit 2009 verboten. Äußerlich ..."

„Verboten als Gift, aber erlaubt als Medikament gegen Schuppenflechte und MS?"

„Ja."

„Albert", sagte Hannes. „Ich habe immer noch keinen Espresso."

„Oh. Entschuldige." Albert ging zur Espressomaschine auf dem Holztresen, ohne Bea dabei aus dem Auge zu lassen. Als erwartete er eine umgehende Reaktion. Einen Griff ans Herz oder spontan herauspoppende Augen.

„Du auch, Bea?"

„Noch nicht. Danke."

Hannes lächelte Bea an. „Darf ich dich Versuchshase nennen, Hase?"

„Weder noch."

Die Espressomaschine setzte sich brummend in Gang. Hannes wandte sich Albert zu und sprach etwas lauter. „Versteh mich nicht falsch, ich finde das überhaupt nicht gut, dass mein Häschen ..."

„Häschen geht schon mal gar nicht."

„... sich hier in Gefahr bringt, ich freue mich nur, dass Schnuffi meine Verschwörungstheorie jetzt anerkennt."

„Schnuffi nein, Theorie bedingt."

„Und du", sagte Hannes zu Albert, „hoffentlich auch. Nachdem du mir so schön widersprochen hast, zurecht, zurecht, anfangs! Aber jetzt ... Wir wissen doch in spätestens fünf Minuten, wenn die Kapsel den Magen erreicht hat: ist die Galenik *nicht* von Bea geklaut, bekommt mein Schnuckelputz ..."

Bea verdrehte die Augen.

„... eine rote Birne. *Hat* BBOS aber Beas Galenik *geklaut*, bleibt Sweeties Teint, wie er ist."

„Es wird nicht besser, Hannes."

„Dein Puls?"

„Nein, deine Kosenamen."

„Apropos Teint", sagte Albert, „Hannes, noch Rotwein?"

„Gern. Und jetzt, Albert, denk das mal zu Ende. Hillert wusste von den Kapseln und Beas Galenik. Sicher hat er das erwähnt, auch der neuen Geschäftsführung gegenüber." Er sah Bea an. Sah auf die Uhr. „Du bist immer noch nicht rot."

„Ich arbeite ja dran."

Albert schenkte Hannes ein Glas Rotwein ein. Die beiden Männer stießen an.

„Auf?", sagte Albert. „Rot oder nicht rot?"

„Rot", sagte Bea.

„Schade", sagte Hannes. „Na gut, auf das Ende meiner Theorie."

Die beiden Männer tranken.

Und warteten.

Bea wartete mit.

Schweigend.

Weitere fünf Minuten. Dann sagte sie: „Nein."

„Mh", sagte Hannes und nahm noch einen Schluck. „Ich hätte dich natürlich auch gern mal erröten sehen, nach all den Jahren, Muckel..."

„Nenn mich nicht Muckel."

„Das heißt", sagte Albert, „Das heißt, sie haben deine Galenik kopiert."

Bea nickte. „Es scheint so."

Sie schüttelte den Kopf.

Hannes wartete. Albert wartete.

„Aber das wäre doch total dumm", sagte Bea. „Die Galenik ist doch dokumentiert, angemeldet und geschützt."

„Sag ich ja", sagte Hannes. „Deshalb sollte Patrick sie dir abkaufen. Für ein Trinkgeld."

„Dann ist es aber sehr mutig, dass sie's jetzt trotzdem machen."

„Ja."

„Nein", sagte Albert.

Bea und Hannes sahen ihn verwundert an.

„Oder jein, um es etwas schonender zu formulieren. Wir haben es mit großen Strukturen zu tun. Und gegen Institutionen kommt man grundsätzlich nicht an. Ich spreche aus Erfahrung, seht mir den Hinweis nach. Als Einzelner kann man recht haben, aber das nützt einem doch nichts, nirgendwo. Wenn dein Rechthaben Machtinteressen im Weg steht, bist du eben plötzlich tot oder verschimmelst in einem britischen Gefängnis oder verlierst deine Karriere, deinen Ruf, alles, was du besitzt." Er sah Bea an, mitfühlend. „Du bist eine kleine Apothekerin. Verzeihung. Natürlich bist du eine ganz *famose* kleine Apothekerin. Aber selbst, wenn diese Leute deine Galenik geklaut haben und du das sogar beweisen könntest und sie nicht nur so was Ähnliches gemacht haben, was eben *nicht* unter deinen angemeldeten Schutz fällt ... Du hast keine Optionen. Du kannst keinen Prozess führen. Die haben die teuersten Anwälte der Welt und bezahlen deren Millionenrechnungen aus der Portokasse. Vielleicht schaffst du die erste Instanz, vielleicht gewinnst du sogar. Aber die Berufung schaffst du nicht. Du hast nicht annähernd die Mittel, BBOS durch alle europäischen Instanzen zu verklagen."

Bea schwieg.

„Das bedeutet aber", sagte Albert. „Da *die* das wissen, dass ihnen keine Gefahr droht, gab es auch nie einen Anlass für sie, euren Freund Hillert aus dem Verkehr zu ziehen. Nichts für ungut. Eure Mordtheorie ist hiermit offiziell tot."

Bea wollte spontan nicken, aber Hannes verhinderte das mit einem energischen Laut.

„HA! Im Gegenteil! Wenn! Nämlich!"

Weder Bea noch Albert füllten die Pause, die er entstehen ließ, der Wirkung wegen.

„Hillert hat denen gedroht!"

„Womit?", sagte Albert. „Die geklaute Galenik ist denen egal."

„Dann! Muss mehr dahinterstecken. Dann! Muss Patrick Informationen gehabt haben! Dass ... die Studien getürkt waren! Oder dass das Mittel gar nicht wirkt! Oder dass massiv bestochen worden ist!"

„Hannes", sagte Bea.

„Das wär ja nichts Neues!"

„Hannes."

„Und wegen seiner Drohung, denen das ganze Geschäft zu vermasseln! Haben sie ihn erstmal infarkten lassen. Und dann, weil das nicht geklappt hat, gleich noch mal! In der Klinik. Durch einen ... *Hit Man*. Einen ... gekauften bestochenen Arzt oder Pfleger! Um das zu kapieren, muss man doch nur eins plus eins zusammenzählen."

Albert nickte.

„Ja, aber wenn du dabei auf dein Ergebnis kommst, lautet die Diagnose ‚schwere Dyskalkulie'."

„Jetzt werd mal nicht frech."

„Schatz ...", sagte Bea.

„Und du spiel hier nicht Frau Brutus!"

„Nie im Leben. Aber dabei kommt wirklich nicht ‚zwei' heraus. Du bringst da gehörig Korrelation und Kausalität durcheinander."

„Nein, ich arbeite mit Occams Rasiermesser. Das ist die einfachste Erklärung, und die ist verblüffend oft die richtige."

„Zurück auf Start", seufzte Albert. „Wenn wir dich schon nicht überreden können, die Idee ganz zu vergessen – wo sind deine Indizien, Belege, Hinweise?"

„In Indien."

„Bitte."

„Oder wo auch immer die Studien gelaufen sind. Und das kann man ja herausfinden. Höchstwahrscheinlich: Indien."

Bea schüttelte den Kopf, verständnislos.

„Zeugen finden", sagte Hannes. „Also: muss ich da hin. Nach Indien. Passt. Da wollte ich schon immer mal hin."

Bea schüttelte weiter den Kopf, jetzt entschiedener.

„So ein Quatsch. Kommt nicht in Frage."

„Dann ... Irland. Firmenzentrale. Da wollte ich auch schon immer mal ..."

„Hannes, nein, weder noch. Du gehst nicht nach Indien, und du gehst auch nicht nach Irland!"

Hannes sah sie an. Seine wortlose Frage lautete „Ernsthaft, du Spielverderberin?", Beas wortlose Antwort lautete „Aber so was von ernsthaft, du Verrückter".

„Gut!", sagte Hannes. „Dann geh ich da hin, wo ich noch nie hinwollte!"

„Hm", sagte Bea. „In den Waschkeller?"

„Zu Sandra Hillert."

11

Warten war nichts für Stocker. Wartezimmer nicht, „Wir müssen draußen warten“ erst recht nicht, und hier noch viel weniger, weil „draußen“ in diesem Fall zwischen lauter Passanten lag, die hinter ihm Richtung U-Bahn-Station verschluckt wurden, während vor ihm, zwischen ihm und der noch verschlossenen Apothekenglastür, Unmengen weiterer müder Maskengesichter vorbeiglitten. Stocker stand mit dem Rücken gegen das Geländer an der Umrandung des U-Bahn-Abgangs gelehnt, den Blick auf die Glastür gerichtet, und rauchte. Zehn vor acht. Zu früh. Aber Theo hatte darauf bestanden, schon zwanzig Minuten vor Unterrichtsbeginn vor der Schule abgesetzt zu werden. Um dort seinen Kumpel Hakim zu treffen. Weil vor dem die bekloppten Bullys Angst hatten. Vor Theo leider nicht. Vor seinem Vater leider auch nicht, denn sie wussten ja schon mit ihren schlecht erzogenen neun Jahren, dass er ein Bulle war. Dass er nur bluffte. Dass er gar nicht auf sie schießen würde. War doch klar. Bullen mussten sich an die Regeln halten. Alles Opfer.

Die Bullys wussten noch nicht, mit wem sie sich gerade anlegten. Aber noch bestand Theo darauf, das Problem selbst lösen zu dürfen. Mit Hakims Hilfe. Hakim konnte nämlich Krav Maga. Immerhin.

Zu Stockers Linker begannen die vermummten Besitzer der 1-Euro-Shops ihre Rollwagen in die Fußgängerzone zu schieben. Ohne diese zu sichern. Vermutlich waren 1-Euro-Latschen und 1-Euro-Sandeimer-Sets das Einzige, was man in die Harburger Fußgängerzone schieben konnte, ohne Gefahr zu laufen, dass es sofort geklaut wurde. Stocker erinnerte sich natürlich noch, wie es früher hier ausgesehen hatte, als er selbst einer der Bullys gewesen war. Schrecklich war Harburg schon immer gewesen, aber zumindest im Zentrum hatte es den einen oder anderen interessanten Laden gegeben.

Elektrofachhandel, mit HiFi-Anlagen in den Fenstern, die man sich nicht leisten konnte, als Jugendlicher. Es hatte sogar eine Buchhandlung gegeben. Jetzt gab es nur noch 1-Euro-Shops. Kaffeebuden. Und Döner.

Eines hatte Stocker schon als Neunjähriger gewusst: Er würde hier nicht bleiben. Er würde abhauen. Am besten nach Australien. Aber wenn das nicht klappte, dann wenigstens nach Hamburg. Raus aus der Vorhölle, aus Harburg. Frau Apotheker hatte das geschafft, Hannes' Frau. Er nicht. Bemüht hatte er sich. Beworben hatte er sich auch. Aber man hatte ihm mit der immer gleichen Begründung andere Bewerber vorgezogen, ganz gleich, in welchem anderen Hamburger Stadtteil eine Kommissarsstelle frei geworden war. Nicht für Stocker. Der wurde doch gebraucht. In Harburg. Wegen seiner Ortskenntnis, Milieukenntnis – unersetzlich!

Er wusste genauso gut wie die Hamburger, die über sein Schicksal entschieden, dass er unter dem Deckmantel des Lobes gemobbt wurde. Für die Hamburger waren Harburger Ausländer, ob sie nun in Istanbul zur Welt gekommen waren oder in Eißendorf. Für den normalen Eppendorfer war Harburg der Balkan, zirka. Weit weg, prekär, unzivilisiert, dreckige Industrievorgeschichte, Arbeiter und Ausländer. Die sollten mal schön unter sich bleiben und nicht versuchen, über die Elbe zu migrieren in die schönste Stadt der Welt.

Am Ende hatte Stocker einen Hinweis des Schicksals bekommen, vor jetzt zehn Jahren. Sabine, auch aus Harburg, fünf Jahre jünger als er, Ex-Klassenstar. Die war ihm vor acht Jahren in den Schoß gefallen, sehr zu seiner Freude. Kurz darauf hatte sie dann aber überraschend etwas anderes im Schoß gehabt, was sich dann binnen zehn Monaten als Theo entpuppte. Stocker hatte das als Wink gedeutet, die frustrierenden Fluchtversuche endlich aufzugeben. In Harburg zu bleiben. Ruhiger zu werden. Vater zu sein, Familie zu haben. Gut für ihn. Gut für Sabine und Theo. Gut für Vera, Stockers verrückte Mutter. Gut für alle.

Sabine hatte ihn ein Jahr nach Theos Geburt sitzenlassen. Mit Theo. Wegen eines Zahnarztes. Aus Göttingen. Der Geld hatte. Und Häuser. In Göttingen und auf Fuerteventura. Es war eine echte Liebesbeziehung gewesen, von Anfang an, denn Sabine hatte Geld schon immer geliebt.

Sie hatte sich nie wieder gemeldet. Stocker auch nicht, nach einigen wütenden Versuchen, die charaktergewissenlose Bescheuerte ins Leben ihres Sohnes zurückzubrüllen.

Jetzt war er gefangen. In Harburg. Angewiesen auf die Hilfe seiner Mutter. Theo hatte Freunde gefunden, der würde nicht freiwillig gehen. Und Stocker selbst hatte Nici. Auch aus Harburg. Die jetzt offenbar ein Kind wollte.

Stocker fragte sich allerdings weiter, ob das Schicksal ihm mit einem Zaunpfahl winkte oder mit dem Mittelfinger.

Hannes Hertz näherte sich. Aus dem Inneren der Apotheke. Trat an die Glastür, schloss auf und begrüßte das knappe Dutzend Kunden, das an ihm vorbei eintrat. Er sah Stocker, erfreut. Stocker warf seine Zigarette weg, nicht erfreut, und trat auf Hannes zu.

„Herr Kommissar…"

„Herr Apotheker", nickte Stocker im Vorbeigehen und bedeutete Hannes, ihm zu folgen, weiter hinein in den Laden, weg von den Hustenopfern. „So, hör mal…"

„Ich höre", sagte Hannes und beugte sich verschwörerisch vor zu Stocker.

„So was nervt. Da ist nichts. Keine Obduktion veranlasst, klar, keine offenen Fragen, null Anhaltspunkte für irgendwelche Verschwörungstheorien. Kann ich Ihnen natürlich nicht sagen, gibt ja Vorschriften, und überwacht wird bei uns alles, logisch. Deshalb zu Fuß und analog."

„Ich bin mir der Gefahren der Vernetzung durchaus bewusst… und ich danke…"

„Nee, sind Sie nicht. Merken: Wenn Sie was Wichtiges haben, sagen Sie das persönlich und unter vier Augen. Oder schicken Sie einen Brief."

„Ja. Gut. Wobei … ich bin ja nicht kriminell, und Sie wird man doch erst recht nicht abhören …“

Stocker holte kurz tief Luft und machte beim Ausatmen keinen Hehl daraus, dass er genervt war. „Missverständnis. Müssen wir zwei mal ausräumen, Sie Schlaumeier. Ich bin nicht so blöd, wie ich aussehe, das ist Tarnung. Wenn sich einer von mir 220-Sachen-am-Lenker verhaften lässt und dann auf der Wache ein Alibi hat und grinst, dann ist das Verarsche. Von dem. Dann lass ich den laufen, aber natürlich guck ich danach mal, wo der seine Leichen im Keller hat. Zu irgendwas müssen doch diese ganzen Vorratsdaten ja gut sein.“

Hannes fröstelte. Und wünschte sich spontan, Bea möge hinten in der Rezeptur alles stehen und liegen lassen, auftauchen und ihn retten. Oder ihm wenigstens beistehen. Tat sie aber nicht. Es kostete Hannes Mühe, weiter zu lächeln. Aber es gelang ihm.

„Privat“, sagte Stocker, „find ich das ja voll sympathisch, dass Sie Ihre rasenden Freunde decken, aber bilden Sie sich mal nicht ein, ich wüsste nicht, was los war. Ihr Kumpel Manni ist kein geeigneter Umgang für Sie, aber Handlungsbedarf sehe ich trotzdem nicht, ich bin ja nicht Ihre Mutter. Mein Tag hat auch nur 24 Stunden, ich nehm keine Eierdiebe fest, und ich lass auch keine Falschparker abschleppen. Außer, wenn ich da selbst parken will.“

Hannes wusste nicht, was er sagen sollte. „Danke“?

„Nichts zu danken“, sagte Stocker. „Sie sind ja nicht verkehrt, deshalb lass ich Sie laufen. Aber halten Sie sich nicht für schlauer, als Sie’s sind. Ihr ganzer Stress mit Ihrer Apothekerkammer, bekannt, Ihre Anwaltskosten, bekannt, Ihr schlechter Ruf bei allen anderen Apothekern hier, bekannt …“

„Adler ist nicht *alle* Apo …“

„Ihre Datscha auf dem Land, bekannt. Bezauberndes Dschungelcamp. Ich dachte damals, ihr Gast da ist Manni, der Rennfahrer, aber das ist ja wieder ein anderer Vogel.

Wieso wohnt der eigentlich nicht offiziell hier und lässt sich seine Post trotzdem ganz offiziell da hinschicken?“

Hannes schwieg. Beeindruckt. Dann sagte er: „Albert mag keine Krankenversicherungen.“

„Schön“, sagte Stocker. „Ich verpfeife ihn nicht. Wollte nur sagen: Sie sind ein offenes Buch, Herr Apotheker. Für jeden, der zehn Minuten Zeit hat und zwölf Minuten Interesse. Also kommunizieren Sie doch besser öfter mal analog. Aber auch, entscheidend, zwingen Sie nicht *mich*, analog zu kommunizieren und zu Fuß zu gehen, nur weil Sie irgendwelche Tatort-Rosinen im Kopf haben. Und jetzt nehme ich eine Packung Salbeibonbons als Bestechung. Weil ich Ihnen vertraue, dass Sie mich nicht verpfeifen.“

Stocker nahm sich eine der Packungen aus dem Display, öffnete sie und warf sich ein Bonbon in den Hals. „Danke.“

„Äh. Gern. Jederzeit...“

„Ruppert“, sagte Stocker.

„Bitte?“

„Mein Neuro. Dieses Zaubermittel, das ich letztes Mal meinte.“

„Oh. Ja, da war ein Buchstabendreher drin...“

„Kommt vor. Aber Ruppert hat mich extra noch mal *angerufen* – der hat auch keine Ahnung von Datenschutz, und das als Arzt –, und meinte noch mal dringend, ich sollte das sofort machen.“

„Arliuthan?“

„Ja.“

„Ich bin kein Arzt.“

„Seh ich. Sie haben nicht so ein Stethoskop am Hals baumeln.“

„Ich halte Arliuthan für vergleichsweise nebenwirkungsarm.“

„Gut. Und wirkungsreich?“

„Die Studiendaten sind wohl überzeugend.“

„Sie sehen aber nicht überzeugt aus.“

„Ich bilde mir gerade eine Meinung, bin aber noch nicht fertig.“

Stocker nickte. Unzufrieden. „Na, dann machen Sie das mal. Und was ist mit Tambazamabamab?“

„Tamobzab.“

„Gut, dann das.“

„Empfiehlt Ruppert das auch?“

„Ja.“

„Ich bin kein....“

„Mann, Hertz. Weiß ich.“

„Sie kennen meine Meinung, grundsätzlich. Wer sich für eine Therapie entscheidet, verliert den Anspruch auf Schicksal. Das will bedacht sein. Spezifisch: Bei Ihrem bisher leichten Verlauf wäre ich mit monoklonalen Antikörpern zurückhaltend.“

„Na, geht doch. Danke.“

„Über Ihre Möglichkeiten, mittels Lebensstilveränderung...“

„Jaja.“

„... Einfluss zu nehmen, sprachen wir ja schon. Gifte weglassen.“

„Jaja.“

„Zigaretten, Alkohol, Zucker. In jedem Fall die richtigen Gegenmaßnahmen ergreifen, biochemisch gesprochen. Rosenkohl, Blumenkohl, Brokkoli, Kurkuma dazu, Pfeffer nicht vergessen, nur mit Piperin entfaltet das Kurkuma seine Wirkung, Kräuter nach Belieben, Petersilie, Thymian, Majorana.“

Stocker lachte. „Wie bitte?“

„Wie?“

„Marihuana?“

„Majoran.“

„Sie sagten Majorana.“

„Nein.“

„Und ob.“

„MajoMahrjiuana... nur bei Spastiken. Würde ich sonst nicht empfehlen. Aber da brauchen Sie ein Rezept von Dr. Ruppert.“

„Augen auf bei Freud. Beziehungsweise Vorsicht mit den Wortspielen.“

„Ich weiß nicht, ob Dr. Ruppert Ihnen das verschreibt.“

„Der kann nur Chemie. Naturdrogen kann ich bei Bedarf selbst, von Korn bis Joint. Aber für mich gelten andere Regeln, Apotheker. Wenn Sie sich frühmorgens im Spiegel angucken und denken ‚Mensch, bin ich heute wieder schlau!‘, denken Sie lieber noch mal drüber nach.“

Stocker ließ die Hand aus geeigneter Höhe einmal auf die Glasplatte fallen, kein Ausrufezeichen, aber ein deutlicher Punkt zum Abschied.

„Machen Sie keinen Quatsch. Schönen Tag noch.“

Indem Stocker sich abwandte und auf den Weg durch die Offizin machte, in Richtung des Ausganges zur Fußgängerzone, gab er Hannes’ Blick frei auf die kleine Kundin, die sich in sicherem Abstand hinter dem Kommissar gehalten und so verborgen hatte. Hannes begrüße sie mit einem Lächeln.

„Frau Heins, guten Tag.“

Ihrem Blick nach zu urteilen, wäre Frau Heins gern im Verborgenen geblieben. Sie trat über die am Boden angebrachte Abstandsmarkierung, sah nach links und nach rechts, wo sich niemand in Hörweite befand, und murmelte sehr leise etwas, was Hannes vermutlich selbst ohne den Maskenschutz vor ihrem Mund nicht verstanden hätte.

„Bitte?“

„Einmal Sterilium“, sagte Frau Heins, lauter, und sah abermals nach links und nach rechts, wo sich weiterhin niemand in Hörweite aufhielt. Hannes hatte schon bei ihren letzten Besuchen bemerkt, dass die zurückliegende temporäre Abschaffung der Grundrechte und die allgegenwärtige Anschwärzerei der guten Frau Heins nachhaltig zugesetzt hatten, aber so paranoid wie an diesem Tag hatte er sie noch nie erlebt.

Er trat einen Schritt zur Seite, nahm eine der kleinen Sterilium-Flaschen aus dem Regal hinter sich und stellte die Flasche auf dem HV ab.

„Wie geht es Ihnen? Wie geht es Paul?“

„Gut“, sagte sie leise. Abermals sah sie sich um, nach links, nach rechts, dann traute sie sich so nah an Hannes heran wie wohl zuletzt im Januar 2020 an einen Mitmenschen. Sie lüftete sogar leicht die Maske, damit ihr Flüstern nicht im Stoff unkenntlich hängen bliebe.

„Ich wollte erst anrufen, aber das ist ja nicht mehr sicher.“

„Was ist passiert“, flüsterte Hannes zurück. „Eine Verschlechterung bei Paul?“

„Nein, im Gegenteil. Die Neurodermitis ist weg, alles Dank ihrer Tipps, das Weglassen der Kuhmilch hat ja Wunder gewirkt.“

„Gut“, flüsterte Hannes.

„Nein“, flüsterte Frau Heins zurück. „Ich habe einen schrecklichen Fehler gemacht.“

„Welchen Fehler?“

„Ich habe Frau Dr. Simmering davon erzählt. Meiner neuen Kinderärztin.“

„Das ist doch nicht schlimm.“

„Doch. Sie hat gesagt, dass ich durch das Weglassen von der Milch Paul massiv in Gefahr bringe, weil doch jetzt seine Knochen brüchig werden.“

„Das ist...“

„Sie ist sehr wütend geworden. Und sehr laut“, flüsterte Frau Heins. „Und sie hat gesagt, dass wir jetzt Kinderrechte haben, und dass ich eine ganz schlechte Mutter bin, und dass das nicht unter ihre ärztliche Schweigepflicht fällt.“

„Wie bitte?“

„Ja. Sie hat das Jugendamt angerufen, die kommen nächste Woche.“

„Das ist nicht Ihr Ernst.“

„Doch. Aber ich hab doch Frau Dr. Simmering auch gesagt, also, bevor sie gesagt hat, dass ich gegen die Gesetze verstoße, dass der Tipp mit der Milch von Ihnen kam, also vorher, weil ich doch so glücklich bin, dass Paul so gesund ist. Jedenfalls scheinbar.“

„Nicht scheinbar. Paul ist gesund…"

„Ich hab der ja auch gesagt, ‚wer heilt, hat recht', aber das hat sie dann ja noch viel wütender gemacht."

„Interessante Ärztin."

„Die ist neu. War vorher in Bayern."

„Ja, wir hätten die Grenzen nicht wieder aufmachen sollen."

Frau Heins ignorierte die Bemerkung und kam Hannes über den Handverkaufstisch sogar noch näher, ihr war erkennbar ganz und gar nicht zum Scherzen zumute. „Nein, Frau Dr. Simmering sagt ja, und dass Paul gar nicht richtig wachsen wird, nie, und Sport kann er auch nie machen, dabei spielt er doch so gern Fußball."

„Frau Heins, das ist Unsinn. Frau Dr. Simmering sollte mal zum Arzt gehen."

„Ich werde unseren Fehler *ausmerzen*", flüsterte Frau Heins. „Die werden mir Paul nicht wegnehmen, und Sie sollen auch nicht Ihre Zulassung verlieren."

„Seien Sie versichert…"

„Schauen Sie, die Frau Doktor hat mir ein Rezept gegeben." Frau Heins kramte das Rezept aus ihrer Handtasche und legte es vor Hannes auf den Tisch. „Und sie hat gesagt, sie wird das auch messen, ob Paul das genommen hat, im Blut."

Hannes sah auf das Rezept. Fumarsäure, in Form des teuren Markenproduktes gegen Neurodermitis. Die Paul nicht mehr hatte, seit er keine Milch mehr trank.

„Und wenn sie das macht", sagte Frau Heins, „und wenn Paul das nimmt, dann können die ihn mir ja nicht wegnehmen."

Hannes sah sie an.

Es hatte keinen Sinn. Das Panik-P leuchtete in ihren Pupillen, eingerahmt von der leisen Hoffnung, ihr Apotheker möge den geschickten Plan für genauso clever halten wie sie.

„Gut", flüsterte Hannes. „So machen wir es. Aber das Mittel können wir selbst herstellen, dagegen kann Frau Dr. Simmering nichts haben."

„Sicher? Ich will nicht, dass…"

„Sicher“, sagte Hannes. Und behielt für sich, dass die bluffende Frau Dr. Simmering natürlich *nicht* ohne Weiteres in der Lage wäre, den Fumarsäuregehalt in Pauls Blut oder Gewebe mittels Laboranalyse zu bestimmen. Allenfalls konnte sie die von ihm gelieferten Kapseln aufbrechen und deren Zusammensetzung auf eigene Kosten untersuchen lassen, aber Hannes ging davon aus, dass die bayerische Gestapo-Ärztin so weit nicht gehen würde. Schließlich würde eine solche Untersuchung sie ihr eigenes Geld kosten, und spätestens da hörte der traurige Spaß sicherlich auf. Simmering würde also genauso wenig wie Frau Heins je erfahren, dass Paul statt der verordneten Fumarsäurekapseln ab jetzt lediglich unschädliche Placebos einnahm.

„Es tut mir leid“, flüsterte Frau Heins.

Hannes schüttelte den Kopf. „Sie möchten ihren Sohn gesund wissen, ich auch. Frau Dr. Simmering möchte das offenbar nicht, ist aber hiermit überstimmt. Das muss Ihnen gewiss nicht leid tun.“

„Sie sind mutig“, flüsterte Frau Heins.

Hannes lachte. „Oh, nein. Bei Hippokrates steht: ‚primär nicht schaden‘. Wenn *das* heute schon mutig ist, ja, dann bin ich mutig. Aber ich würde das doch lieber ‚normal’ nennen.“

Frau Heins nickte. Und ließ es dann bleiben. Sagte: „Nein, das ist nicht normal“, streifte sich mit den behandschuhten Händen die Maske wieder fest über Mund und Nase. Und ging.

12

Um halb elf machte Hannes sich auf den Weg zu Sandra Hillert. Schon auf dem Weg von der Apotheke zum Parkdeck gegenüber schaute er mehrmals über seine Schulter, sämtliche Passanten, die ihm entgegenkamen, sahen in seinen Augen aus wie geschickt getarnte Drogenermittler. Sogar die kleine Frau in der Kittelschürze, die gewieft so tat, als suche sie im öffentlichen Mülleimer am Laternenpfahl nach Pfandflaschen.

Nach dem Losfahren überprüfte Hannes, ob ihm ein anderes Fahrzeug vom Parkdeck nach unten folgte. Auf den Straßen, auf dem Weg hoch nach Eißendorf, am Friedhof vorbei und hinein in das an der Landesgrenze gelegene Wohngebiet um das Beerental, behielt er den Rückspiegel gründlicher denn je im Auge. Sein Smartphone schaltete er aus. Und ließ es im Handschuhfach liegen, als er Hillerts Adresse erreichte.

Beim Aussteigen, bewaffnet nur mit einem wirklich schönen Strauß Blumen, war Hannes spontan begeistert. Von der Lage des Hauses am Ende des früher so verschlafenen Wildrosenweges, direkt vor dem Zugang zum Wald, aber auch vom Haus selbst. Hanglage, groß, eckig, schwarze Klinker, Glasfronten bis zum Boden, dezent gesetzte Stahlelemente. Politische Korrektheit auf hohem Neubauniveau, garantiert klimaneutral, durchdacht bis ins letzte gedämmte und geschirmte Detail. Hannes' zweiter Eindruck folgte dem ersten inneren „Wow" aber auf dem Fuße. Zwar war ihm immer bewusst gewesen, dass Pharmareferenten nicht schlecht bezahlt werden, aber in der unbescheidenen Hütte hätte er selbst doch eher einen Chefarzt vermutet. Oder einen Waffenhändler. Aber sicher keinen Pharmahandelsreisenden.

Hannes wurde erst in diesem Moment wirklich bewusst, dass er Hillert nie zu Hause besucht hatte. Und der nie ihn und Bea. Obwohl die Beziehung im Lauf der Jahre intensiver geworden war und schließlich freundschaftlich, hatte die Prämisse doch unausgesprochen Bestand gehabt. Man arbeitete zusammen. In der gleichen Branche, die Verbundenheit war kollegial. Aber mehr auch nicht. An den gelegentlichen Mittag- und Abendessen mit Hillert hatte Bea nicht als „Gattin" teilgenommen, sondern als Apothekerin. Sandra Hillert, branchenfremd, war nie dabei gewesen. Die Frau von Geschäftsfreund Hillert hatten Bea und Hannes vor der Beisetzung nur zweimal gesehen, auf ein kurzes Hallo in der Fußgängerzone, als sie und die Kinder Patrick direkt nach Feierabend in der Hertz'schen Apotheke eingesammelt hatten.

Hannes betätigte den Klingelknopf im gemauerten Pfeiler neben dem schweren schmiedeeisernen Tor. Es stand nur „Hillert" auf dem Metallschild über dem Knopf. Keine Vornamen, keine selbstgebastelten Steingutschilder, über dem Schild, warnend, das voluminöse schwarze Auge einer Überwachungskamera.

Mit leisem Summen gab die Tür den verriegelten Weg frei.

Hannes trat durch die Tür, ging den hell gepflasterten, in Holzbohlen gefassten Weg hinauf Richtung Haus und konstatierte erleichtert, dass kein Hund aus dem Hausinneren kläffte.

Als er die Tür erreichte und Sandra Hillert öffnete, löste sich seine Erleichterung in Luft auf. Der Hund war ein Pitbull, offenkundig ausgebildet von Ninjas. Er gab keinen Laut von sich, doch sein Blick auf den Unbekannten sprach mordlustige Bände.

Hannes streckte den Blumenstrauß aus, als könne der ihn schützen. „Hallo, Frau ..."

„Herr Hertz!"

Ihr Ausruf irritierte Hannes noch mehr als der Ninjahund. Aber er hatte sich nicht verhört, sie klang tatsächlich ungeheuer erleichtert, was nur abermals irritierend kollidierte mit ihrem abgespannten, todtraurigen Blick. Den verstand Hannes. Den Rest nicht. Auch nicht, wieso Hillert um ihn herumschaute, suchend.

„Ist Ihre Frau? Auch da?"

„Äh, nein", sagte Hannes.

„Oh Gott, es tut mir so leid!"

Mir auch, wollte Hannes sagen, kam aber nicht dazu.

„Ich wollte gestern schon selbst zu Ihnen, aber die Kinder", Sandra Hillert deutete vage ins Haus, „... und mein Vater, oh Gott." Weshalb auch immer – von diesem „Oh Gott" führte sie der Weg unvermittelt aus dem emotionalen Durcheinander in ein Schluchzen, und von dort aus direkt in einen leisen, langgezogenen Schmerzlaut. Sowie Tränen.

„Ach, Gott. Entschuldigung. Es ist so viel. Es tut mir so leid."

Sie fiel gegen Hannes, Hannes tat, was er tun musste. Er nahm sie in die Arme und hielt sie fest. Sandra Hillert weinte. Hannes versuchte es mit beruhigenden Lauten. Und einem sachten, aufmunternden Schulterklopfen. Er widerstand dem Impuls, der Schluchzenden über den Rücken zu streicheln, denn trotz Ausnahmesituation: Er kannte die Frau nicht.

Das schien ihr aber jetzt auch aufzufallen.

Hillert löste sich von ihm, schniefte, murmelte ein verlegenes „Danke", schniefte noch mal und schob sich förmlich von ihm weg. „Die Kinder sind nicht da. Bei meinem Vater." Sie wies ins Innere des Hauses, ohne Hannes anzusehen. „Kommen Sie." Und war bereits vorgegangen. „Einen Kaffee?"

„Ja", sagte Hannes, „Danke."

Der Pitbull war sitzen geblieben. Und sah ihn an wie eine geladene Waffe.

„Baal!", rief Hillert, bereits außer Sichtweite.

Der Hund sprang auf und rannte zu seiner Herrin.

Hannes folgte ebenfalls.

Das Innere das Hauses hielt, was das Äußere versprach. Hannes betrat den Wohn-/Essbereich. Für ein Tennismatch hätte der Platz nicht ganz gereicht. Der verglaste Kamin war ein geschmackvolles Highlight, die Küche kannte Hannes von zu Hause. Und er hatte sich eingebildet, nur er und Bea seien so unvernünftig, mitten im Gegenwert eines SUV zu kochen. Sandra und Patrick Hillert hatten für diesen Wohntraum definitiv noch andere Finanziers benötigt als nur BBOS. Die Frage verbot sich allerdings, ob Sandra reiche Eltern hatte oder erfolgreich Eurolotto spielte.

Die Espressomaschine brummte bereits. Sandra Hillert wandte sich ihm zu.

„Ich hab sein iPhone aufbekommen", sagte sie. „Oder besser, der Mann einer Freundin von mir."

Hannes sah sie fragend an. Sie wies auf einer der vier freien Drehstühle vor dem weißlackierten Tresen, er nahm Platz. Sandra sah jetzt noch ein bisschen unglücklicher aus als vorher. Aber in ihren neu hinzugekommenen Kummer mischte sich noch etwas anderes, nämlich Verärgerung.

„Bea“, sagte sie. „Nicht ihre Bea.“

„Oh.“

„Beata. Ich hatte vorher nur einige Ausdrucke gefunden, von E-Mails. Warum auch immer er die gedruckt hat. Und das war sicher ein Versehen, die lagen auf einem seiner Stapel mit Buchhaltungsunterlagen. Aber nachdem ich jetzt den Inhalt des Smartphones kenne und die Fotos ...“ Sie senkte den Blick und schüttelte den Kopf. „Beata ist jung. Und blond. Und er kennt sie schon eine ganze Weile. Kannte.“

Hannes schwieg.

Sandra Hillert stellte den Espresso vor ihm ab, er dankte mit einem Nicken.

„Ich dachte, es geht um Ihre Bea. Bitte sagen sie ihr, dass es mir wahnsinnig leid tut.“

„Natürlich.“

„Über die hat er gesprochen. Das war die einzige Bea, von der ich je gehört hatte, von ihm, vorher. Und von der hat er geschwärmt. Ein bisschen zu viel, fand ich.“

Unter anderen Umständen hätte Hannes angemerkt, von Bea könne man gar nicht zu viel schwärmen. Unter den gegebenen Umständen schwieg er.

„Aber geschimpft hat er auch. Wegen ihrer Sturheit.“

„Beas?“

„Ja. Was meinte er mit dem ‚verdammten Eigenbau‘?“

„Ein Medikament. Aber da hätte er eigentlich über mich fluchen müssen. Ich war in der Hinsicht ein bisschen bockig.“

„Inwiefern?“

„Er wollte unsere Galenik kaufen. Ich wollte das nicht. Aber er musste uns wohl ein Angebot machen.“

Sandras Blick wurde noch ein bisschen fragender.

„Patrick muss seinen Vorgesetzten davon erzählt haben. Und BBOS brauchte die Galenik für ein neues Produkt. Also wollte er uns dafür bezahlen."

„Ich kann mir nicht vorstellen, dass er Sie beklauen wollte."

„Nein, ich auch nicht. Ich gehe davon aus, dass er uns etwas Gutes tun wollte. Wenn ich ‚ja' gesagt hätte, wäre das Problem ja vom Tisch gewesen. Und BBOS hätte die Galenik nicht klauen müssen."

Sandra schwieg. Und versuchte, das zu verstehen.

„Frau Hillert", sagte Hannes. „Ich bin ehrlich. Bea und ich sind beunruhigt. Patricks Infarkt kam ja doch sehr... überraschend."

„Ja", sagte Sandra. Mit unpassendem Tonfall, denn in Hannes' Ohren klang sie regelrecht angewidert.

„Deshalb", sagte Hannes, „wüssten wir natürlich gern, ob dabei alles mit rechten Dingen zugegangen ist."

„Nein", sagte Sandra. „Man sollte es halt nicht übertreiben, er war ja nicht mehr 25."

„Bitte?"

„Und er hat ja noch Glück gehabt. Das Schild ‚bitte nicht stören' war runtergefallen, sonst hätte ihn doch die Putzfrau gar nicht rechtzeitig gefunden."

„Welche Putzfrau?"

„Die im Europäischen Hof." Sandra verzog das Gesicht. „Wie passend, oder, St. Georg? Andere gehen da zu den Mädchen *hin*, aber Patrick hatte ja Stil und lädt sich seine Kleine ins Hotel ein."

Hannes nickte. Er war bis zu diesem Moment wie selbstverständlich davon ausgegangen, Patrick Hillert sei um elf Uhr morgens wie an jedem Tag entweder in der Zentrale oder auf Kundenbesuch gewesen, aber garantiert nicht auf irgendwas anderem.

„Jedenfalls", sagte Sandra, „ja. Bea war sicher beteiligt. Aber sie wird ihm wohl kaum den Cocktail vergiftet haben, wieso sollte sie? So ein Sugar Daddy ist doch was Nettes für gewisse Mädchen."

Hannes schwieg weiter.

Sandra schüttelte den Kopf, verärgert. „So peinlich. Aber im Ernst, Herr Hertz? Die ist hübsch, diese Frau. Und die ist jung. Die kann sich doch wohl auch was Junges angeln, einen Anwalt, einen Banker, einen Arzt. Was will die mit Patrick? Wieso lässt die sich mit einem alten verheirateten Mann ein?"

Merkwürdigerweise versetzt das Hannes' Stolz einen Stich.

„Wir hatten keinen Ehevertrag", sagte Sandra. „Das wäre teuer geworden, für ihn."

Hannes fiel tatsächlich erst jetzt auf, dass auch Sandra sicher zehn Jahre jünger war als der Verstorbene. Und sie hatte recht. Wieso ließ sich eine noch jüngere, sogar noch hübschere Frau mit einem alten Mann ein? Und wieso rechnete ihm seine innere Stimme ausgerechnet jetzt vor, dass Bea acht Jahre jünger war als er?

„Also", sagte Sandra Hillert. „Ja, ich gehe auch davon aus, dass sie was damit zu tun hat. Aber ich wäre sicher auch abgehauen, wenn mein alter Lover beim Schäferstündchen einen Infarkt bekommen hätte."

Hannes nickte, obwohl er weit entfernt war von Zustimmung. Er hatte nicht weniger Fragen als vorher, sondern deutlich mehr. Natürlich war Sandra Hillerts Erklärung die einfachste Erklärung, aber auch nur, wenn man den zweiten Infarkt außer Acht ließ. Denn traf Hannes' Arbeitshypothese zu, hatte man den zweiten Infarkt herbeigeführt, weil der erste Versuch fehlgeschlagen war. Wegen einer unvorhergesehen auftauchenden Putzfrau. Deshalb hatte man im Krankenhaus nachhelfen müssen. Sofern aber diese Theorie zutraf, musste der- oder diejenige, mit dem oder der Patrick sich im Hotelzimmer getroffen hatte, auch schon den ersten Infarkt herbeigeführt haben. Für Hannes' Arbeitshypothese bedeutete das: Patrick Hillert musste in diesem Hotelzimmer seinen Mörder oder seine Mörderin getroffen haben. Also musste entweder die ominöse Beata einen triftigen Grund gehabt haben, ihn umbringen zu wollen – oder Patrick musste jemand anderen getroffen haben.

„Ich wüsste gern genauer, was dahintersteckt“, sagte Hannes. „Mir lässt das keine Ruhe.“

Sandra Hillert nickte. „Nein, mir auch nicht. Obwohl ich zugebe, ich weiß gar nicht, ob ich’s wirklich genau wissen will.“

„Das verstehe ich. Aber Sie verstehen auch, dass mir die Umstände seines Ablebens... doch sehr merkwürdig vorkommen.“

„Ja.“ Sandra nickte. Senkte den Kopf. Nickte noch ein bisschen weiter. „Da ist auch noch mehr.“ Sie sah auf. „Der Mann meiner Freundin?“

„Bitte?“

„Der Patricks Smartphone entriegelt hat. Der hat auch die Rechner aufbekommen. Aber die sind leer.“

„Wie, leer?“

„Na, leer. Also gelöscht. Betriebssystem ist noch drauf. Oder wieder drauf, weiß ich nicht. Ansonsten nichts.“

„Das gibt’s ja nicht.“

„Nein. Aber Ralf, also Ralf, der Mann von Iris, hat mir das erklärt, das kann man wohl, jedenfalls kann er das, der ist irgendwo im Support, und wenn sie dem das erlauben, dann kann der auch von Bayern aus ihren Rechner reparieren.“

„Oder löschen.“

„Ja.“

„Aber Sie haben das nicht erlaubt.“

„Nein. Aber Ralf sagt, das ist gar nicht so kompliziert. Natürlich verboten, aber er kann das auch. Oder könnte. Der ist ja nicht kriminell.“

„Das heißt? Sind die Daten nicht auch in der Cloud?“

„Patrick hatte nichts in der Cloud.“

„Dann sind alle Daten... weg? Und wieso zwei Rechner?“

„Privat und geschäftlich. Und, ja, die Daten sind weg. Aber...“

„Aber?“

„Patrick hatte doch Backups. Und die waren nicht an den Rechnern, nicht im Netz. Sonst wären die auch gelöscht.“

„Oh“, sagte Hannes. Und war selbst überrascht, dass sich urplötzlich ein neues, völlig unpassendes Gefühl bei ihm einstellte. Denn zum ersten Mal, seit er wegen Hillerts Ableben Verschwörungstheorien entwickelte, rief ihm eine bisher nicht in Erscheinung getretene innere Stimme zu: *Hau ab.*

Natürlich war es gut, dass die Daten noch da waren. Es war allerdings nicht gut, dass sich offenbar vorher jemand sehr viel Mühe gegeben hatte, alle Daten spurlos verschwinden zu lassen.

„Die Firmen-Festplatte würde ich Ihnen leihen“, sagte Sandra Hillert. „Wenn Sie meinen, dass Sie damit was anfangen können.“

„Ja“, sagte Hannes, dachte *Albert,* und hörte die innere Stimme im gleichen Moment erneut, deutlich lauter: *Hau ab!* „Ja, ein Freund von mir … kann sich das gern mal ansehen.“

„Zu treuen Händen“, sagte Sandra Hillert.

„Natürlich“, sagte Hannes.

„Wollen Sie die private Platte auch?“

13

Hannes hatte genau einmal in seinem Leben 50.000 Euro aus einem Schließfach holen und selbst transportieren müssen, zu einer anderen Bank, in einen neuen Safe. Das hatte er völlig vergessen. Bis jetzt. Denn beim Verlassen des Hillertschen Hauses, auf dem Weg zu seinem geparkten Wagen, erinnerte er sich plötzlich lebhaft daran. Jeder Passant war damals ein Gangster gewesen, in seinen Augen, skrupellos, mordbereit. Passiert war diese Mutation im Handumdrehen, von einem Moment (leere Taschen) auf den nächsten (volle Taschen). Als er damals aus der Bank getreten war, hatte er gewusst: Alle hatten es nur auf ihn abgesehen. Auf seinen Besitz. Alle. Männer, Frauen, Jugendliche. Sogar diese kleine, unschuldig schauende Vierjährige neben dem Buggy-Car, sah ihn tödlich gierig an. Und war garantiert bewaffnet. Und die kleine alte Frau da an der Ecke, die nur zur Tarnung einen Kaffee schlürfte: die wollte doch auch nur sein Geld. Koste es, was es wolle.

Der Umschlag hatte förmlich gebrannt in seiner Tasche. Auf dem ganzen Weg.

Aber die Festplatten waren noch schlimmer. 50.000 Euro bei einem Überfall zu verlieren, das wäre grauenhaft gewesen. Aber 50.000 Euro konnte man ja notfalls ersetzen, schlimmstenfalls noch mal zehn Jahre lang neu verdienen. Die Festplatten nicht. Die waren einmalig. Und brannten lichterloh. Eine in Hannes' Brusttasche, die andere in der Hosentasche. Zwei glühende rote Zwerge.

Kein Mensch war auf der Straße. Der Wildrosenweg lag im Dornröschenschlaf. Niemand wartete vor Hannes' Auto, und es hatte sich auch niemand auf seine Rückbank geschlichen und drückte ihm nach dem Start eine 45er in den Nacken.

Hannes startete den Wagen. Sah in den Rückspiegel, als dort der Lichtkegel von irgendwoher auf die Bäume am Waldeingang fiel. Der Kegel schwenkte. Die Lichtquelle rollte von links in den Spiegelausschnitt vor Hannes' Augen. Ein Kleinwagen, blau. Wendend in der Kehre am Ende der Sackgasse. Jetzt auf ihn zukommend.

Hannes schob die beiden Festplatten unter den Fahrersitz, den Blick weiter fest auf den Spiegel gerichtet. Seine Hand streifte den Feuerlöscher. Als Waffe taugte der wenig oder nichts. Der blaue Kleinwagen näherte sich. Verlangsamte. Schwenkte um Hannes' geparktes Auto herum.

Hannes sah nach links. Am Steuer des Kleinwagens eine Frau. Dunkle Haare, Sonnenbrille, schwarze Jacke. Kein Blick zu ihm. Passierte. Entfernte sich. Hundert Meter bis zur Einmündung in die Querstraße, ein kurzes Aufleuchten der Bremslichter.

Weg.

Hannes wartete weitere dreißig Sekunden. Sein Puls normalisierte sich.

Er fuhr los.

Die Gangster warteten am unteren Ende der Sackgasse.

Als Hannes aus dem Wildrosenweg nach links abbog. Richtung Friedhof, sah er den SUV in seinem Rückspiegel. Am Straßenrand geparkt, dort, wo keinerlei Häuser den Weg säumten und auch keine anderen Autos standen. Der SUV setzte sich in Bewegung. Und folgte. Hannes bog nach rechts ab. Der SUV folgte.

Hannes' Puls legte einen Zahn zu.

Was für ein Fabrikat ihm da folgte, konnte er nicht eindeutig erkennen. Ein Japaner. Aber die sahen in seinen Augen alle gleich aus, jedenfalls von vorn.

Anderthalb Kilometer weiter gabelte sich die Straße. Hannes bog nach links ab, dann am Ende der Straße wieder nach rechts, parallel zum Friedhof. Der SUV folgte. Hannes schaltete das Navi ein. Seine Ortskenntnis in Harburg war alles andere als ausgeprägt. Konnte man hier unauffällig eine Schleife drehen, um herauszubekommen, ob der andere wirklich folgte? Er versuchte, aus dem Straßengewirr schlau zu werden, während er den Friedhof passierte, den anderen Wagen im Schlepp, entschied sich zu spät, links durch ein Wohngebiet zu kreiseln, schaute in den Rückspiegel. Und sah, dass der SUV links abbog.

Hannes' Puls verlangsamte sich.

Auf dem weiteren Weg, die Friedhofstraße hinunter und wieder hinauf zur Eißendorfer, behielt er Rückspiegel und einmündende Straßen im Auge. Und wunderte sich, dass inzwischen offenbar wirklich jedes zweite Auto ein SUV war. Bevorzugt schwarz. Oder weiß. Als er die Heimfelder Straße passierte, war er sicher, dass er nicht verfolgt wurde.

Als er an der Einmündung zur Cuxhavener an einer Ampel halten musste, war der SUV wieder da. Zwei Plätze hinter ihm.

Hannes bog nach links ab. Der SUV folgte.

Und blieb diesmal an seinem Heck.

Getönte Scheiben. Zwei Frauen?

Wen würde man Leute verfolgen lassen, wenn man sicher gehen wollte, dass die Verfolgten sich in Sicherheit wiegten? Was das betraf, konnte man doch immer mit der Macht des Klischees rechnen, beim Verfolgten. Denn Frauen machen so was nicht. Arbeiten nicht für die Mafia, schlagen keinen (außer im Ring). Serienmörderinnen gibt es eh nicht, Heuschreckinnen und Rüstungsexporteurinnen auch nicht. Und Frauen verfolgten auch niemand.

Frauen sind nett. Und klug. Und sanft.

In Hannes' Kopf meldete sich ein kleines Studio voller SitCom-Zuschauer, höchst amüsiert. Der Witz war gut. Denn natürlich musste man fairerweise konstatieren, dass Welzers Theorem auch für die Gruppe „Frauen" galt, wie für jede Gruppe. Ob nun Ärzte, Apotheker, Anstreicher, Männer oder eben Frauen: zwanzig Prozent waren richtig gut, sechzig Prozent mittelmäßig und zwanzig Prozent gestört, unfähig und gemein. Und Psychopathinnen gab es prozentual eben genauso viele wie Psychopathen.

Aber Hannes wollte das nun mal nicht glauben. Sondern daran festhalten, dass Frauen sanft waren. Und klug. Und nett. Und nicht für die Mafia arbeiteten und unschuldige Apotheker verfolgten. In einer Zwickmühle befand er sich aber trotzdem. Denn es galt ja nun mal tatsächlich: *Nur weil du paranoid bist, heißt das ja nicht, dass sie nicht hinter dir her sind.* Das einfache Beharren auf seiner Weltsicht, Frauen würden so was nicht machen, wäre mithin schlicht fahrlässig gewesen, also blieb Hannes gar nichts anderes übrig, als seine Arbeitshypothese zu testen. Die da lautete: „Die beiden Weiber sind *Hit Girls* der Mafia und verfolgen mich."

Sie würden also versuchen, nicht aufzufallen.

Viele Wege führten von Harburg ins Alte Land. Statt den direkten Weg zu nehmen, verließ Hannes die Cuxhavener

Straße nach rechts, Richtung Moorburg. Dort hätte er sich wiederum nach links wenden können, blieb aber auf geradem Kurs Richtung Elbe. Der SUV folgte. Und so blieb ihm nur die Probe aufs Exempel. Auf der sechsspurigen Aluminumstraße, kurz vor dem Abzweig Richtung Finkenwerder, schwenkte er auf den Linksabbieger, der zur Tankstelle gegenüber führte. Drei Fahrstreifen weit weg von jedem vernünftigen Weg ins Alte Land. Wer hier abbog, um zu tanken, musste anschließend zurück über die sechsspurige Straße, drehte sich also im Kreis. Für ein solches Manöver musste man schon mit seit geraumer Zeit blinkender Tankanzeige unterwegs sein, andernfalls ergab es schlicht keinen Sinn.

Der SUV folgte.

Und Hannes' Puls legte wieder mal einen Zahn zu.

Hannes ließ seinen Wagen vor eine der Zapfsäulen rollen, stieg aus und tankte. Der schwarze SUV, ein Hyundai-Hybrid, wie er jetzt sah, blieb direkt hinter seinem eigenen SUV stehen. Die Fahrerin stieg aus. Sagte zu ihrer Beifahrerin, die rechts ebenfalls ausstieg, „Gott sei Dank. Den ADAC hätt ich jetzt nicht gebraucht." Süddeutscher Akzent. Und ein schönes akzentfreies Lachen, während sie den Zapfhahn zog.

Die Fahrerin war groß, hübsch und sympathisch. Der Bob stand ihr gut, der schwarze Lederhalbmantel auch. Die Beifahrerin war klein, nicht hübsch und weder noch. Sie lachte auch nicht, wie die Fahrerin, sondern vertrat sich nur mit unbewegter Miene die Beine. Hannes sah die Fahrerin an. Die Fahrerin sah Hannes an. Und lächelte kurz. Hannes erwiderte das kurze Lächeln. Wie man das eben so macht als höflicher Mensch.

Hannes ging zahlen. Die Fahrerin folgte. Hannes zahlte. Die Fahrerin stand direkt neben, hinter ihm. Hannes wandte den Kopf nach links. Das nahe Gesicht der Fahrerin versperrte ihm den Blick zu den Zapfsäulen und den Autos. Hannes' Blick traf ihren Blick. Sie lächelte abermals. Braune Augen. Sehr hübsch. Aber der Blick antwortete nicht auf

Hannes' stumme Frage „Verfolgen Sie mich?“. Der Blick war bloß freundlich.

Hannes zahlte. Ging. Mit einem letzten Lächeln für die hübsche Frau.

Die nicht so hübsche kleine Frau saß wieder im SUV.

Hannes wendete, verließ das Tankstellengelände auf dem gleichen Weg, auf dem er gekommen war, bog nach rechts ab und sortierte sich auf den Linksabbieger. Die Ampel war grün, er konnte sofort abbiegen. Im Rückspiegel sah er, dass die Fahrerin zu ihrem SUV zurückging. Ohne Eile.

Er fuhr zwei Kilometer. Dann fuhr er rechts ran und wartete.

Der SUV kam nicht.

Er fuhr weiter. Er wählte den Weg über Buxtehude, nicht den direkten Weg. Er fuhr rechts ran und wartete. Kein SUV. In Dammhausen fuhr er abermals rechts ran und wartete. Kein SUV.

Den Rest der Strecke legte er auf dem direktesten Weg zurück.

Um kurz nach 13 Uhr erreichte er Alberts Scheune. Übergab Albert die Festplatten. Bat um sofortige Bearbeitung. Und wies Alberts Wunsch zurück, vorher noch den Rosenkohl in die Außenbeete umsetzen und sämtliche Wicken ausreißen zu dürfen.

Auch das eilte, sicher. Aber die Festplatten hatten Vorrang.

Obwohl Hannes ganz sicher war, dass man ihn nicht beobachtete, verzichtete er auf dem Rückweg darauf, sein Smartphone wieder einzuschalten.

14

„Albert hat angerufen."

Hannes hatte die Winterhuder Filiale kaum betreten, als Bea ihn mit diesen Worten begrüßte.

„Schon?"

„Ist dein Handy nicht an?"

„Doch, gleich wieder", sagte Hannes und beließ es dabei. „Ich rufe ihn eben an." Er trat an der verdutzten Bea vorbei, durch den großen, offenen Lagerraum hinter den HV-Tischen und schnurstracks in das kleine Büro, drückte die Tür hinter sich zu und wählte mit dem Festnetzapparat Alberts Nummer. In der stillen Hoffnung, dass, sofern er sich die Gefahr nicht einbildete, man zumindest nur sein Handy abhörte, aber nicht das von Albert.

„Das war aber sehr einfach", begrüßte Albert ihn. „Jedenfalls auf den ersten Blick."

„Inwiefern?"

„Ungeschützte Festplatten, beide. Und randvoll mit Zeug. Suchst du irgendwas Bestimmtes? Wobei ... ‚einfach' muss ich relativieren, es sieht einfach aus. Aber das soll es wohl auch, was ich durchaus intelligent finde. Kognitiv."

„Bitte?"

„Na ja. Beide Platten sind fast voll, je ein Terabyte, keine TimeMachine, sondern Carbon Copy Cloner. Aber man wird förmlich erschlagen von all dem Zeug, denn das sind Zigtausende von Ordnern, Dokumente, Fotos, aber auch Sicherheitskopien von vermutlich allen Lieblingsserien deines Freundes. Sprich: Man steht vor einem riesigen Heuhaufen und denkt instinktiv, puh, das ist so viel, viel zu viel, das ist alles, und es ist ungeschützt, also hat der Besitzer offenkundig nichts zu verbergen. Stimmt aber nicht. Denn was *nicht* angezeigt wird, sind die Sparse Images, die geschützten Volumes. Und die *haben* Passwörter. Nach denen ich teilweise noch suche. Beziehungsweise suchen lasse. Aber das dauert eine Weile, obwohl das Decryptprogramm zum Glück nicht jedes Mal nach drei Versuchen resetten muss. Eine von den Partitionen hab ich schon öffnen können, achtzig Gigabyte, aber ehe ich jetzt zu viel Zeit verliere: Was suchst du denn genau? Oder zirka?“

„Was ist denn in der geschützten Partition?“

„Die ist auf Platte 1, das ist die private. Die andere ist die geschäftliche. Ich dachte, dich interessiert wohl eher die zweite?“

„Ja.“

„Gut, dann brauchen wir die erste ja nicht, dachte ich mir. Aber, sag mal, ist das seine Frau?“

„Wer?“

„Die im Ordner *Beata*?“

„Nein.“

„Hätte mich auch gewundert. Aber sehr hübsch.“

„Guck ich mir gelegentlich an. Aber die andere Platte...“

„Lass dich dabei nicht von Bea erwischen.“

„Oh.“

„Ja. Das ist schon äußerst... explizit. Auf die Videos von ihr *und* ihm hätte ich gern verzichtet. So was sollten nur junge Leute machen. Also Frauen wie sie, immer gern, aber nicht so alte Männer wie er.“

„Bitte...?“

„Und DickPics gehen in dem Alter sowieso gar nicht.“

„Albert...“

„Witzig ist, dass er auch seine ganzen Zugangsdaten in einem Doc in dem Ordner hat. Also nicht nur zu seiner Fritzbox, auch zu Tinder und den Pornoseiten. Vermutlich ein Versehen, falsch gespeichert. Aber ich bin nicht sicher, ob er diese Beata bei Tinder gefunden hat.“

„Das weiß ich natürlich auch nicht. Aber hast du jetzt seit ’ner Stunde Privatpornos von Hillert geguckt?“

„Ich wollte den Rosenkohl umsetzen. Du hast gesagt, das hier ist wichtiger.“

„Ja. Gut. Und was ist da noch, außer Pornos?“

„Oh. Sagen wir's mal so. Auch wenn das für deine Verschwörungstheorie völlig irrelevant ist – dein Hillert hat ja nicht nur all seine Lieblingsserien archiviert, sondern offenbar *alles*. Über jeden. Mit so jemandem möchte ich nicht verwandt sein. Der hat garantiert zu viel Orwell gelesen als Jugendlicher. Oder war der früher mal Journalist, als es so was noch gab?“

„Nicht, dass ich wüsste.“

„Jedenfalls sehr akribisch. In seinem Porno-Ordner sind nämlich im Beata-Ordner auch seine Notizen zu ihr, und das geht weit über das normale Maß hinaus. Ein Foto ihres Passes. Führerschein. Sogar ihr Impfpass. Und Notizen zu ihr und ihren Freunden und Verwandten.“

„Ernsthaft?“

„Ja. Piotr, Bruder, Handwerker und Pfleger, Pavel, Handwerker. Beide aus Danzig. Aber offenbar oft hier in der Gegend.“

„Hm.“

„Was leider nicht da ist, sind die Nachrichten.“

„Welche?“

„Die SMSen.“

„Wieso sollten die da sein?“

„Weil die synchronisiert sind, mit seinem Smartphone. Aber er hat sie offenbar sehr regelmäßig gelöscht. Bis auf die letzte, die kannst du noch sehen. Warte... *„Du mich ich K = Scheißidee, sag P das. Ende.“* Und ihre Antwort *„Du weißt ja, was Ende heißt.“* Das war vor... zwei Wochen.“

Hannes schwieg. Garantiert bedeutete das irgendwas, garantiert war das interessant, aber erst recht garantiert war es nicht das, was er suchte. Nichts von dem, was Albert ihm hier an Informationen an den Kopf feuerte, hatte auch nur das Geringste mit dem Rätsel zu tun, das er zu lösen versuchte, mit Fumarsäure, Arliuthan und BBOS. Hannes fühlte sich wie ein eben noch konzentrierter Rechercheur, der beim Durchsuchen von youtube in eine Katzenvideofalle getreten war und seinen eigentlichen Auftrag komplett zu vergessen drohte. Und Alberts nächste Bemerkung machte alles nur noch schlimmer.

„Der ist doch im Friedwald beerdigt worden?"

„Was? Ja."

„Scheint ja eine Affinität zu so was gehabt zu haben, es gibt einen Ordner ‚RIP'."

„Mit was drin? Kostenvoranschlägen für Särge?"

„Auch. Und Todesanzeigen, abfotografiert. Fritz Struck? Jäh und unerwartet?"

„Kenne ich nicht."

„Makaber. Selbst wenn der seinen Sarg schon mal gebucht hatte, man braucht doch wohl keine Textvorlage für ‚jäh und unerwartet'. Der andere ist ... Piotr Pryzblak? Ich kann kein Polnisch, aber das ist auch aus irgendeinem Käseblatt, Todesanzeigen sind ja gestalterisch nicht so originell ..."

„Piotr? Der Bruder?"

Albert schwieg. Hannes hörte einige Mausklicks.

„Ja, vermutlich", sagte Albert. „Seine Beata hieß ja auch Pryzblaka."

„Wieso hieß?"

„Weil sie inzwischen Smuda heißt."

„Sie ist verheiratet?"

„Scheint so."

„Du lieber Gott."

„Warum sammelt einer so was?"

„Verheiratete Frauen?"

„Nein, das ganze Zeug."

„Weil er wohl geahnt hat, dass BBOS hinter ihm her ist. Jedenfalls hat er auch seine eigene Beisetzung sicherheitshalber vorab bezahlt."

Albert schwieg.

Hannes überlegte, welches Medikament vorn in den Regalen am besten gegen Schwindel half, und hoffte inständig, Albert möge etwas Intelligentes sagen, aber den Gefallen tat Albert ihm nicht. Sondern sagte nach unangemessen langer Pause bloß „Hä?“.

Hannes’ Schwindel nahm gefährliche Formen an.

„Platte 2“, sagte er.

„Ja“, sagte Albert, dankbar. „Auch voll bis obenhin. Da kannst du zirka ein Jahr lesen, wenn du an so was Freude hast. Alles gut und gründlich dokumentiert, diverse Produkte und Entwicklungsgeschichten bei BBOS, alles, was dein Freund Hillert verkauft hat, aber auch zur Einstellung der Orphan-Drugs-Forschung, der jüngeren Preisentwicklung bei den Krebsmitteln und den Antibiotika.“

„Und Arliuthan?“

„Jein. Also, das Unterverzeichnis, ja, das ist auch da, und vollgestopft mit Ordnern. Aber die sind fast alle leer. Soweit ich das bisher überblicke, sind nur die ganzen offiziellen Sachen da, massenhaft. Und eine eigene Zusammenfassung, wohl von Hillert, unter ‚Haut.docx’. Man kann aber sehen, dass da noch wesentlich mehr war…“ Die Maus klickte suchend. „Kryptische Dateinamen, alles mit ‚Phase‘ klingt nach Studie, ‚RCG‘ ist was?“

„Weiß ich nicht. Randomised Control Group?“

„Gosh? Dermit.docx? IHS?“

„Sagt mir nichts.“

„Mir auch nicht. Und ist alles nicht da. Kann ich zwar noch sehen im Finder unter den zuletzt geöffneten Dokumenten, aber die sind nicht auf der HD. Oder waren nie drauf. Was wieder komisch ist, denn die HD ist eine 1:1-Kopie des Rechners, sprich: Hillert hatte die Dateien auf einem anderen Wechselmedium und hat die am Rechner bearbeitet. Nur ist keine der Dateien auf dem Rechner selbst gelandet, also auch nicht auf der HD-Kopie. Aber falls es dich beruhigt, es gibt einen Ordner ‚Krill/Hertz’, und der ist da.“

Das beruhigte Hannes nicht im Geringsten. Im Gegenteil.

„Gefüllt“, sagte Albert. „Aber keine Geheimnisse, also keine Pornos, keine Wanzen in eurem Wohnzimmer, keine

Sorge. Nur Mails und die üblichen Notizen deines akribischen Freundes. Notiz zu mehreren Gesprächen mit dir, Gesprächsgegenstand ‚Fumarkaps‘, ‚B-Galenik‘, ‚Hertz‘, ‚BN‘.“

„Ja. Sein Versuch, uns Beas Patent abzuquatschen.“

„Für eine Million.“

„Nein, eine halbe.“

„Nein, eine ganze. Jedenfalls war das der Preis, den er BBOS genannt hat. Oder, nein, Moment... nicht BBOS, sondern BN. Aber das ist nur eine Gesprächsnotiz. Kennst du die?“

„Nein. Er hat was von Schweizer Investoren gesagt, die er ins Boot holen wollte, aber den Namen hat er nicht genannt.“

„Ist ja auch unerheblich. Hat ja nicht geklappt. Du kannst dir das ja mal in Ruhe angucken, notiert hat er ja alles. ‚Ang 250 k f BH indis‘?“, ‚NV 500K abgel K‘, ‚K = Frist 2/5‘?“

„Wann?“

„2. Mai.“

„Wann ist der gestorben?“

„14. Mai.“

„Zwölf Tage dazwischen? Ist das die letzte Notiz?“

„Auf dem Schmierzettel, ja. Aber das war auch das letzte Mal, dass er die Platten und seine Rechner synchronisiert hat, zweiter Mai. Also, durchaus möglich, dass er auf seinen Rechnern noch mehr notiert hat. Aber die sind ja gelöscht.“

„Ja. Von außen.“

Hannes schwieg.

Albert schwieg.

Dann sagte Albert, „Weißt du was? Ich mach das jetzt zu. Und leg das alles weg. Das will ich nämlich alles nicht wissen.“

„Ja. Ich danke dir. Aber sei so gut und mach Kopien von beiden Platten.“

„Läuft schon, jedenfalls die geschäftliche. Das dauert aber.“

„Die Serienvideos kannst du ja weglassen.“

„Die inoffiziellen willst du doppelt behalten?“

„Ich weiß gerade gar nicht, was ich will.“

Bea betrat das Büro im passenden Moment. Mit zwei Tassen in der rechten Hand. Sie stellte eine davon neben dem Telefon ab. Kamillentee.

„Ich ruf dich später noch mal an“, sagte Hannes. „Kümmere dich mal um den Rosenkohl. Und vergiss den Rest, wenn's geht.“

„Geht nicht“, sagte Albert. „Bis später.“

Hannes legte auf und sah Bea an.

Sie erwiderte den Blick. Besorgt.

„So schlimm?“

„Nein“, sagte Hannes. „Aber verwirrend.“

Erst jetzt fiel ihm ein, was er auf dem raschen Weg durch die Offizin und wegen des sofortigen Telefonats mit Albert vergessen hatte. Er zog sein Smartphone heraus und schaltete es endlich wieder ein.

„Du bist nicht Bea.“

Beas Blick geriet angemessen verwirrt.

„Nicht Patricks Bea“, sagte Hannes. „Bea ist Beata, eine junge Frau. Sandra Hillert ist das alles sehr unangenehm. Patrick hatte zwei Rechner, beide sind gelöscht, keiner weiß, wieso. Aber er hatte auch zwei Backup-Platten, und auf denen sind die Daten wohl noch drauf. Albert knackt gerade die Passwörter.“

„Was? Augenblick mal, langsam“, sagte Bea.

Hannes' Smartphone, wiederbelebt, bat brummend um Beachtung. Im Display zeigte das Gerät den Eingang mehrerer Nachrichten und Anrufe in Abwesenheit an. Hannes sah sich die Liste an. Zwei Anrufversuche von Bea. Drei Anrufe von unbekannten Rufnummern. Eine Sprachnachricht.

„Hast du mir was draufgesprochen?“

„Nein.“

Hannes drückte auf die Voicemail-Taste und hielt sich das Smartphone ans Ohr. Die Nachricht war kurz, die Stimme des Anrufers war tief und klang alles andere als amüsiert.

„Hellmann. Es hat da wohl ein Missverständnis gegeben. Sie rufen mich sofort an, vor 15 Uhr. Danke, bis gleich.“

Der unbekannte Hellmann nannte eine Mobilnummer. Doppelt.

Hannes sah auf die Uhr. 14 Uhr 46.

„Ich muss den mal kurz...“, sagte er und gab die genannte Nummer ein.

„Hannes“, sagte Bea. „Du machst mir Sorgen. Kannst du mir bitte mal...“

„Gleich.“

„Holger Hellmann.“ Die Stimme klang nach breiter Brust.

„Hannes Hertz“, sagte Hannes.

„Ah“, sagte Hellmann. „Moin. Du bist der, der Sandra die Sachen abgequatscht hat?“

Das „Du“ kam für Hannes genauso überraschend der eindeutig unfreundliche Tonfall.

„Äh. Ja. Abgequatscht ist sicher nicht...“

„Jo“, unterbrach Hellmann ihn. „Pass auf. Sandra ist ein liebes Mädchen. Schlau geht anders. Gibt immer Leute, die das ausnutzen. Gibt aber auch einen, der das immer scheiße findet: mich. Also machen wir das mal so: Die Sachen sind um 16... na gut, nee, komm, ist ja schon spät, 17 Uhr wieder bei Sandra, dann vergess ich das einfach, ich hab hier genug anderen Scheiß um die Ohren. Wenn die Sachen nicht da sind, komm ich vorbei. Und das willst du nicht. Alles klar?“

„Alles... klar.“

„Super.“

Klack.

Hannes sah sein Smartphone an.

Bea sah Hannes an.

„Das war aber... einseitig?“

„Und eindeutig“, sagte Hannes und tippte die Kurzwahl für Alberts Mobilnummer ein. Albert war sofort dran, akustisch begleitet von einem Teppich aus Vogelzwitschern.

„Ja.“

„Sei so gut, geh wieder rein und kopier einfach alles von den Platten, was du kannst.“

„Läuft doch schon."

„Von der Privaten auch möglichst viel. Aber vor allem alles, was mit einem gewissen Hellmann zu tun hat."

„Okay. Ja, Hellmann hat der auch. Also, Hillert. Ordnerweise. Hab ich gesehen."

„In spätestens einer Stunde holt ein Kurier die Platten bei dir ab, die gehen zurück zur Witwe, nach Harburg."

„Das reicht aber nicht, um beide komplett zu kopieren."

„Ich weiß. Deshalb sage ich ja: Möglichst viel. Oh, und Albert... klapp bitte noch mal den Pass von Frau Beata auf und schick mir den. Stand da eine Adresse drin?"

„Bestimmt."

„Gut. Bitte schicken."

„Auf dein Smartphone?"

„Nein, per Mail."

„Mach ich gleich."

„Danke." Hannes legte auf. Legte das Smartphone weg, zog die Tastatur des Rechners zu sich heran, der im Stand-by-Modus auf dem Schreibtisch seinen Bildschirm schonte, tippte den Rechner ins Leben zurück und öffnete ein Browserfenster.

Bea sah ihn besorgt an. „Hast du Zeit für ein paar Erklärungen? Wer ist Hellmann? War das der eben, am Telefon?"

Hannes nickte, tippte *Holger*, *Hellmann* und *Harburg* in die Suchmaske und drückte auf Enter.

„Ja."

Vier Kandidaten in Harburg. Hannes wählte den Holger Hellmann ganz oben in der Liste, auf den Plätzen 1–7, den Bauunternehmer mit der eigenen GmbH-Website und den paar Links zu Elbe-Wochenblatt und Harburger Anzeigen und Nachrichten. Der zweitpopulärste Harburger Holger Hellmann war 26 und spielte bei der TGH Tennis, und so hatte Hannes' Gesprächspartner nicht geklungen.

Die Startseite der Hellmann-Website war erschütternd langweilig, ein Baukastensatz aus Helvetica und öden Fotos von Siedlungen und Großgebäuden, über dem ganzen Auftritt stand förmlich unsichtbar *Mir doch egal.* Da Hannes selbst gelegentlich Gespräche über den Webauftritt seiner Filialen führen musste, mit Nachwuchsprogrammierern und -BWLern, sah er aber die interne Konferenz vor sich, die zu diesem Ergebnis geführt hatte: Ein junger Mitarbeiter sowie bei Bedarf ein, zwei fließend *economese* sprechende Frischlinge wiesen per Power-Point-Präsentation dem Boss nach, dass es ohne supercool schnelle und datensammelnde SEoptimerte Website einfach nicht mehr weiterginge, alle anderen Jungen nicken eifrig, und der Boss sagt, „Mir doch latte, ich verdien mein Geld mit Menschen, die ich *kenne.* Aber wenn's euch Spaß macht, nur zu." – „Prima, Boss." – „Solange ihr keinen auf dicke Hose machen und das nichts kostet, weder Zeit noch Geld. Sonst feuer ich euch alle. Schönen Tag noch."

Genau das hatten die Frischlinge dann umgesetzt, bei Hellmann. Hannes sah aber auch auf den ersten Blick, dass der von ihm imaginierte erfolgreiche Baumensch völlig recht hatte mit seiner Ansicht. Die Firma Hellmann brauchte keine animierten Banner, keine Datensammelei aus den Taschen vorbeisurfender Interessenten und auch keine SEO. Hellmann war offenkundig auch ohne Webtraffic erfolgreich, im realen Geschäftsverkehr. Im realen Leben, sehr handfest, und sein Erfolg war eindeutig nicht auf Klicks und Likes gebaut, sondern auf Zement, Beton und Asphalt.

Hannes klickte sich durch die trostlosen Seiten. Große Projekte. Wohnsiedlungen von Neugraben bis Heimfeld. Gewerbe-Immobilien. Turnhallen. Betonkästen. Zwei Einkaufspassagen, darunter die, in der sich die Hertzsche Harburger Filiale befand. Und die Europaklinik.

„Oh", sagte Hannes. „Sieh an."

„Was hast du denn mit dem zu tun?", sagte Bea.

„Nichts. Ist nur der Vater von Sandra Hillert, offenbar. Und der fand es wohl falsch, dass ich die Festplatten habe. Was man ja sogar nachvollziehen kann. Und vielleicht sogar den unfreundlichen Tonfall, der kennt uns ja nicht."

„Man kann ja trotzdem freundlich sein."

„Kann, muss aber nicht. In der Baubranche ist das bestimmt keine Pflicht." Hannes sah Bea an. „Gleichwie. Das erklärt immerhin, weshalb unser Patrick in diesem Millionenbunker wohnt. Erstens hat der Schwiegervater offenbar mehr als genug Geld, zweitens kommt er ja an die Materialien und Schwarzarbeiter garantiert günstig heran."

„Aha", sagte Bea und wartete. Es gab tatsächlich immer noch Momente, in denen sie Hannes' eindeutig rote Grundstruktur einen Hauch anstrengend fand, auch nach all den wunderbaren Jahren an seiner Seite. Momente wie diesen. In dem Hannes offenbar erfreut war, Dinge herausgefunden oder begriffen zu haben, die absolut keine Relevanz für irgendwas hatten, schon gar keine Relevanz für die Frage, zu deren Beantwortung er ursprünglich aufgebrochen war. Und dem nachdenklichen Blick nach zu urteilen, den Hannes jetzt aufsetzte, hatte er gerade eine *weitere* Frage entdeckt, die sogar noch weiter von Arliuthan und BBOS entfernt lag als Hellmann und die Witwe Hillert. Bea sah sich daher genötigt, Hannes zurückzuholen.

„Ja. Und? Hallo?"

„Was?"

„Wieso Hellmann? Ich dachte, du suchst nach Beweisen gegen Krill?"

„Tue ich ja. Auch. Aber daraus werde ich nicht schlau. Ich verstehe nicht mal, ob Krill nun Patricks Vorschlag abgelehnt hat, oder was Patrick sich dabei gedacht hat, da passen irgendwie die Zahlen nicht zusammen... Hm."

Hannes' Blick wurde noch ein bisschen unschärfer. Im Raum zwischen ihm und Bea schien sich eine neue heiße Spur aufgetan zu haben.

„Hannes, weißt du was?"

„Ja. Im Moment nicht."

Hannes wandte sich wieder der Hellmann-Website zu und begann zu klicken. Diesmal auf die Seiten der Europaklinik.

Bea gab es auf. Sie nahm ihr Smartphone und schaltete den Browser ein. Die Suche dauerte nur zwei Sekunden, die Telefonnummer der Zentrale befand sich auf der Startseite. Sie tippte die Nummer ein und hielt sich das Smartphone ans Ohr.

„Sei mir nicht böse, aber das ist mir zu unordentlich."

Ohne sie anzusehen, erwiderte Hannes, inzwischen vertieft in die Texte auf der Seite der Europaklinik selbst, „Ich bin dir nie böse, Puschel."

„Nenn mich nicht Puschel ... Oh. Hallo", sagte sie zu der Frauenstimme, die sie im gleichen Moment telefonisch in Empfang genommen hatte. „Guten Tag. Mein Name ist Hertz, ich brauche bitte dringend einen Termin bei Herrn Krill ... Ja, ich weiß. Aber er weiß auch, worum es geht. Und dass es dringend ist ... Ja."

Die Erwähnung des Namen Krill holte Hannes schlagartig zurück aus seinem Trancezustand. Er sah Bea verwundert an.

„Was machst du?"

Sie sah Hannes an, die Hand über dem Mikro. „Mal schauen, ob er das auch so sieht, das mit dem ‚dringend'."

„Wenn er nichts zu verbergen hat, nein. So ein CEO hat ja wohl Besseres zu tun."

Bea zog die Hand vor dem Mikro weg. „Ja?" Sie nickte. „Ja, das passt. Wunderbar."

Sie legte auf.

Hannes konnte sich nicht entscheiden, ob in ihrem Blick der Triumph überwog oder die Sorge.

„Zehn Uhr", sagte Bea. „Morgen früh."

„Oha", sagte Hannes. „Dann *ist* es wohl dringend."

Der Rechner auf dem Tisch setzte ein leises Ausrufezeichen hinter seine Einschätzung. Jedenfalls klang es so. Tatsächlich handelte es sich natürlich nur ein Eingangssignal für Hannes' E-Mail-Fach, in dem Albert wie versprochen den Ausweis und die Kontaktdaten von Beata Smuda abgelegt hatte.

Hannes öffnete die Scans.

„Hübsch", sagte Bea.

„Wilhelmsburg“, sagte Hannes nach einem Blick auf die Adresse. „Nicht hübsch. Du hast dir jedenfalls für morgen früh die bessere Location ausgesucht.“

15

Unter normalen Umständen hätte Bea diesen Mittwochmorgen wie aus dem Bilderbuch einfach nur als wunderschön empfunden. Unter den gegebenen unnormalen Umständen aber empfand sie den Morgen als empörend und anstrengend. Nicht auszuhalten.

Sie sah nach links und beneidete ihren Chauffeur. Hannes strahlte auf dem Weg über die Elbchaussee, stadteinwärts, mit der Sonne um die Wette. Kein Wunder, denn er hielt konkurrierende Gefühle problemlos aus, weil er Gefühle nicht zwingend verstehen und sortieren musste, sondern einfach zur Kenntnis nahm. Bea stand dieser Weg nicht offen. Beim Blick aus dem offenen Beifahrerfenster, auf dem Weg hinunter von der Palmaille zum Fluss, hatte Bea sowohl allen Grund, unruhig und nervös zu sein, schließlich würde sie gleich einen mutmaßlichen Mörder treffen, und gleichzeitig allen Grund, ruhig, entspannt und selig zu sein, denn die Sonne lachte aus wolkenlos windlosem Himmel und zauberte mit ihren Strahlen ein unwirklich schönes Bild aus Myriaden funkelnder Perlen auf die unter ihr liegende dunkelblaue Leinwand des Elbstroms. Unerträglich. Ein paar heranziehende Gewitterwolken hätten Bea eindeutig besser in den Kram gepasst, aber die Natur tat ihrer Natur den Gefallen nicht.

Um Viertel vor zehn ließ Hannes den BMW am Straßenrand vor der Magellanterrasse auf den Seitenstreifen rollen und sah Bea tief in die gestressten Augen.

„Pass auf dich auf, Sherlock."

„Nenn mich nicht Sherlock, Watson."

„Er wird dich sicher nicht direkt in der Zentrale erschießen."

„Nein. Und er wird mich auch nicht aus dem Fenster werfen und im Fluss versenken, hier sind viel zu viele Touristen mit Kameras. Pass du lieber auf dich auf, Wilhelmsburg ist eindeutig gefährlicher als das hier."

„Ich entscheide erst vor Ort, ob ich da überhaupt aussteige."

„Wie willst du Beata befragen, wenn du nicht aussteigst?"

„Vielleicht wohnt sie im Erdgeschoss, dann mach ich das durchs Fenster."

„Ich vermute, es gibt noch einen Plan B?"

„Der fällt mir auf dem Weg ein. Ich hole dich hier wieder ab, danach? Sala Thai?"

Bea nickte. Beugte sich zu ihrem Watson hinüber und küsste ihn. „Bis gleich."

Sie stieg aus, sah dem davonfahrenden Wagen nach und erwiderte Hannes' kurzes Winken. Dann wandte sie sich ab und setzte sich in Bewegung. Vorbei am dezenten Epizentrum der Hamburger Macht, denn auch wenn die Zentrale von Kühne & Nagel nicht direkt klein geraten war, sah man dem Kasten aus Glas und Stahl doch nicht an, wie viele Fäden hier zusammenliefen und wie weit der Einfluss des bescheidenen Besitzers reichte. So wie man der ganzen vergleichsweise neuen Hafen City nicht ansah, woher sie in ihrer ganzen schillernden Schönheit kam und wie sie funktionierte. Als Firmensitz war sie aber für BBOS in jeder Hinsicht bestens gewählt, denn BBOS war überaus erfolgreich, überaus dezent und überaus diskret. Wie es sich in Hamburg gehörte. Was sich hier *nicht* gehörte, war hingegen das, was Bea vorhatte. Und natürlich wusste sie das selbst am besten. In Hamburg stellte man keine Fragen, schon gar keine nach Geld. Geld war einfach da. Und es war auch genau da, wo es hingehörte. Wie es genau dorthin gekommen war, wusste jeder, der das wissen musste, also musste der nicht fragen. Und wer es nicht wusste, den ging es auch nichts an, also bekam er auf seine Fragen keine Antworten.

Die BBOS-Zentrale befand sich direkt am Grasbrook. Bea meldete sich am Empfang, in einer einschüchternd hohen Halle aus schwarzem Granit, der uniformierte Pförtner wies sie an, auf den schwarzen Ledermöbeln Platz zu nehmen und zu warten. Bea tat, wie ihr geheißen. Es dauerte nur eine Minute, dann öffneten sich die Stahltüren des mittleren der drei Fahrstühle, eine hochgewachsene Frau in schwarzem Hosenanzug und mit adrettem Kurzhaarschnitt trat heraus und auf Bea zu, lächelnd. Bea stand auf, erwiderte das Lächeln und geriet mit ihrem „Guten Tag“ direkt ins Stocken, als die Hochgewachsene sie mit „Grüß Gott“ begrüßte. Gott passte nicht so recht in die sachliche Hafen City, andererseits wusste Bea natürlich selbst, dass in diesem Viertel kaum Norddeutsche lebten. Sondern vor allem Zugereiste, ob die nun berufliche Gründe hatten, hier zu sein, oder einfach viel zu viel Geld für einen eleganten Drittwohnsitz mit Blick aufs Wasser.

Sie folgte der Hochgewachsenen in den Fahrstuhl, die rasche Fahrt ging hinauf ins Penthouse, die Türen glitten auf und gaben den Blick frei auf den Empfangsbereich der Chefetage. Bodentiefe Glasfront mit Blick auf Grasbrookhafen, Unileverhaus und, sofern man dicht genug an die Scheiben herantrat, die Elbphilharmonie zur entfernten Rechten.

Bea kam sich spontan sehr klein vor. Und sehr albern. Vermutlich zahlte BBOS hier alljährlich schon mehr an Mietnebenkosten als das, was Patrick ihr als Schmerzensgeld für ihre kleine galenische Erfindung angeboten hatte.

Die Hochgewachsene trat hinter den Empfangsschreibtisch, hatte bereits einen Telefonhörer am Ohr und sprach leise hinein. Die unhörbare Antwort gefiel ihr offenbar, denn sie sagte „Ja“, legte auf und ging um den Empfangstisch herum, an Bea vorbei, mit einladend ausgestrecktem Arm und freundlichem Lächeln.

„Bitte, Frau Hertz."

Sie erreichte die Doppeltür zur Rechten des Empfangsraumes, öffnete diese und wies in den Raum. Einen Konferenzraum, ebenfalls bodentief vollverglast, Konferenztisch passend aus gebürstetem Stahl und Glas. Bea trat ein, dankte mit einem Nicken. Die Tür fiel hinter ihr zu.

Sie stellte ihre Handtasche auf einen der Stühle, trat vor an die Glasfront über dem Wasser und versuchte, die innere Stimme zum Schweigen zu bringen, die sie verspottete und auslachte. Das war nicht zielführend. Sie hatte gute Gründe, hier zu sein. Und sie würde sich nicht einschüchtern lassen von Glas, Stahl, Panoramablick, Milliardenumsätzen weltweit, schließlich lautete die Arbeitshypothese, dass sie es mit skrupellosen Mördern zu tun hatten...

Die Tür hinter ihr wurde geöffnet, Bea wandte den Blick vom Hafen und empfand das, was sie sah, als echte und absolute Schikane.

Benjamin Krill war offenkundig nicht sonderlich fotogen. Denn auf dem einzigen Bild, das Bea von ihm gesehen hatte, auf der Firmenwebsite, hatte er bloß sehr gut ausgesehen, und sie hatte sich erfolgreich einreden können, mit etwas Photoshop bekomme man ja wohl jeden Mann so hin manipuliert, außerdem sei er bestimmt nur 1, 65 groß und habe eine Stimme wie Spongebob.

Krill sah unanständig gut aus, war mindestens 1, 85 groß, hatte wahnsinnig schöne grüne Augen und begrüßte sie mit einer Stimme, mit der er vermutlich jede Frau ausziehen konnte, ohne die Hände zu bewegen.

„Frau Hertz. Benjamin Krill. Freut mich sehr, wunderbar, dass Sie so schnell kommen konnten. Bitte."

Er wies auf einen der freien Stühle.

Bea war empört. Der Mann *roch* auch noch gut. Und wohnte in einem regelrechten Aurafeld aus reinem Charisma.

Wieso verteilte der Kosmos seine Gaben so ungerecht? Und wieso hatte ausgerechnet der Typ alles mit großen Löffeln abbekommen, den sie persönlich für einen gemeinen Mörder halten wollte?

„Danke", sagte sie, räusperte sich, weil sie geklungen hatte wie eine Zwölfjährige, und setzte sich. Krill nahm ebenfalls Platz.

„Sie machen ja großartige Sachen", sagte er. „Kaffee?"

„Was? Gern."

Eine kleine Frau in schwarzem Businesskostüm betrat den Raum, ein Tablet unter dem Arm, und trat auf die andere Seite des Tisches. Sie begrüßte Bea mit einem kurzen Nicken, das Bea erwiderte. Krill machte sich nicht die Mühe, der kleinen Frau einen Namen zu geben, worauf sie aus Beas Wahrnehmung direkt spurlos wieder verschwand.

Krill lehnte sich lässig nach rechts und drückte auf einen Knopf auf der Telefonspinne, die mitten auf dem Tisch hockte. „Lisa, bitte zweimal Kaffee für Frau Hertz und mich. Schwarz? Milchkaffee? Hafer?"

Bea lächelte. „Ach, wenn Sie mich so fragen. Hafer."

„Sehr gute Wahl. Zweimal, bitte, Lisa."

„Sehr gern, Herr Krill."

Sogar das Loslassen einer Gegensprechanlagentaste geriet bei Krill problemlos zur Demonstration von souveräner Vitalität und Tatendrang. Und das Lächeln, das er Bea schenkte, war wie ein Strauß Rosen. „Mensch! Auch wenn der Anlass, zugegeben, eine tragische Note hat, ich freue mich sehr, Sie endlich kennenzulernen."

„Endlich?"

„Ja, natürlich. Ich wollte Sie schon kennenlernen, als Patrick mir zum ersten Mal von Ihnen vorgeschwärmt hat. Oh. War das … verzeihen Sie die Frage, Sie müssen nicht antworten, aber dieser Vorfall bei der Beisetzung? War seine Schwärmerei doch ernster?"

„Sie waren da?"

„Ja, natürlich."

„Nein, das war ... ein schreckliches Missverständnis."

„Verstehe. Na gut, unter diesen Umständen, das ist ja auch wirklich eine entsetzliche Erschütterung für seine arme Witwe, und eingedenk seiner Verehrung für Sie ..."

„Von der mir nichts bekannt war."

„Ach?" Krill zog verwundert die Augenbrauen hoch. „Wie? Was wollen Sie denn damit sagen, dass er Ihnen auch meine Komplimente nicht ausgerichtet hat?"

„Offen gestanden, nein. Ich weiß auch gar nicht ..."

„Moment", sagte Krill, beugte sich vor und bat mit einer Geste um Nachsicht. „Bitte. Sie haben es fertiggebracht, ganz allein, ohne unseren internationalen Riesenapparat an Research und Development, eine Galenik zu entwickeln, die unserer in nichts nachsteht. Das ist phantastisch, unfassbar, genial."

Bea versuchte zu sortieren, was sie gerade gehört hatte, während Krill fortfuhr.

„Ich habe mir das angesehen, ich war absolut beeindruckt, und ich habe Patrick dringend gebeten, Ihnen meine Hochachtung auszurichten. Und das hat der nicht gemacht?"

„Nein."

„Mh." Krill sah sie skeptisch an. Er sah auch die kleine Frau im Businesskostüm skeptisch an. Erst sein Blick zu ihr erinnerte Bea, dass sie überhaupt da war. Ein Photonengespenst. Kaum beachtete man sie nicht, löste sie sich auf. Albert, Heisenberg und Schrödinger hätten ihre helle Freude an dieser wandelnden Unschärferelation gehabt.

Krill sah wieder Bea an, und schon war die kleine Frau wieder weg.

„Verstehe ich nicht", sagte er.

„Ich auch nicht", sagte Bea. „Ich weiß nur, dass Patrick meine Galenik kaufen wollte, für 500.000 Euro. Das hat mein Mann abgelehnt."

Krills Blick war jetzt aufrichtig verdutzt. Er schüttelte den Kopf.

„Davon weiß nun wieder ich nichts. Was ist denn das für eine Geschichte? Ihr Mann und Patrick waren ebenfalls befreundet?“

„Ja.“

Die Tür wurde von außen geöffnet. Die hochgewachsene Lisa stellte ein Tablett zwischen Krill und Bea ab, zwei Gläser Hafermilchkaffee, ein Glastellerchen mit Keksen und Pralinen, lächelte und entschwand wieder. Bea wandte den Blick nicht von Krill, während der nur kurz Lisa ansah und dann nachdenklich das Tablett mit Keksen und Kaffee drauf. Er schien sich tatsächlich keinen Reim auf das machen zu können, was er gerade gehört hatte, und seinem Blick nach ertrug er solche Rätsel und Dissonanzen genauso wenig wie Bea.

„Warum wollte er Ihre Galenik denn kaufen?“

„Ich weiß nur von Hannes, dass Patrick sie vermarkten wollte. Er hatte ja recht, BBOS hätte ein verträglicheres Mittel gegen Schuppenflechte auf den Markt bringen können als die Konkurrenz.“

„Aber das hatten wir doch nie vor.“

„Nein, Sie hatten Arliuthan vor.“

„Eben. Und genau dafür hatten wir auch die Galenik entwickelt.“

„Sie selbst?“

„Unsere Forscher, ja. Ich wusste nur nicht, dass Sie dasselbe entwickelt haben.“

„Aha.“

„Bis Patrick es mir gesagt hat. Daraufhin wollte ich Sie kennenlernen.“

„Wann war das?“

„Oh. Sie fragen mich Sachen.“ Krill lächelte. „Sechs Wochen her? Vielleicht auch acht? Aber wenn ich Sie richtig verstehe, hat Patrick Sie ja nie informiert?“

„Nein.“

Krill schüttelte den Kopf. „Wie gesagt, das verstehe ich nicht. Sehen Sie ... Wir kennen uns nicht. Aber alles, was ich mache, was BBOS macht, hängt ab von Respekt, Vertrauen und Wertschätzung. Unseren Kunden gegenüber, den Patienten, und unseren Mitarbeitern gegenüber."

Bea nickte. Krill sprach ihr aus der Seele.

„Wir haben, wem sage ich das, ebenso wie Sie, mit dem wichtigsten Gut zu tun, das es überhaupt gibt – mit der Gesundheit. Wir sind in der gleichen Situation wie Sie – auch wenn wir, zugegeben, minimal größer sind."

Bea erwiderte sein kurzes Lächeln.

„Primum non nocere – das gilt hier im Besonderen. Sie und ich, wir müssen perfekt arbeiten. Wir können uns keine Fehler erlauben. Wir müssen konzentriert sein, wachsam und skeptisch uns selbst gegenüber. Wir müssen echte Lösungen finden für hochkomplexe biochemische Wirkungen und Wechselwirkungen. Erwünschte Wirkung maximieren, Nebenwirkungen minimieren, so weit es irgend geht. Ganz gleich, ob wir eine einfache Salbe herstellen, ein Mittel gegen Schuppenflechte oder eines gegen MS. Das ist eine dauernde Herausforderung, aber deshalb liebe ich meinen Job: wenn wir lange genug hart arbeiten, ist unser Lohn die Wiederherstellung der Gesundheit anderer."

Bea nickte abermals.

„Aber", sagte Krill, „es geht nicht nur um Respekt dem Erkrankten gegenüber. Es geht auch um Respekt vor dem Fleiß und der Genialität unserer Forscher. Und wenn zufällig zwei auf die gleiche geniale Idee kommen, dann kann nicht nur der eine davon profitieren. Dann gebietet der Respekt, dass man auch den anderen entlohnt. Oder die andere. Also Sie."

Bea sah ihn fragend an.

„Deshalb wollte ich Sie kennenlernen. Deshalb mein symbolisches Angebot."

„Das ich nicht kenne."

„Was mich überrascht. Oder schockiert, offen gestanden. Denn ich dachte, als sie mich anriefen, dass es genau darum geht."

„Nein. Ich wollte Sie nur kennenlernen und verstehen, wieso Sie meine Galenik verwenden, ohne mich zu fragen."

„Das tun wir nicht. Wir verwenden unsere eigene Galenik. Dass Sie die ebenfalls entwickelt haben, wusste ich ja nur durch Patrick. Deshalb hatte ich ihn gebeten, Ihnen als Anerkennung die 250.000 Euro anzubieten."

Bea schwieg. Patrick hatte Hannes 500.000 als „Hausnummer" avisiert, ohne Arliuthan auch nur zu erwähnen, obwohl Krill ihm lediglich 250.000 angeboten hatte? An Krills Darstellung klang dummerweise nichts falsch, falsch klang nur alles andere. Auch die Zahl, die Patrick Hannes genannt hatte.

„Und Sie wollten", sagte Bea, „dass ich danach meine Fumarsäurekapseln nicht mehr herstelle?"

„Aber nein." Krill schüttelte den Kopf, verwundert. „Wie kommen Sie denn darauf? Wir sind keine Konkurrenten, Frau Hertz. Ich wollte nur Ihre Leistung anerkennen."

„Das ist…", sagte Bea, ebenfalls verwundert, und musste sich eingestehen, dass Sie nach Lage der Dinge gar nichts anderes sagen oder meinen konnte als: „Sehr freundlich."

„So war es auch gemeint", sagte Krill, hängte aber fast unmittelbar ein „Hm" an. Unzufrieden. Aber nicht unzufrieden mit Bea, sondern mit sich selbst, offenkundig. Bea fühlte mit ihm, und das vollständig. Er sprach ihren Gedanken aus.

„Das ist mysteriös", sagte Krill.

Bea nickte.

„Und ich muss mich entschuldigen, auch wenn ich selbst nicht die Schuld an diesem Missverständnis trage. Sehr sonderbar."

„Allerdings, ja."

„Aber Sie sehen mir bitte nach, dass ich diesbezüglich… gar nicht spekulieren will. Weshalb Patrick Sie über die Tatsachen im Unklaren gelassen hat. Nur… Wenn Patrick Ihre Galenik für 500.000 kaufen wollte, ohne mein Placet, dann müsste er andere Absichten gehabt haben als ich. Denn selbstverständlich ist auch eine schmutzige Lösung denkbar, sofern man auf Respekt keinen Wert legt. Wann haben Sie die Galenik schützen lassen? Ungefähr?"

„2017."

Krill nickte. „Dann waren Sie wohl sogar etwas schneller als wir. Wir sind erst 2018 drauf gekommen." Krill sah sie nachdenklich an. Und Bea verstand, was er dachte. Er sprach es trotzdem aus, dankenswerterweise. „Sehen Sie mir die Offenheit nach. Sie hätten ja klagen können, aber das hätten Sie vermutlich nicht getan."

„Vermutlich nicht. Weil ich mir keinen Anwalt für fünf Millionen leisten kann."

Krill bestätigte ihre realistische Einschätzung mit einer sehr dezenten Geste des Bedauerns. „Wohl wahr. BBOS hat aber durchaus Konkurrenten, die genau das können. Und hätte einer von denen die Galenik unseres neuen Präparates bereits vorher besessen, also von Ihnen gekauft, nachweislich, wäre das hinsichtlich der Markteinführung von Arliuthan sicher zumindest problematisch gewesen. Und sehr teuer, denn jeder Tag Verzögerung hätte uns viel gekostet."

„Damit unterstellen Sie Herrn Hillert aber ein gehöriges Maß an krimineller Energie."

Krill lächelte, dann schüttelte er den Kopf – über sich selbst. „Sie haben recht. Zumal all diese Überlegungen völlig gegenstandlos sind, denn Patrick hat bestimmt nichts dergleichen getan. Also, bitte. Lassen wir die Spekulationen sein, es wird sich ja nicht mehr aufklären lassen. Und es gehört nicht hierher. Es gehört auch gar nicht zwischen uns. Sie denken bitte einfach darüber nach, was Sie von meiner nun endlich, deutlich verzögert eingetroffenen Respektsbezeugung halten, besprechen das gern mit Ihrem Mann, den Sie unbekannterweise herzlich von mir grüßen. Und dann telefonieren wir. Und reden weiter. Oder stoßen zusammen mit Ihrem Mann und meiner Frau mit einem Glas Ruinard an."

Krill erhob sich.

Bea tat es ihm nach.

„Bei der Gelegenheit“, lächelte Krill, „rechnen Sie dann aber bitte mit einem zusätzlichen Antrag meinerseits, denn auch den hat Herr Hillert ihnen ja offenkundig nicht ausgerichtet.“

„Ich bin schon verheiratet.“

„Ich auch“, lachte Krill. „Mein Antrag wird Sie aber hoffentlich erfreuen, er wird rein platonischer Natur sein, Sie sollen nur meinen Chemikern helfen. Sehen Sie mir das nach. Es gibt viele fleißige Chemiker, aber wenige geniale, und wenn ich Genialität sehe, mache ich ihm ein Angebot. Beziehungsweise ihr.“

Er reichte Bea die Hand.

Bea nahm sie.

Natürlich war die Hand perfekt temperiert und der ausgeübte Druck perfekt ihrer eigenen Hand angepasst. Und natürlich ließ Bea sich gern Genialität attestieren. Zum Glück hatte Krill ihr keinen bereits vorbereiteten Vertrag neben den Hafermilchkaffee gelegt, denn Bea machte sich nichts vor. Den Vertrag hätte sie vermutlich unterschrieben, ohne ihn zu lesen.

16

Hannes war schon direkt nach dem Verlassen der Hafen City bewusst gewesen, dass Bea an diesem Morgen die schönere Aufgabe zugefallen war, aber seine dennoch verbliebene sonnige Stimmung legte sich auf dem Weg zum Ziel meterweise und war spätestens mit Erreichen der Hafenrandstraße restlos verflogen. Dieser Teil von Wilhelmsburg, rechts und links des Reiherstieges, lag unverändert weit entfernt vom immer *hipper* werdenden Teil des Viertels, weit entfernt von internationalen Gartenausstellungen, Algenfassaden und energiepassiven Hausbooten. Am Ernst-August-Deich wohnte jedenfalls nur, wer keine andere Wahl hatte, und in die Reihe der vor den abgeplatzten Fassaden geparkten Autos fügte Hannes' SUV sich so dezent ein wie Elton John zwischen zwanzig Bergarbeiter. Zu Hannes' Erleichterung befand sich aber das angegebene Mietshaus zumindest in Sichtweite.

Als er die Haustür erreichte, nahm seine Erleichterung sogar noch zu. Denn ausweislich der handbeschrifteten Klingelreihe im Haustürrahmen wohnte B. Smuda im Erdgeschoss. Rechts. Was praktisch war, weil die Wohnung und deren vorderes Fenster direkt neben der Haustür lagen, und noch praktischer, weil Hannes so nur einen Schritt zur Seite machen musste – und hindurchschauen konnte von der Straße bis in den Hinterhof.

Keine Gardinen. Keine Möbel. Leere Wände.

B. Smudas Wohnung war ganz eindeutig unbewohnt.

Die Haustür scharrte von links mit leisem metallischem Wetzen über Steine, Hannes wandte den Blick und sah eine kleine Frau aus dem Haus treten. Leicht gebückt, weiße Windjacke über Blümchenkittel und Trainingshose, an den Füßen ein Sneaker links und ein Croc-Schuh rechts, über einer Bandage. Fusselige weißblonde Haare, halblang, maskulin licht am Hinterkopf. In den Händen hielt die Fusslige zwei Lidl-Tüten, eine links, eine rechts. Das erschien Hannes spontan falsch, weil man doch Lidl-Tüten normalerweise in Häuser trug, nicht hinaus, aber er unterdrückte problemlos seine Neugierde, was die Frau da wohl gerade wegtransportierte. Sie war bereits einen Schritt vom Haus weggetreten, als sie seinen Blick in ihrem Rücken bemerkte. Das Gesicht, das sie Hannes zuwandte, war sicher kein Geschenk des Himmels gewesen, aber sie gab sich erkennbar auch nicht viel Mühe, daran mit verlogenen Tricks wie Pinzetten oder Rasierapparaten oder Make-up herumzumanipulieren.

„Entschuldigung", sagte Hannes. „Hallo ..."

Die Mundwinkel der Fussligen sackten nach unten, als hätte man in ihrem Hals Fundamente kontrolliert gesprengt. Hannes musste unwillkürlich an Nussknacker denken, an die

Augsburger Puppenkiste und an Angela Merkel nach einem ganz miesen Vier-Augen-Termin mit Trump, aber der aggressive Blick von vorn bekam in diesem Moment zusätzlich Gesellschaft von rechts. Ein kleiner Mann war aus dem dunklen Hausflur aufgetaucht wie aus dem Nichts und stand nun direkt neben Hannes. Ein Klischee auf Beinen. Tattoos, Unterhemd, Zigarette im Mundwinkel, schlecht rasiert. Hannes rechnete mit Bulgarisch und hoffte auf erkennbare heimatsprachliche Schnipsel.

„Moin“, sagte der Mann. Akzentfrei norddeutsch.

„Äh, moin. Ich suche Frau Smuda?“

„Jo, nee. Such woanders.“

„Wohnt die nicht hier?“

„Nö.“

„Hat sie aber?“

„Joh.“

„Weggezogen?“

„Joh.“

„Wissen Sie, wohin?“

„Nö.“

„Ich bin nicht von der Polizei.“

„Ja, und?“

„Wann ist denn Frau Smuda ausgezogen?“

Die Fusslige gab einen verächtlichen Laut von sich, zum Glück nicht in Hannes’ Richtung, sondern Richtung Nordbulgarien. „Pffrr. Sach ich doch, kaum is die wech, stehn sich hier die Freier die Füße inn Bauch, die Nutte.“

„Hä?“, sagte der Nordbulgare. „Wasn das für ’ne Logik?“

„Meine.“

„Wo warn denn hier vorher Freier?“

„Sach ich ja. Aber jetzt.“

„Hä? Bist du bescheuert? Die wärn ja wohl dann hier gewesen, als die auch noch da war, und wieso war das jetzt ’ne Nutte, seit wann das denn?“

„Seit schon immer.“

„Du hast doch nur was am Kopp.“

„Du hast nur keine Augen im Kopp."

„Du bist einfach scheißenstutenbissig, fertig."

„Ja, weil, du bist ja voll der Schecker. Gerade bei Frauen bist du voll der Schecker."

„Hab ich doch gar nicht gesagt, ich hab nur gesagt, wo war das 'ne Nutte!"

„Ja! Sag ich ja!"

Hannes wusste schon im Moment, in dem er sich räusperte, dass er einen Fehler machte. Aber er konnte aus doppeltem Grund nicht anders, denn erstens hatte er das Gefühl, durch jede neue Antwort des dargebotenen Dialogs fünf IQ-Punkte bleibend zu verlieren, und zweitens hatte er das Gefühl, dass der Hinweis auf weitere männliche Besucher der offenbar jüngst und eilig Ausgezogenen vielleicht nicht völlig unbedeutend war.

„Andere ... Männer?"

Die Fusslige sah ihn an, als bemerke sie ihn erst jetzt. Und zwar unter ihrer Schuhsohle. Ihr Urteil fiel jedenfalls schnell, ihre Entscheidung auch. Ihr Blick sprach Bände, ihr Mund fasste das Ergebnis wesentlich kürzer zusammen.

„Ich find den scheiße", sagte sie.

„Ich auch", sagte der Nordbulgare.

Hannes' Freude über die Versöhnung der beiden hielt sich in Grenzen, denn die Fusselköpfin ordnete an: „Voll neugierig, nervt. Hau dem mal auf die Fresse."

Der Nordbulgare nickte.

„Muss ja nicht sein", sagte Hannes und griff sich in die Jackentasche. Das war allerdings keine so gute Idee, denn der Nordbulgare hatte diese Bewegung wohl schon öfter gesehen und verband damit offenbar nichts Gutes. Er setzte sich viel zu rasch in Bewegung, aber Hannes war sogar noch schneller, machte einen Schritt zurück und hielt seine Brieftasche hoch.

„Langsam", sagte er. „Sie sind Freunde von Frau Smuda, ich vertraue Ihnen, und mein Freund Patrick hat nicht gern Schulden."

Der Nordbulgare sah Hannes verdutzt an, während dieser sein gesamtes Bargeld aus der Brieftasche zupfte. Zehn Fünfziger, immerhin. Er steckte die Brieftasche rasch wieder ein und hielt dem Bulgaren die Scheine hin.

„Falls sie wieder auftaucht. Mit bestem Gruß von Patrick. Und richten sie ihr meinen Dank aus. Sie soll mich bitte anrufen, Martin schuldet ihr auch noch was, ist aber gerade knapp bei Kasse."

Hannes klopfte sich auf die Taschen, suchend, und kommentierte das sicherheitshalber, um kein weiteres Missverständnis heraufzubeschwören. „Warten Sie, ich habe bestimmt einen Kugelschreiber..." Zum Glück hatte er den tatsächlich, in der Innentasche, und in seiner Brieftasche fand sich ein recyclingfähiger Einkaufs-Post-it-Zettel. Hannes notierte auf die Rückseite seine Festnetznummer, unter dem unentschlossenen Blick des plötzlich 500 Euro reicher gewordener Nordbulgaren.

„Patrick musste überraschend weg, über Nacht. Die Gründe lassen wir mal weg."

Die Bemerkung kam erfreulich gut an.

„Jo", sagte der Nordbulgare. „Ansteckend, wie das aussieht."

Hannes nickte. „Hat mich gebeten, ihr das zu geben. Und ihr zu sagen, dass er sich so schnell wie möglich meldet. Aber das geht ja jetzt nicht."

„Nee."

„Ja. Scheiße. Und was sag ich dann Martin?"

„Wie, Martin?"

„Der schuldet ihr auch noch was."

„Keine Ahnung." Der Nordbulgare wandte sich der Fussligen zu. „Pavel hat sich auch verpisst, oder?"

„Die ham sich alle verpisst, die Scheißpolen."

„Der eine nicht, der ist tot."

„Ja, besser is das."

„Hä, der war doch voll okay?"

„Pavel?", sagte Hannes.

„Der hat hier ausgeräumt. Frag den.“

„Okay.“

Hannes nickte. Natürlich brauchte er jetzt Pavels Nummer. Aber er bemerkte auch den Blick der Fussligen. Die auf genau diese Frage wartete wie eine Lunte aufs Streichholz. Und Hannes sah in ihren harten kleinen Augen, dass am anderen Ende ein Paket TNT stand mit genug Potential für einen Flug Richtung Intensivstation.

Er nickte ein weiteres Mal.

„Okay. Danke. Meine Nummer haben Sie ja. Danke für Ihre Hilfe.“

Er wandte sich ab und ging.

„Da nich für“, sagte der Bulgare zu seinem Rücken.

Die Fusslige beließ es bei einem „Hmpf“, und Hannes entnahm dem enttäuschten Klang, dass sie sich schon mordsmäßig auf das Eintreffen seines Krankenwagens gefreut hatte. Er schaffte es nur mit Mühe, weiter souverän auf sein Auto zuzugehen und nicht zu rennen.

17

Er hörte seiner Frau immer noch gern zu. Er hatte ihr immer gern zugehört. Er hatte sie auch immer gern angesehen, von Anfang an. Natürlich. Er war ja nicht blind. Allerdings hatte er, als sie vor nun schon 25 Jahren zum ersten Mal in seiner Apotheke gestanden und sich beworben hatte, nicht im Traum daran gedacht, dass er den Rest seines Lebens mit ihr verbringen würde. Er war damals, jedenfalls nach seiner eigenen Einschätzung, so zirka die unattraktivste Partie der Welt gewesen, Vater dreier noch sehr kleiner Kinder und frisch geschieden. Er hatte damals nichts weiter gehabt als Sorgen und Schulden, ohne Aussicht auf Besserung. Aber die junge Studentin, die als Bewerberin für das von ihm angebotene Pharmaziepraktikum in seine Apotheke und in sein Leben getreten war, hatte sich als wahres Wundermittel erwiesen – biomedizinisch übersetzt als Beseitigerin aller seiner Regulationsblockaden.

Er hatte sie eingestellt. Sie hatte unbeeindruckt losgelegt. Aber nicht nur das. Sie hatte auch ihn, ohne es zu wissen, neu motiviert, sich selbst aus dem gefühlten Status „unattraktiv" herauszuarbeiten, und zwar möglichst schnell. Denn auch wenn er anfangs gar nicht ernsthaft darüber nachgedacht hatte, mit diesem wunderbaren Energiebündel zusammen sein zu wollen, hatte sie ihn doch gründlich animiert, aus dem Status „leidgeprüft am Nullpunkt" schleunigst wieder herauszufinden. So waren sie ein gutes Team geworden. Und Freunde. Beides so vielbeschäftigt, gründlich und so erfreulich, dass ihnen beiden gar nicht richtig aufgefallen war, dass sie sich obendrein ineinander verliebt hatten. Zum Glück hatten sie das aber dann doch irgendwann kapiert und waren sogar schon erwachsen genug gewesen für die Einsicht, dass man gar nichts Besseres heiraten kann als einen guten Freund, der gleichzeitig ein guter Partner ist und neben dem man gern schläft und aufwacht.

Hannes hörte Bea immer noch gern zu. Sogar wenn sie, was nicht allzu oft vorkam, vollkommen unkritisch begeistert war. Von etwas. Oder jemand, wie in diesem Fall. Und doch, bei aller Liebe: Noch bevor die zum Mittagscurry bestellten Getränke auf dem flachen Thaitisch zwischen ihm und Bea abgestellt wurden, sah Hannes sich genötigt, seine strahlschwärmende Bea zu bremsen und freundlich zu unterbrechen.

„Entschuldige, aber du klingst, als wärst du sechzehn und hättest eben David Cassidy getroffen."

Bea lachte. „Der war eher zu deiner Zeit, weit vor meiner. Aber den hätte ich eh nicht so gut gefunden, zu klein. Krill ist ja mehr eine Mischung aus jungem Mats Wilander und John Travolta. Hach. Und dann auch noch klug, charmant…"

„Und reich."
„Auch."
„Und schon hüpft dein scharfer Verstand trällernd davon, der Sonne entgegen."
„Du bist fies!"
„Nein, sachlich. Das geht mir eindeutig zu schnell, Brauseli ..."
„Nenn mich nicht Brauseli."
„Es kann doch nicht sein, dass du dich nach nur einem Termin festlegst und unsere ganze Theorie beerdigst."
„Deine."
„Das ist eine sehr gefährliche Form von experimenteller Verblindung."
„Das ist eine sehr hilfreiche Form von Logik, Gefühl und Menschenkenntnis."
„Du hast überhaupt keine spontane Menschenkenntnis, du bist blau."
„Du hast auch keine, du bist rot."
„Stimmt. Ich sage ja aber auch nicht, dass *ich* Menschen sofort einschätzen kann. Meine Instinkte sind genauso wacklig wie deine, aber ich kann Gefühle ..."
„Du kannst sogar Eifersucht, das finde ich ganz bezaubernd."
„Ich bin nicht eifersüchtig. Ich weise nur ..."
„Doch."
„... darauf hin, dass wir völlig selbstverständlich davon ausgehen, dass wir tatsächlich gut spontan Leute einschätzen *können*. Gerade blau. Blau ist ja schlau."
„Das ist wahr."
„Und genau daraus entsteht dann die Falle. Denn zurückblickend müssen wir zwei ja oft zugeben, *Mh, wenn ich ehrlich bin, hab ich meine spontane Einschätzung von Leuten doch recht oft korrigiert. Fand ich aber immer positiv, ganz toll von mir, ich bin eben lernfähig.*"
„Stimmt doch. Positiv."
„Total. Aber, hallo, Blau? Das bedeutet doch auch, dass deine Soforteinschätzung oft komplett *falsch* war."

„Mh."

„Du kannst Menschen gut einschätzen, stimmt, aber erst dann, wenn dir ausreichend Informationen aus Beobachtung vorliegen. Bis dahin bist du eigentlich total blind. Dein spontaner Eindruck ist allenfalls zufällig richtig, du könntest bei neuen Bekanntschaften genauso gut eine Münze werfen, auf deren Kopfseite ‚nett' steht und auf deren Zahlseite ‚psycho'."

„Hm."

„Deshalb gilt für uns beide: Vor der Herausgabe von Kontodaten oder Schlafzimmeradresse auf die Eindrücke 2–12 warten." Hannes unterbrach sich selbst, lachte und klopfte mit der flachen Hand auf den Tisch. „Mensch, das hätte *mir* ja wohl auch mal einer vor dreißig Jahren sagen können, dann hätte ich nicht erstmal begeistert eine andere geheiratet, sondern direkt auf dich gewartet."

„Du bist süß."

„Stimmt! Aber das wusstest du auch nicht sofort!"

„Doch!"

„Dann hast du Glück gehabt beim ersten Münzwurf!"

„Na gut", sagte Bea. „Dann habe ich eben keine Menschenkenntnis. Aber Verstand und Logik. Und beide sagen mir sehr laut, dass Krill nichts mit Patricks Tod zu tun gehabt haben *kann*. Entschuldige mal, er spielt mit komplett offenen Karten, obwohl er das nicht müsste. Und dann entwickelt auch noch *er selbst* Verschwörungstheorien! Er hat laut nachgedacht, und er hat ja recht – wenn überhaupt, hat Patrick irgendein krummes Ding vorgehabt, aber was genau, das weiß Krill doch selbst bis heute nicht. Also, falls Patrick da an die falschen Leute geraten ist, dann garantiert an andere. Krill *kann* damit doch gar nichts zu tun haben."

„Außer!"

„Na, jetzt bin ich gespannt."

„Außer er weiß alles und wickelt dich ein, indem er so *tut*, als käme er überhaupt erst durch dich auf den Ansatz einer Verschwörungstheorie!"

Bea konnte nicht anders. Sie blies die Wangen auf und ließ die Luft sehr langsam wieder entweichen, mit einem leisen Geräusch, das alles andere als zustimmend klang. Sollte es auch.

Zum Glück verzog Hannes selbst skeptisch den Mund. „Na gut, ich sehe ein, dass das schon in meinem Kopf nicht besonders gut klang, aber ausgesprochen ... erst recht nicht."

„Danke."

Hannes' auf dem Tisch liegendes Smartphone klingelte. Hannes sah aufs Display, hocherfreut, und drückte auf die Empfangstaste. „Albert, dich schickt der Himmel." Er legte das Smartphone zurück auf den Tisch und schaltete den Lautsprecher ein. „Ich stehe unter massivem Druck durch Frau Ex-Sherlock, die unter einer Charmeoffensive zu kapitulieren droht. Danke, dass du genau *jetzt* meine Verschwörungstheorie mit überraschenden neuen Informationen rettest."

„Was?"

„Schieß los. Beweise gegen Krill."

„Ganz im Gegenteil, aber vorher, Herrschaften, was für ein Chaos, ich verliere den Überblick, und das will was heißen, der Reihe nach, aufsteigend von unwichtig ... ich habe doch noch ein paar gespeicherte SMSen gefunden, von diesem Hillert. Auch an dich. War der eigentlich mental gehandicapt? Oder nur tendenziell Karnevalsfreund und dauerwitzig?"

„Na, sagen wir mal ... Launig und gesellig, als Vertreter hilft das ja generell ..."

„Sellerie statt C´est la vie? Da bin ich dekor? Zement mal? Und exklusiv für dich waren immer die blöden Buddha-Witze, ‚Das Ziel ist im Weg', ‚Die Grille spuckt nicht auf den Stein, der auf ihr liegt', ‚Ooomm hat im Deutschen einen Artikel, aber nicht Das', ‚Einhandklatschen kann jeder, hilft gegen die eigene Stirn'?"

Hannes lachte. „Ja, das mochte er."

„Was soll das sein? Zen-Buddhismus? Monty Python?"

„Da besteht ja eine gewisse Verwandtschaft."

„Fürchterlich. Gut, dass ich den nicht kannte. Aber egal. Und, nein, um deine Frage zu beantworten, ich habe keine Hinweise auf deine Verschwörungstheorie gefunden, aber viele dagegen."

Bea nickte, und ehe sie sich auf die Zunge beißen konnte, rutschte ihr das „passt" heraus. Hannes sah sie verletzt an.

„Und", sagte Albert von der Tischmitte aus, „Hinweise auf eine viel bessere. Das wird euch aber nur bedingt helfen, ich mache es kurz. Ich habe mich ein bisschen verlaufen, auf den Festplatten und im Netz, natürlich, das ist ja alles sehr reizvoll und am Ende sehr einfach. Euer Freund Hillert hat weit über seine Einkommensverhältnisse gelebt, teure Reisen, teure Autos, teure Hausfrau. Das Haus zur Frau sieht auch sehr gut aus."

„Bekannt", sagte Hannes,

„Quelle der Extras war Hillerts Schwiegervater, denn der hat mehr als genug Geld. Sandra hieß vorher Hellmann, Holger Hellmann hat 180 Angestellte, Bauunternehmer."

„Alles bekannt", sagte Hannes.

„Dazu hat dein Freund Patrick sehr viele Infos gesammelt, Ordner ‚Hellmann'. Große Projekte. Zuletzt ein echter Coup, die Europaklinik, überraschend. Zuständig für die Vergabe des Auftrages, bei der Behörde: Fritz Struck. Merken. Hintergrundinformation dazu, nur teilweise hypothetisch: Euer Kalauerfreund Hillert hat sich vor erst sechs Jahren nach oben geschlafen, sprich die Tochter eines reichen Mafia-Bauunternehmers geschwängert. Hochzeit überstürzt, das erste Kind ist zwei Monate nach der Trauung zur Welt gekommen. Vater Hellmann, Firmenboss, Patriarch, Don Corleone, mutmaßlicher Beamtenbestecher liebt seine einzige Tochter abgöttisch, weiß aber auch, dass sie nicht die hellste Birne in der Sonnenbank ist: hübsch, nett, naiv. Der Vater respektive Pate fand den neuen alten Schwiegersohn von Anfang an widerlich, Karneval und Kalauer hat der bestimmt auch gehasst. Sprung nach vorn, 2019: Auftritt Polen. Beata und ihre Brüder. Sie baggert

Schwiegersöhnchen an, aber nicht, weil sie auf alte Säcke steht, sondern auf Geldsäcke. Vermutlich waren ihre Brüder schwarz auf Hellmanns Baustellen, da kriegt man ja eine Menge mit, auch Gerüchte, auch und gerade sicher bei der Europaklinik. Patrick verquatscht sich oder gibt Beata gegenüber an mit belastenden Unterlagen, war ja nicht umsonst Hardcore-Sammler, Beata setzt ihm die Pistole auf die Brust, ‚entweder ich beende deine Ehe, oder wir holen uns mal 'ne Million von deinem korrupten Schwiegervater'. Patrick setzt also jetzt Hellmann die Pistole auf die Brust, aber Patenpapa löst das ganz anders als gedacht, der setzt nämlich Polenbruder Piotr die Pistole an den Kopf, tot, der geschmierte Amtsrentner Struck geht sicherheitshalber gleich mit in die Grube, auch tot. Deshalb der RIP-Ordner auf Patricks Platte, Hannes, du erinnerst dich: Piotr, Bruder, und Struck, Amtsleiter in Frührente. Fehlt zu Hellmanns eigener Ruhe nur der ungeliebte Schwiegersohn, aber der ist ja kurz danach auch tot. Fall gelöst."

Albert schwieg. Kurz. Dann ergänzte er. „Nichts zu danken."

Passenderweise wählte die freundliche Thai-Kellnerin diesen Augenblick, um die bestellten Currys vor Bea und Hannes abzustellen. Bea dankte mit einem Nicken – und füllte sich schweigend Reis und Curry auf den Teller. Hannes tat nichts dergleichen. Er schwieg das Smartphone für einen Augenblick an, verschränkte dann trotzig die Arme vor der Brust und beugte sich vor.

„Verglichen damit ist meine Verschwörungstheorie ja regelrecht naheliegend."

„Nein", sagte Albert. „*Meine* Theorie ist simpel und berücksichtigt sowohl die Fakten als auch das Wesen des Menschen. Deine ist weit hergeholter Gefühlsunsinn."

„So ein Quatsch, meine ist logisch! Bei deiner wäre Hillert doch nicht im Krankenhaus gestorben!"

„Doch. Das war ja ein natürlicher Tod."

„Ach, Unsinn!"

Bea schwieg. Das Curry war vorzüglich.

„Ach, Mann“, sagte Albert, jetzt ebenfalls lauter. „Hannes, du drehst dich doch im Kreis! Wie alle schlechten Wissenschaftler!“

„Jetzt werd mal nicht unver…!“

„Das ist *Bias* in Reinkultur! Du ignorierst alle Fakten, die nicht zu deinem gewünschten *Ergebnis* passen, und gehst immer noch von deiner ursprünglichen Arbeitshypothese aus. Die aber basiert einzig und allein auf einer falschen Prämisse, und zwar: Hillert ist im Krankenhaus umgebracht worden. Wenn du daran festhalten willst, na, bitte. Aber dann bist du immer noch ‚auf Start‘, und dir bleibt weiterhin nichts anderes zu tun als: Finde den Mörder im Krankenhaus. Sobald du das geschafft hast, brauchst du aber gar keine weiteren wilden Theorien mehr, denn dann kannst du den ja *fragen,* warum er das gemacht hat oder wer ihn beauftragt hat. So geht's doch auch. Dann mal viel Spaß. Aber ich, mein Freund, nimm's mir nicht übel, es war nett gemeint, *ich* bin jetzt mal raus. Und guten Appetit.“

Klack.

Hannes wich tatsächlich zurück. Empört. Als hätte Albert ihm eine Tür vor der Nase zugehauen. Bea sah ihn an und genoss seelenruhig weiter ihr Curry.

„Probier mal“, sagte sie. „Es wird kalt.“

„Spinnt der?“

„Ach, sei ein bisschen nachsichtig. Er ist halt stolz und stur, da habt ihr was gemeinsam.“

Hannes begann, sich Reis und Curry auf den Teller zu schaufeln. Energisch. „Th. Es ist erstens logisch, und zweitens kann ich mich auf meinen Instinkt ja wohl meistens verlassen.“

„Sei mir nicht böse, aber du bist eher gefühlsstark als instinktstark.“

„Ja, das fehlt mir jetzt noch! Du bist im Backfischmodus, seit dieser Krill dir den Kopf verdreht hat, Albert phantasiert sich was zusammen, nur weil er Hillert blöd findet und keine Kalauer mag. Das sind ja mal hervorragende Voraussetzungen für die sachliche Aufklärung eines Mordes.“

Hannes begann zu essen. Ebenso energisch, wie er sich den Teller vollgeladen hatte.

„Na gut", sagte Bea. „Aber da hat Albert recht..."

Hannes kaute noch ein bisschen energischer.

„... wenn du herausfindest, wer Patrick im Krankenhaus das Kissen aufs Gesicht gedrückt hat, hast du deinen Fall gelöst. Alle anderen Wege sind schwieriger. Oder unmöglich."

„Na schön, dann beauftragen wir zwanzig Privatdetektive und lassen das Privatleben aller Ärzte, Pfleger und Schwestern ausleuchten."

„Super Idee", sagte Bea und lächelte. „Und dafür verzichten wir dann auf unsere nächsten zwanzig Urlaube?"

Hannes kaute. Energisch. Und dachte. Energisch. Wie Bea an der immer tiefer werdenden Falte zwischen seinen Augenbrauen erkennen konnte. Dann hörte er auf zu kauen, griff nach dem Smartphone und begann, eine Nachricht zu tippen.

Bea wartete.

„Maulwurf", sagte Hannes, tippend. „Gerüchteküche. Auch wenn er feige ist und bequem. Aber er mag mich, und noch viel lieber mag er Wein und Whisky."

Er drückte auf „senden", legte das Smartphone weg und sah Bea an. Aus entschlossenen, ernsten, aber auch fast traurigen Augen. „Ob ich das überlebe, weiß ich nicht. Ich werde mit ihm essen gehen müssen. Und erst recht trinken. Und das wird spät. Thilo will doch nie nach Hause."

„Überleg dir das", sagte Bea, aufrichtig besorgt. Sie und Hannes lebten im Interesse des eigenen Wohlbefindens nach strengen, festen Regeln, allabendlich um 21 Uhr wurde meditiert, um 22 Uhr gingen WLAN und Licht aus, um fünf Uhr dreißig morgens wurde der neue Tag mit Sonnengruß, Qi Gong, Meditation und Gymnastik begrüßt. Zwar trank Hannes gern Rotwein, aber zwischen Sonnenuntergang und 21 Uhr konnte diesbezüglich zu keiner Jahreszeit irgend etwas lebergefährdend schiefgehen.

„Man muss Opfer bringen", sagte Hannes.

„Versuch doch, ihn schon vor acht abzufüllen und geschwätzig zu machen. After-Work-Wodka, und du trinkst einfach... Wasser?“

„Vermutlich hat er eh keine Zeit“, sagte Hannes.

Sein Smartphone signalisierte brummend den Eingang einer Nachricht. Hannes sah hin, las, und seine Miene verdüsterte sich.

„Keine Zeit?“, sagte Bea.

„Heute ist super!“, las Hannes vor. „Atletico-Bayern, Sportsbar Lämmertwiete, halb neun, freu mich! Wird voll. Ich auch. Bis nachher!“

„Na“, sagte Bea und scheiterte beim Versuch, gelassen zu klingen. „Das kann ja heiter werden.“

18

Ja, manchmal muss man Opfer bringen. Bea betrachtete ihren schlafenden Mann. Reglos daliegend, auf dem Bauch, das seitwärts gedrehte Gesicht zu dreiviertel im Kissen versunken, flach atmend. Betrachtete die heruntergelassene Jalousie des Gästezimmers. Betrachtete die Tasse dampfenden Kaffees in ihrer Hand. Die zweite, die sie an diesem Morgen für Hannes frisch gekocht hatte.

Die erste Tasse hatte sie schweren Herzens und unverrichteter Dinge wieder zurückgetragen in die Küche und dort stehen lassen. Man musste Opfer bringen. Zum Beispiel die ganze eigene Tagesstruktur opfern und den geliebten Mann nicht um fünf Uhr dreißig wecken, sondern schlafen lassen. Weil er offenbar nach 22 Uhr ins Bett gegangen war. Und nach 23 Uhr. Und nach Mitternacht, denn um Mitternacht war Bea endgültig eingeschlafen, und um Mitternacht war Hannes noch nicht zu Hause gewesen.

Man musste Opfer bringen.

Manchmal sogar eine ganze Dreiviertelstunde. Aber alles hatte Grenzen.

Sie versuchte es mit einem sanften „Guten Morgen“. Dreimal nacheinander. Hannes’ Reaktion war jedes Mal dieselbe, nämlich keine. Bea versuchte es mit einem Kuss auf seine Stirn. Dreimal nacheinander. Hannes reagierte wie eine ganz normale Leiche, also gar nicht. Worauf Bea sich räusperte, an seiner Schulter zu ruckeln begann und deutlich lauter als vorher „Guten Morgen!“ sagte.

Hannes reagierte mit einem fast unmerklichen Knurren. Und rollte sein Gesicht wie in Zeitlupe mitten ins Kissen und auf der anderen Kissenseite, in Sicherheit, wieder an die Atemluft. Immerhin. Sein Gehirn war auf Empfang. Und er wusste, dass Bea morgens nicht scherzte.

„Schatz“, sagte sie laut, aber liebevoll, „hier ist ein schöner Kaffee für dich. Entweder nimmst du den, oder ich hole dir eine schöne Schale Eiswasser fürs Gesicht. Dir zuliebe gieße ich die sogar mit Schwung aus. Also, ich an deiner Stelle würde den Kaffee nehmen.“

„Hmpfpbbll.“

Hannes rollte sein Gesicht abermals durch das Kissen und tauchte diesseits der Daunen wieder auf. Allerdings ohne die Augen zu öffnen.

„Guten Morgen“, sagte Bea.

„Nnwwarghhn.“

Sie hielt ihm den Kaffee dichter vor die Nase. „Aufwachhilfe.“

„Möchtichnichtilljanichtaufwachen.“

„Musst du aber. Bitte.“

„Hnaarghmm.“

Hannes öffnete das rechte Auge. Einen Spalt breit. Die unsichtbare Pegelstandsanzeige auf der linken Seite seiner

Pupille zeigte einen Restalkohol von ein Promille an, und Bea ertappte sich beim Gedanken *Wer saufen kann, kann auch arbeiten*. Diesem Gedanken folgte zwar auf dem Fuße die Korrektur *Hey, das WAR doch Arbeit für ihn*, aber zwischen den beiden Sätzen hatte Bea längst laut ausgesprochen: „Na, jetzt komm mal hoch, Schatz. Kaffee. Und ich bin neugierig."

Hannes seufzte. Ächzte. Versuchte sich aufzustützen. Spekulierte eindeutig auf Mitleid, weiter und lauter ächzend. Beas Mitleid hatte allerdings keine Chance gegen ihre Neugierde, und als sie ihm aufzuhelfen drohte, erwachte Hannes' Stolz. Er beendete seine Kriegsveteranensimulation, ächzte protestierend abermals, saß – und nahm ihr den Kaffee ab.

Trank. Wortlos.

„Und?", sagte Bea.

„Sollte verboten werden."

„Alkohol?"

„Nein, Betrunkene aufwecken. Himmelarsch."

„Was sagt Thilo?"

„Wie ist das Spiel ausgegangen?"

„Weiß ich nicht."

„Ich auch nicht."

„Aber du hast das doch geguckt?"

„Ich hätte vorher was essen sollen."

„Ich dachte, ihr wart essen."

„Ja, aber vorher haben wir was getrunken. Die Burger haben so lange gedauert."

„Seit wann isst du Burger?"

„Seit wann betrinke ich mich in Sportsbars?" Hannes hielt sich den Kopf. „Gott, was für ein Fusel. Den müssen die Indianer übriggelassen haben." Er verzog das Gesicht, schmerzverzerrt, und hielt sich plötzlich die Hand auf den rechten Unterbauch. „Verdammt."

„Was?"

„Das war's. Katastrophe. Au, tut das weh."

„Leber?"

Er nickte, mit zusammengebissenen Zähnen. „Legalon vergessen. Ich war zu betrunken. Fatal. Letal. Geschieht mir recht. Himmel. Bea, das ist meine Leber. Ich werde vermutlich im Lauf der nächsten halben Stunde sterben…"

„Nein, wirst du nicht."

„Du weißt, dass in meiner Familie *alle* Männer früh gestorben sind!"

„Ja, aber du wirst jetzt keinen Herzinfarkt bekommen."

„Fühlt sich aber so an!"

„Hannes."

Hannes ächzte, auf dem Rücken liegend, den Blick deckenwärts gerichtet. Beziehungsweise himmelwärts, seinem endgültigen Tonfall nach zu urteilen. „Du nimmst mich nicht ernst. nicht einmal jetzt, in der Stunde meines… Das ist schrecklich. Und dennoch, Bea. Dennoch. Du sollst wissen, dass ich dich immer geliebt habe."

„Hannes, jetzt reicht's."

Hannes krümmte sich mit einem Schmerzenslaut seitwärts in sein Kissen. „Arrr. Wo ist mein Zettel?"

„Welcher Zettel?"

„Versuch *nie*, Thilo unter den Tisch zu trinken."

„Versprochen." Bea stand von der Bettkante auf, ging zum Stuhl vor dem kleinen Gästeschreibtisch, über dessen Lehne Hannes sein Hemd, sein Jackett und seine Hose abgeworfen hatte, und fing an, die Taschen zu durchsuchen.

„Da war ein Auto", sagte Hannes. „Auf der Hinfahrt, und auf der Rückfahrt… weiß ich nicht. Bestimmt auch."

„Autos kommen ja vor."

„Ein schwarzer SUV mit zwei Frauen drin."

„Kommt auch vor."

„Die verfolgen jetzt auch schon Taxis?"

„Wie, auch schon?"

„Die haben mich neulich schon verfolgt."

„Aha." Bea fand den zusammengefalteten Zettel zwischen einigen Geldscheinen in der vorderen rechten Hosentasche.

Sie entfaltete den Zettel, während sie zu Hannes zurückkehrte und wieder auf der Bettkante Platz nahm. Zum Glück hatte Hannes inzwischen wieder vergessen, dass er todgeweiht war, lag seitlich, auf den Unterarm gestützt, und hielt sich jetzt statt der Leber den Kopf. Sein Zustand erschien Bea allerdings tatsächlich kritisch, wenn auch nicht lebensbedrohlich. Bloß hochgradig desorientiert. Er sprach, aber nicht direkt mit ihr, eher mit der Wand oder sich selbst.

„Da war doch auch eine Frau im Restaurant? Daran erinnere ich mich. Dass ich mich bei der an was erinnern wollte. Aber ich kann mich nicht erinnern, an was. Und ich erinnere mich nicht an sie. Wie geht das denn? Wieso erinnere ich mich an eine Frau, an die ich mich nicht erinnere?"

Bea reichte ihm den Zettel. Hannes sah sie an.

„Klarer Fall. Schwarzes Loch in einem Filmriss. Meinst du, dein Schmierzettel hilft dir auf die Sprünge?"

Hannes betrachtete den Zettel. Nachdenklich.

„Mh."

Gründlich.

„Ja."

„Gut."

„Den oberen Teil. Erstaunlich, an der Veränderung meiner Handschrift kann man tatsächlich meinen Pegel und mentalen Zustand ablesen."

„Solange *du* das alles lesen kannst."

„Größtenteils. Ja. Und es hilft sogar. Hier oben sind nämlich direkt mal die albernen Sachen durchgestrichen, die Idee von Albert. Hellmann – nie gehört. Struck, auch nicht. Ungereimtheiten, Gerüchte wegen des Klinikbaus – null, nada, keine, nie was gehört."

„Na gut, das hast du aber auch nicht erwartet. Jedenfalls nicht von Thilo, der ist doch da bloß Arzt."

„Stimmt. Und zwar ein erschütternd desinteressierter Arzt. Jedenfalls wusste er auch nicht direkt auf Befragen, wer von seiner Kollegen für die Mafia arbeitet oder Leichen im Keller hat."

„Das hast du ihn gefragt?“

„Ja. Wie gesagt, wir haben schon vor den Burgern angefangen zu trinken. Professor Mauser ist leider ganz unverdächtig, der hat Geld, keine Affäre und ist laut Thilo der langweiligste Mensch der Welt. Schade, den hätte ich gern überführt, der im Knast, das wäre ein Segen für viele Patienten.“ Hannes verstummte und entzifferte weitere Zeilen seiner Handschrift. „Ah. Dr. Dreeß, schon besser. Viel besser! Alkoholiker, spielsüchtig, legt ansonsten gern alles flach, was nicht bei drei auf den Bäumen ist, angeblich mit hohen Schulden.“

„Super“, sagte Bea und beugte sich vor.

„Ja, oder?“

„Absolut. Dann haben wir doch einen Kandidaten.“

„Der war aber zu der Zeit auf den Kanaren.“

Bea schüttelte enttäuscht den Kopf. „Wieso erzählst du mir das dann?“

„Damit du nicht denkst, ich hätte nur gesoffen und nicht gearbeitet. Aber hier, Esser ist auch interessant.“

„Der neue Prof?“

„Ja. Offenes Geheimnis. Dubios. Mitautor von radiologischen Behandlungsleitlinien, Pharmakonflikte bis zum Horizont.“

„Na ja, aber der muss doch seine Patienten dann nicht selbst umbringen?“

„Richtig. Eher nicht. Da müssen wir wohl eher unter den Schlechtbezahlten suchen. Aber außer dem Urlauber Dreeß ist Thilo auch kein Kollege eingefallen, der als Verbrecher in Frage käme, zumal der oder die ja auch noch in der Klinik hätte sein müssen, nicht im Urlaub. Also bleibt das Pflegepersonal.“

Hannes drehte den Zettel um und präsentierte ihn Bea. Sie las. Unter dem Namen Esser folgte eine ganze Reihe von weiteren Namen, mit Fragezeichen versehen. Die Namen wurden zunehmend krakeliger.

„Was ist das?“, sagte Bea.

„Pfleger und Schwestern. Alle, die in der Nacht Dienst hatten *und* nach Thilos Gefühl und Menschenkenntnis bestechlich sein könnten."

„Oh Gott, Hannes, das ist doch nicht dein Ernst. Wo willst du denn da anfangen?"

„Weiß ich noch nicht. Alphabetisch? Nach Gefühl? Alleinerziehende Mütter zuerst? Die brauchen doch am ehesten Bestechungsgeld, so wie die Dinge in Deutschland liegen. Da kann Thilo bestimmt noch genauer recherchieren und helfen, wenn er nüchtern ist, aber der ist wirklich ein Feigling. Und total paranoid. Weil er ja nachfragen musste, in der Verwaltung, wer in der Mordnacht Dienst hatte, und angeblich gucken ihn seitdem *alle* komisch an. So ... blutrünstig. Der spinnt doch. Und ein Spielverderber ist er sowieso."

„Weil?"

„Ach", Hannes winkte ab und studierte weiter seine Krakeleien. „Der kneift genauso wie Albert, kann sein, dass da schlimmstenfalls einer geschlampt oder gepennt hat, passiert, übernächtigte Pflegerin, passiert, garantiert kein Mord, gar nicht durchführbar, und wenn, brauchte man halt Exhumierung und Obduktion herausfinden, aber das geht ja nicht, denn Hillert ist ja ... Asche."

Er runzelte die Stirn und drehte den Zettel noch einmal zu Bea. „Das da unten, liest du da auch ‚Nix Asche', mit vier Ausrufezeichen dahinter?"

Bea sah hin. „Mit viel Phantasie."

„Und wieso?"

„Fragst du *mich* das? Heißt das da drunter ‚Shakira'?"

Hannes drehte den Zettel um. „Ja, sieht so aus. Nee, das heißt ‚Stocker', und das dahinter ist ein Haken. Oh, verdammt."

Hannes versucht sich zu erinnern.

„Ich glaube, ich habe heute Nacht Stocker angerufen."

„Um ihm was zu sagen?"

„Wenn ich das wüsste. Aber ich glaube, der hat mich beleidigt. Kann das sein?"

„Gegen ein Uhr nachts, unter der Woche? Höchstwahrscheinlich.“

Das Smartphone auf dem Nachttisch brummte. Es klang zustimmend. Hannes schaute aufs Display und nahm den Anruf entgegen, ebenfalls brummend.

„Morgen.“

„Guten Morgen“, sagte Albert. „Zeit für ein paar Bogenschüsse?“

„Hast du was gefunden?“

„Ja, eine Conclusio. Aber die besprechen wir bitte unter sechs Augen. Nicht am Telefon.“

„Wir kommen.“

Hannes legte auf.

„Wohin?“, sagte Bea.

„Zu Albert. Er scheint eine Lösung zu haben.“

Hannes stand auf, plötzlich verblüffend agil, und marschierte schnurstracks auf die Tür zu. „Guter Mann! Na, dann mal los.“

„Ich fahre“, sagte Bea. „Und du, so viel Zeit muss sein, zieh dir doch bitte noch eine Hose an.“

19

Albert erwartete seine Gäste bereits an der geöffneten Haustür der Scheune. Er begrüßte Bea mit einer Umarmung und Küssen auf den Wangen, Hannes mit einer etwas längeren und festeren Umarmung, ohne Küsse. Schweigend, mit ernstem Blick wies er nach links, durch die Diele in Richtung seines Wohnzimmers.

Auf dem langen Wohnzimmertisch standen zwei Tassen frisch dampfenden

Kaffees, ein Teller mit Croissants. Sowie zwei Gläser und eine Flasche Grappa. Albert trank wenig, selten oder nie vor Einbruch der Dunkelheit und schon gar nichts Hochprozentiges.

Bea nahm angemessen besorgt Platz.

Hannes, erkennbar angeschlagen, mit ins Gesicht geschriebenem Katerkopfschmerz, kommentierte das Arrangement mit einem mürrischen Laut. „Das ist lieb, aber ich trinke nicht. Nie wieder übrigens."

„Sicherheitshalber", sagte Albert.

Auch Hannes nahm Platz.

Albert blieb stehen. Ließ seine Hände vor dem Bauch leicht ineinanderfallen und blieb in dieser Pose stehen. Bea musste unwillkürlich an ihre Religionslehrerin aus der Grundschule denken, und Alberts Eröffnungssatz unterstrich diese Assoziation.

„Ich tue das nicht gern. Aber ich muss. Ich empfinde es als meine väterliche Pflicht, euch zu desillusionieren und die Zähne zu ziehen."

„Gut, dass du keine Kinder hast", brummte Hannes in Richtung seines Kaffees.

„Sinnbildlich."

„Du bist viel zu jung, um mein Vater zu sein."

„Dann eben großerbrüderliche Pflicht." Albert deutete auf das andere Ende des Tisches. Wo einer seiner Laptops stand. Aufgeklappt, aber schwarz und schweigend.

„Das", sagte er, „ist ein Sprengsatz."

„Du hast was gefunden?"

„Ja", sage Albert.

Hannes' Lebensgeister erwachten spontan. Er lächelte. „Gut!"

„Nein. Folgendes. Wir wissen ja schon länger, dass Hillert verrückt war, wahnsinnig neugierig und wahnsinnig komplett. Beispiel, zur Illustration: In dem beruflichen Ein-Gigabyte-Datenberg befindet sich ein mehrere hundert komplizierte Dokumente dicker Aktenschrank voller Hinweise auf einen kriminellen Skandal gewaltigen Ausmaßes."

Beas und Hannes' Augenbrauen wanderten im Gleichschritt stirnwärts.

„Benjamin Krill steht mit im Zentrum dieses Skandals. Völlig unerheblich sind hierbei die Gerüchte, die Hillert über Krills Vorliebe für Londoner Dominas gesammelt hat, das würde wohl allenfalls Frau Krill interessieren. Die übrigens verständlicherweise sehr zurückhaltend ist. Es gibt keine öffentlichen Fotos von ihr. Nicht, weil sie hässlich wäre, im Gegenteil , sie ist ausnehmend hübsch. Wir konstatieren also hier nur: Wir haben es mit sehr einflussreichen und ungeheuer wohlhabenden Menschen zu tun, die aus vielen guten Gründen äußerst diskret agieren."

Er ließ eine Pause entstehen.

„Hat das irgendwas mit dem Mord an Patrick zu tun?", fragte Hannes.

„Die Diskretion", ging Albert über die Frage hinweg, „betrifft alles. Der erwähnte Aktenschrank von Hillert enthält Unmengen Material, darunter auch alle wesentlichen Informationen über eine philanthropische NGO, eine dem Gemeinwohl verpflichtete Stiftung."

Hannes hielt sich den Kopf und seufzte seinen Kaffee an. „Oh Gott, du hast dich wieder in den Daten verlaufen."

„Diese Stiftung unterstützt weltweit *alle* einflussreichen staatlich oder von Ärzteverbänden eingerichteten Informationsportale betreffend diverse schwere und chronische Erkrankungen, insbesondere etliche Krebsarten, Diabetes, Depressionen und, wichtig für uns, Multiple Sklerose. Die Stiftung tritt nirgendwo offensiv auf. Dass sie annähernd das halbe Budget all dieser Organisationen allein beisteuert, lässt sich allenfalls den Jahresabschlüssen entnehmen. Unter ‚ferner liefen'. Dabei kommt allerdings erschwerend hinzu, dass die Stiftung ab und zu ihren Namen wechselt. Und zwar bevorzugt dann, wenn irgendwelche neugierigen Journalisten sich dafür interessieren, zuletzt wohl 2017 der *Guardian*."

„Albert, mach's kurz", sagte Hannes.

„Gut. Verglichen damit sind Cum-Ex und Panama Papers ein Witz. Peanuts. Die Gutmenschen-Stiftung unter wechselnden Namen ist eingetragen auf Guernsey. Das ist eine…"

„Steueroase, ja", sagte Hannes, „und?"

„Steueroase ohne Stiftungsregister. Hillert hat mal zusammengetragen, was es da so gibt an Hinweisen und seinen Taschenrechner unter der vielen, vielen wohltätigen Bilanzen gehalten. Daraus ergibt sich, dass die Stiftung allein die weltweiten MS-Gesellschaften mit etwa 1,5 Millionen im Jahr unterstützt."

„Kleingeld", sagte Hannes.

„Auf Befragen geben die Empfänger an, der Stiftungsgründer sei ein selbst an MS erkrankter Wohltäter, der anonym zu bleiben wünscht, die Stiftung generiere ihre Zuwendungen aus Vermögen. Ähnliche Wohltäter findet man auch bei den profitierenden Organisationen für praktisch alle Krebsarten. Ich kürze ab, wie gewünscht. Die menschenfreundliche NGO des anonymen Gutmenschen, wohnhaft in einer Steueroase, unterstützt den guten Zweck mit etwa 35 Millionen Dollar jährlich – aus Zinsen, steuerbefreit. Bei einer großzügig angenommenen Verzinsung von fünf Prozent liegen also auf dem Konto der Stiftung etwa 700 Millionen Dollar. Ein Festgeldkonto, das nur dazu dient, Pharmaprodukte verschleiert zu bewerben und an den Patienten zu bringen. Und an genau dieser Stelle fehlt ein Dokument."

„An welcher Stelle?"

„In den Daten. Was dahintersteckt, sieht ja ein Blinder mit nem Krückstock, aber der Beweis fehlt."

„Ich habe keinen Krückstock", sagte Bea.

„BBOS", sagte Albert. „Die Oasen-Stiftung unterstützt nur Organisationen, die für den Absatz der BBOS-Produktpalette wichtig sind. Und finanziert auf diesem Umweg sogar Studien mit, die dann zum Beispiel die Wirksamkeit einzelner BBOS-Medikamente belegen."

„Oh", sagte Bea.

Albert nickte. „Ja, oh. Das Dokument mit den Namen fehlt natürlich auch. Es muss sowohl bei den Studien Mitwisser gegeben haben als auch bei der Zulassungsbehörde in den USA, der FDA. Und vermutlich auch hier, in Deutschland. Das Prinzip ist ja offenbar immer dasselbe, ob nun bei Statinen, Chemotherapien oder sonst was: Studienergebnisse aus der Dritten Welt, Rohdaten geheim, Absegnung durch international renommierte Professoren, voila: ein unverdächtiger Blockbuster mit bis zu einer Milliarde Dollar Jahresumsatz. Diese Stiftung lohnt sich. Eindeutig. Aber!"

„Ich habe Kopfschmerzen", sagte Hannes.

„Möchtest du ein Aspirin?", sagte Albert.

„Wird es noch schlimmer?"

„Ja. Aber es geht jetzt schnell."

„Hrrm."

„Danke. Also, alle Indizien sind da, alle Beweise fehlen. So ist Hillerts Aktenschrank spannend, aber wertlos. Wenn ich kompliziert suche und Hinweise auf die Dokumente finde, die da drin sein *müssten*, findet das System nur Speicherorte wie ‚Haut'. Aber die Quelle ist nicht da. Sondern extern. Von A bis Z, von Gosh bis Salber bis FDA, von BPharm bis IHS, von LLK bis Schuppen, Fumar, Dermit, Arliuthan, MS, Driess – oh, das war Krills Vorgänger, am Rande bemerkt, und Salber, Professor, war wohl beteiligt an der neurologischen Leitlinie. Wir haben viele Verweise auf Kürzel bis RawD 1–10, mehrfach besetzt P1, P2, P3, Dateien – Word, Exel, Audio, Video –, die es alle irgendwo gab oder gibt, aber *nicht* auf der HD."

„Wo dann?", sagte Bea.

„Weiß ich nicht", sagte Albert, „aber das ist doch gar nicht der Punkt. Der Punkt ist, dass wir an genau dieser Stelle aufh..."

„HA!", sagte Hannes. Sehr laut.

Albert sah ihn erstaunt an.

Hannes verzog das Gesicht, das laute „HA" hatte ihn offenkundig selbst mehr erschüttert als die Luft um ihn herum. „Nix Asche!", sagte er.

„Was?“, sagte Bea.

„So ein perfekt organisierter Sammler! ALLES dokumentiert! Der löscht nichts, der archiviert alles. Nur das nicht?“ Er sah Bea an, triumphierend, aber Bea konnte seinen Blick lediglich mit fassungslosem Kopfschütteln beantworten. Jetzt benötigte sie die Aspirin dringender als Hannes.

„Beck!“, sagte Hannes. „Darüber haben wir gesprochen! Nur über meine Leiche!“

„Ich kann dir nicht…“

„Bea! Beck ist der unglücklichste Mensch der Welt, aber er kann Sarkasmus. Darüber haben wir gesprochen. Der hat seinen Grabstein nämlich auch schon bestellt, und zwar, weil er seiner Frau zutraut, dass sie ihn sonst auf dem billigsten Friedhof der Welt verstreuen lässt. Deshalb hat er sich schon jetzt einen Mahagonisarg bestellt und bezahlt. Und einen Platz auf dem Friedhof.“

„Und?“

„Du hast da was durcheinander gebracht, Maus.“

„Nenn mich nicht Maus. Was durcheinander?“

„Hannes“, sagte Albert, „du machst mich wahnsinnig. Darf ich mal eben…“

„Gleich! Bea, Patrick! Wir waren beim Inder, ja. Und wir haben über Tod und Gräber gesprochen und darüber, dass man das alles vorher regeln kann. Und über Samsara, ja. Aber er hat sich darüber *lustig gemacht*, ausdrücklich. Weil er genau das *nicht* wollte. Ja, er hat was gesagt von ‚Wurzeln bis in den Himmel‘, aber erinnere dich bitte mal, *nicht* positiv. Er hat sich darüber lustig gemacht. Wie in seinen SMSen. *Die Grille spuckt nicht auf den Stein, der auf ihr liegt!*“

Bea legte die Stirn kraus. Sie musste einräumen, dass sich diese alternative Erinnerung an das Gespräch mit Hillert tatsächlich richtiger anhörte als ihre bisherige. Aber weshalb fand Hannes das so bemerkenswert?

„Wo ist der Ordner für seine Beerdigung?“

„Äh.“

„Gibt es einen?“

„Ja. Bestimmt. Soweit ich mich erinnere. Moment.“

Albert seufzte. Trat um den Tisch herum. Weckte seinen Rechner. Klickte sich durch. Offenkundig war der digitale Hillert-Kosmos logisch aufgebaut, der Ordner „Sterbefall“ fand sich tatsächlich neben Renten- und Lebensversicherungsunterlagen. Albert öffnete den Ordner, der sechs Word-Dokumente enthielt und sechs PDFs, eines davon unter dem Dateinamen Testament. Er sah Hannes an.

„So, bitte. Und? Testament?“

„Nein, Bestatter.“

Seufzend öffnete Albert das Letzte von sechs Dokumenten, die mit „Bestatter“ gekennzeichnet waren. Er wählte das dem Datum nach jüngste PDF, das sich beim Aufklappen als Schreiben eines Harburger Bestattungsunternehmens entpuppte. Datiert vom 18. Mai 2016.

„Ha!“, sagte Hannes.

Das Harburger Bestattungsunternehmen bestätigte die getroffene Vereinbarung für den Todesfall des unterzeichnenden Patrick Hillert. Beisetzung auf dem Harburger Friedhof im Modell „Großglockner“, einem amerikanischen Truhensarg, zweitürig. Hillert hatte eine Anzahlung geleistet, 5.000 Euro, der Bestatter bestätigte, dass etwaige darüberhinausgehende Forderungen von den Erben des dann Verstorbenen zu begleichen seien.

„Voila“, sagte Hannes. Er ließ eine Pause entstehen. Bea und Albert würden ja von selbst drauf kommen. Bea war schneller als Albert.

„Aber ...“

„Genau!“

„Wie geht das denn?“

„Wie geht was denn?“, sagte Albert.

„Er wollte einen Sarg.“

„Keine Urne?“

„Nein.“

„Wie geht das denn?“, sagte Bea.

„Ich glaube“, sagte Hannes, „das ist gar nicht so kompliziert. Man braucht nur ein bisschen kriminelle Energie. Schau mal, wenn im Sterbefall-Ordner des ordentlichsten Menschen der Welt die wichtigsten Unterlagen fehlen ...“

„Aber“, sagte Bea. „Du kannst doch nicht einfach jemand auf ganz andere Art beerdigen lassen, als der das wollte! Da muss man doch hin, zum Bestatter, sich ausweisen.“

„Nein. Frag mal Marianne Engler. Die würde ja Hartmut nie im Leben so was Wichtiges überlassen, und erst recht nicht nach dem Leben. Und regeln kannst du das alles vorher, entweder vor Ort, stimmt, oder, wie Frau Engler, online. Es gibt drei, vier große Online-Bestatter, und der Ablauf ist so einfach, dass selbst eine Rentnerin das mit links hinbekommt. Du brauchst keinen Ausweis. Du rufst da an, sagst, was du genau möchtest, der Online-Bestatter prüft, ob alles zulässig ist, spricht mit einem der Bestatter vor Ort – sicher *nicht* dem gleichen, den Patrick selbst 2016 ausgesucht hatte –, vereinbart werden zum Beispiel Friedwald, Einäscherung und Urne, du unterzeichnest digital per Docusign. Dazu muss ich als Bea-Imitator nur deine Unterschrift fälschen, notfalls mach ich das auch noch mal auf dem Postweg. Und dann richte ich kein Treuhandkonto ein, wie Marianne Engler, sondern bezahle die Rechnung und die Provision des Onlinebestatters vorab. Fertig. Sterbe ich, ist der Bestatter im Bilde. Den ruft einer meiner Hinterbliebenen an – hier, im Fall Patrick, die angebliche ‚Witwe‘ – direkt nach dem Ableben des armen Mannes, und der Bestatter handelt sofort auftragsgemäß. In diesem Fall: Krematorium, Urne, Friedwald.“

Bea und Albert schwiegen. Hannes deutete auf den Ordner.

„Patrick wusste nichts von seinem letzten Wunsch, möglichst schnell verbrannt und verscharrt zu werden.“

„Das ist ja grauenhaft.“

„Ja.“

„Aber das muss doch der andere Bestatter mitbekommen?“

„Nein, wie denn? Den müsste ja jemand anrufen. Aber wer sollte das tun?“

„Du lieber Gott.“

„Ich nehme jede Wette an, dass ‚Patricks‘ Vereinbarung mit dem Onlinebestatter keine vier Wochen alt ist. Deshalb stand auch auf meinem betrunkenen Nachtzettel ‚Nix Asche‘. Denn wer auch immer nach Patricks Fristsetzung beschlossen hat, dass er weg muss – musste ja auch sichergehen, dass seine Leiche umgehend aus dem Krankenhaus verschwindet und zu Asche wird. Bevor jemand Fragen stellt.“

„Gut“, sagte Albert. „Gratulation, das ist in der Tat brillant. Aber unerheblich ...“

„Aber“, unterbrach Bea ihn. „Das müsste man ja sogar beweisen können.“

„Ja“, sagte Hannes. „Die Polizei kann das. Oder der Staatsanwalt. Wenn *ich* aber jetzt den Bestatter anrufe und frage, von welchem Konto dieser Patrick Hillert seine Beerdigung vorab bezahlt hat und wem dieses Konto tatsächlich gehört, wird man mir garantiert nichts sagen.“

„Das heißt?“

„Das heißt ...“, sagte Hannes, aber zu seiner Verblüffung sagte Albert gleichzeitig ebenfalls „Das heißt“, sehr laut, mit entschiedenem Tonfall. Und Albert behielt einfach das Wort.

„Das heißt, wir konstruieren uns aus der Tatsache, dass wir den ordentlichsten Menschen der Welt digital vor uns haben, ein schwaches Indiz, dass er umgebracht worden ist. Und jetzt brauchen wir Ermittler und Staatsanwälte, die hierfür allen Datenschutz über Bord werfen und die Bankgeheimnisse gleich mit. Natürlich kann dabei auch herauskommen, dass der ordentliche Patrick doch selbst alles neu und anders geregelt hat – Urne und Baum –, *nach* 2016, nur die Dokumente in einem anderen Ordner abgelegt hat. Aber das klären wir eben vorher, es sind ja nur 543.912 Dokumente auf der privaten HD. Fehlen nur die wichtigen.“

„Ich mag das gar nicht so gern, wenn du sarkastisch wirst", sagte Hannes.

„Ich auch nicht, aber was sein muss, muss sein. Versteh mich nicht falsch. Ich mag die Idee, du bist ein prima Sherlock. Aber ich muss dich, euch, jetzt doch mal auf etwas hinweisen, deshalb habe ich euch ja hergebeten, nicht zum Bogenschießen. Obwohl wir das natürlich auch machen können, gleich. Also: Im Idealfall", sagte Albert. „Ist das alles Unsinn. Im Idealfall ist das nur eine verrückte Verschwörungstheorie. Patrick Hillert hatte einen Herzinfarkt und dann im Krankenaus einen zweiten, tödlichen. Es hat auch niemand nachgeholfen. So was passiert eben. In dem Fall verschwenden wir nur unsere Zeit, aber das kann man ja machen, wenn man Freude am nutzlosen Rätseln hat. Meine Zeit ist mir dafür eigentlich zu schade, denn Zeit ist alles, was wir haben. Aber ihr könnt eure Zeit gern so ausgeben. Im Idealfall findet ihr also heraus: Es ist alles tragisch. Mehr nicht."

„Hm", sagte Hannes.

„Es gibt aber noch zwei andere Szenarien", sagte Albert. „Erstens, nennen wir das mal den Gerechtigkeitsfall – eure Theorie stimmt, jemand hat Patrick töten lassen. Nennen wir diesen Mörder: Krillmann. Ihr findet dafür echte Beweise, schickt die eurem Kommissarsfreund, der nimmt Krillmann fest, Krillmann geht ins Gefängnis, die Gerechtigkeit hat gesiegt."

„Gefällt mir", sagte Hannes.

„Mir auch", sagte Albert. „Ich gebe aber zu bedenken, dass Krillmann kein neutrales, statisches Element in dieser Versuchsanordnung ist. Sprich: Er ist damit vielleicht nicht einverstanden. Ja, ich kann mir sogar vorstellen, dass er nicht einverstanden damit ist, von euch überführt zu werden und nicht bloß interessiert zusieht, wie ihr ihn überführt. Bitte bedenkt die notwendige Voraussetzung für euer Szenario 2, den Gerechtigkeitsfall, denn auf dem Weg zum gewünschten Ergebnis habt ihr es zwingend mit einem nicht passiven, sondern höchst aktiv kaltblütigen Mörder zu tun."

Hannes und Bea schwiegen.

„Der offenbar intelligent ist und wachsam", sagte Albert. „Der vorausdenken kann, dessen Arme bis auf Intensivstationen reichen, und der sogar dafür sorgen kann, dass Leute verbrannt und auf dem falschen Friedhof beerdigt werden."

Bea holte tief Luft. Und atmete sehr langsam wieder aus.

„Szenario 2 und 3", sagte Albert. „Quantenphysik live. Schon im Gerechtigkeitsfall 2 entsteht eine neue Wirklichkeit durch eure Intervention. Ohne euch wäre es lediglich ein geschickt eingefädelter Mord, den keiner je als solchen erkennen wird, weiteres Handeln des Mörders wäre daher nicht erforderlich. Erst indem ihr aber euren Blick auf die entsprechenden Elektronen werft, entscheiden diese sich, Welle oder Teilchen zu sein, mit Heisenberg gesprochen, anders gesagt: Erst die Aufmerksamkeit, die ihr diesem kalten Haufen Dreck zuwerft, bringt die Kacke wieder zum Dampfen. Ich entschuldige mich für das vulgäre Sprachbild, halte aber doppelt daran fest, denn: Wir sind bereits mitten in Szenario 3, das ich überschreiben möchte mit ‚Exitus wegen Neugierde an der falschen Stelle'."

„Mir ist ein bisschen schlecht", sagte Bea. „Also, von mir aus kannst du Szenario 3 weglassen."

„Nur der Vollständigkeit halber", sagte Albert. „Es gilt viel grundsätzlicher, dass alles erst durch unsere Aufmerksamkeit seine Gestalt verändert. Es ist im wahrsten Sinne so, dass wir Dinge beleuchten, dass wir Licht auf vieles werfen, was bislang im Verborgenen lag. Das ist im Sinn der Wahrheit und der generellen Aufklärung gut, aber deshalb noch lange nicht gut für uns. Ohne das Licht, das wir werfen, ist alles in neutralem Zustand, also für uns unsichtbar und bedeutungslos. Das gilt für Elektronen, Wellen und Teilchen, für Katzen in Kisten – aber eben auch für Leute mit Dreck am Stecken. Und damit meine ich in Szenario 3 eben nicht einmal Krill, denn für Szenario 3 ist es unerheblich, ob er Dreck am Stecken hat oder ein Mörder ist – oder ganz andere Leute

Dreck am Stecken haben und Mörder sind. Beata. Piotr und Pavel. Hillerts Witwe. Ihren Vater. Lauter Leute, die ich nicht kenne. Und nicht kennen will. Bei denen ich aber, entscheidend, auch andersrum nicht möchte, dass sie mich wahrnehmen. Und ich fürchte, dass wir am Rand eines lebensgefährlichen Lichtkegel stehen. Wobei ich nicht mal im Entferntesten ahne, wer genau außer der Lampe auch noch eine geladene Waffe in meine Richtung hält. Zutrauen würde ich das inzwischen allen Genannten. Von Krill bis zu der Affäre und ihren Freunden, von der Witwe bis zu deren Vater. Und deshalb beglückwünschen wir uns jetzt gegenseitig doppelt. Erstens dass wir so intelligent waren, alle Erkenntnisse zu gewinnen, die wir gewinnen konnten, und alle Rätsel zu lösen, die für uns lösbar waren. Zweitens, dass wir so intelligent waren, an genau dieser Stelle: aufzuhören. Und zwar sofort. Weil wir lieber dumm leben als klug sterben."

Die Vögel im Kirschbaum vor dem Fenster schienen aufmerksam zugehört zu haben und kreischten Zustimmung.

Bea sah Hannes an.

Hannes sah seine Hände an. Seine Fingerspitzen waren links wie rechts zusammengelegt, auf den Daumen, und die fünf rechten Nägel klopften sacht und regelmäßig gegen ihre fünf Gegenüber.

Bea sah Albert an. „Du bist ein guter Vater. Danke fürs Zähneziehen."

„Gern."

„Wir wenden uns hiermit anderem zu. Und zwar kategorisch."

„Ich danke dir auch. Von Herzen. Du siehst mich sehr erleichtert."

Albert sah Hannes an. Bea ebenfalls.

Hannes klopfte.

Hörte auf. Seufzte. Und erwiderte zuerst Beas Blick, dann den von Albert. Bea drückte seine Hand. Lächelte ihn mitfühlend an. Sie wusste, wie schwer ihm das alles fiel.

Schließlich nickte Hannes. Abschließend. „Die Wahrheit", sagte er, „liegt in der Mitte. So bleibe also die Mitte für immer ein Rätsel."

Albert nickte und erhob sich.

„Darauf einen Schuss ins Schwarze. Gehen wir Bogenschießen."

20

Bea Hertz hielt wenig von Horoskopen, nichts von Räucherstäbchen und Engeln, Homöopathie allenfalls aufgrund von Placebo-Effekten für potentiell nützlich, und zweifelte auch immer noch leise daran, dass mancher sich Kraft seiner Gedanken und Worte von unheilbarem Krebs heilen konnte. Die Bekanntschaft mit Albert hatte sie allerdings ein bisschen skeptischer werden lassen, was Logik und Vernunft als einzig zulässige Schlüssel zu den Geheimnissen des Kosmos betraf. In der Quantenphysik berührten sich Vernunft und Metaphysik, und nahm man das Ganze ernst, kam man ja gar nicht umhin, bescheidener zu werden. Alberts Frage, welches das wichtigste Organ des Menschen sei, hatte sie anfangs noch beantwortet mit „das Gehirn", aber seine Gegenfrage „Und welches Organ sagt dir das?" war ja durchaus elegant gewesen. Dennoch hielt sie gern fest an ihrer Überzeugung, die meisten beobachtbaren Wirkungen hätten Ursachen, Erkenntnisse seien mittels des Verstandes möglich, und es gebe tatsächlich Naturgesetze.

Am Morgen nach ihrer und Hannes' einvernehmlich ausgesprochener Entscheidung, den gedachten „Fall Hillert" als erledigt zu betrachten, befand sich Bea allerdings fraglos in einem so auffällig positiven Energiefeld, dass sie großzügig sogar die Existenz irgendeines fünften Elementes eingeräumt hätte.

Dass die Sonne aus blauem Himmel schien, geschenkt, das war ja nur Wetter, aber dass auch alle Kunden an diesem Morgen mit ihr und Hannes um die Wette strahlten, das war schon gewöhnlich – denn es kamen ja nicht nur Verkaterte oder Optimierungswillige vorbei, sondern auch etliche schwere und austherapierte Fälle. Die an diesem Morgen allesamt gute Laune hatten. Sogar der Postbote hatte gute Laune, und das war nach Beas Wissen noch nie vorgekommen.

Ebenfalls gute Laune hatte der UPS-Kurier, der ihr völlig überraschend die Chemikalien in die Harburger Filiale stellte, die sie in den Tagen zuvor vergeblich bestellt hatte. Auch die schien der in Harmonie mit ihr versöhnte Kosmos nun plötzlich und unerwartet wiedergefunden zu haben. Was Bea natürlich über die Maßen freute.

Es ließ sich ja sogar quintessentiell herleiten, also aus dem fünften Element, der *Dark Matter*, die immerhin 98 Prozent der im Kosmos vorhandenen Masse ausmachen musste, jedenfalls sofern die Urknall-Rechnung aufgehen sollte. Sie und Hannes hatten sich in diesem alles beherrschenden Feld förmlich anders aufgestellt, anders hingestellt zwischen all den Energien, Einflüssen und Strömungen, die jedermann alltäglich umgaben, und der Lohn war Harmonie. Strahlen von oben, strahlende Augen, strahlende Herzen.

Bea sah hinüber zu Hannes, der am HV-Tisch ganz am anderen Ende des Ladens – strahlend, begeistert gestikulierend –, einer unmaskierten, lächelnden Kundin und deren Mann irgendetwas vortrug, was die beiden offensichtlich sogar interessierte, denn beide klebten an Hannes' Lippen, ebenfalls strahlend. Bea konnte zwar nicht hören, was genau Hannes da erklärte, aber ihr Herz war leicht und ganz bei ihm, der tatsächlich über Nacht wieder zehn Jahre jünger geworden zu sein schien.

Lächelnd setzte sie sich in Bewegung, auf Hannes und die beiden Kunden zu. Im Näherkommen hörte sie die Kundin zu Hannes sagen, „Danke, dann probiere ich mal Bittermandelkerne", sah sie lächeln – und sich daraufhin mit einem freundlichen Nicken von Hannes abwenden. Die Kundin kam auf Bea zu, Bea lächelte sie an, aber was sie irritierte war, dass der Begleiter der Dame vor Hannes stehen geblieben war. Das erschien Bea unpassend, denn bis zu diesem Augenblick war sie selbstverständlich davon ausgegangen, Hannes berate die beiden als Paar.

Offenkundig nicht.

Bea hatte Hannes und den Kunden fast erreicht, als sich ein weiterer, in der Nähe stehender Kunde, ebenfalls zu Hannes umdrehte. Ein kleiner Mann, maskiert. Aber Bea erkannte ihn trotzdem sofort, denn seine kleinen Augen waren unverwechselbar fies. Beas Überzeugung geriet umgehend gehörig ins Wanken, der Kosmos meine es wegen ihrer wunderbaren neuen Gedanken gut mit ihnen.

„Bis zu zehn Bittermandelkerne?", sagte der Mann zu Hannes, und Hannes' Miene hatte sich genauso schlagartig verdüstert wie die von Bea.

Neun von zehn ehrenamtlichen Apothekenkontrolleuren der Gesundheitsbehörde waren gewissenhafte, freundliche Pharmazieräte. Nummer zehn war Walter Wulpe. 74, finanziell unabhängig, 1,64 klein, Tendenz weiter schrumpfend, Blick und Gesicht aufrichtige Spiegel niedrigster Denunziantengesinnung – die Wulpe selbst natürlich nicht als solche betrachtete. Sondern sich als Bollwerk, das den deutschen Bürger vor Anarchie, Chaos und Vernichtung bewahrte. Falschparker und TÜV-überfällige Fahrzeuge meldete er seit jeher von jedem seiner täglichen Spaziergänge direkt an die Behörden und schickte alle Beweisfotos direkt mit, aber erst die Corona-Krise hatte ihn seiner Lebensbestimmung endgültig zugeführt. Als das zuständige Harburger Polizeirevier ihn gebeten hatte, den Grundsatz der Verhältnismäßigkeit bei seinen dauernden

Anzeigen zu berücksichtigen (und beispielsweise Anzeigen gegen Adoptivmütter zu unterlassen, die den vorgeschriebenen Abstand zu ihren *nichtverwandten* zweijährigen Kindern nicht wahrten), hatte er diesen Hinweis des diensthabenden Beamten dankbar aufgenommen und den Beamten direkt selbst angezeigt wegen versuchter Verdunkelung.

Wulpes konsequente Überwachung und Meldung schwarzer Apothekerschafe hatte von jeher manische Züge gehabt, aber Corona hatte seinem Schaffen die Krone aufgesetzt. Hannes vermutete, dass wirklich niemand auf der Welt von der Krise so sehr profitiert hatte wie Wulpe, nicht mal Bill Gates.

Wulpe hatte sein kleines schwarzes Notizbuch herausgezogen, Und notierte mit einem kleinen schwarzen Stift ans Ende einer kleingeschriebenen langen Liste: *10 Bittermandelkerne.*

„Mh-mh“, sagte er. „Das gebe ich mal so weiter.“

„Na, dann“, sagte Hannes.

„Lebensgefährlich, Ihre Beratung.“

„Mh-mh“, sagte Hannes. „Und sonst?“

Bea versuchte es mit einem Lächeln in Wulpes Richtung. Hannes war das Lächeln in die Richtung schon vor Jahren vergangen, aber seinem Tonfall nach war er heute besonders wenig gewillt, sich von dem kleinen Blockwart den Tag verderben zu lassen. Was einerseits verständlich war, andererseits aber auch nicht ungefährlich.

„Irgendwelche neuen Beschwerden, ernste vielleicht?“, fragte Hannes.

„Was führt Sie zu uns?“, schritt Bea freundlich ein. „Sie waren doch erst im März da?“

„Ja, ja“, sagte Wulpe. „Das hat Gründe.“

Bea hielt Wulpes Begleiter die Hand hin. Ein maskierter Mittfünfziger, den sie noch nie gesehen hatte. „Hertz“, sagte sie, „Guten Tag. Und Sie sind?“

„Herr Stein ist auch Pharmazierat“, sagte Wulpe. „Begleitet mich.“

„Was Sie nicht sagen“, sagte Hannes und nickte Stein zu. „Willkommen. Recht haben Sie, Herr Wulpe hört sich ja am liebsten selbst reden.“

„Hinweise“, sagte Wulpe, „auf gesundheitsgefährdende Beratungen durch Sie haben wir jetzt mehrere bekommen.“

Das sagte Wulpe eigentlich immer, aber noch nie hatte er etwas Konkretes in der Hand gehabt. Ihm fiel aber auch nach fünf Jahren noch nicht auf, dass sein Bluff nichts bewirkte.

„Anonym?“, sagte Hannes. „Oder wieder von Ihrem Kegelbruder Adler? Was hat er sich denn diesmal ausgedacht, wieder Heilmittelwerbegesetz? Erklären Sie dem mal, dass ‚Bessere Beratung‘ nicht unter ‚unlauterer Wettbewerb‘ fällt?“

„Mh-mh. Die Frau Heins hat Sie ja schwer belastet gegenüber der Kinderärztin Simmering, wegen ihrer Anstiftung zur fahrlässigen Entwicklungsbehinderung des dreijährigen Sohnes.“

„Mh-mh. Betrachten Sie ‚Heilung‘ als Entwicklungsstörung?“

„Sie sind nicht heilbefugt.“

„Komisch, wenn Sie ‚heil‘ sagen, denke ich spontan nie an Gesundheit, sondern an den Sportpalast.“

„Mh-mh.“

„Ja, mh.“

„Na, da überlassen wir die Details mal lieber dem Staatsanwalt.“

„Gern. Wobei, schade“, sagte Hannes. „Justiz könnten Sie doch bestimmt besser selbst. Gut, Sie würden auch schon wegen zehnmal Falschparken ohne Maske die Todesstrafe verhängen, da sind Sie nicht mehr nicht zeitgemäß. Oder jedenfalls auf dem falschen Breitengrad.“

„Mh-mh. Wir schauen uns dann mal um“, sagte Wulpe und wartete nicht auf eine Antwort. Er trat an Hannes vorbei und schritt energisch hinter die Kulissen, auf Labor und Rezeptur zu.

Bea schoss Hannes einen Blick zu. „Übertreib's nicht", sagte sie, so leise, dass Wulpe und der Stein in dessen Schlepp es nicht hörten.

„Ich bin doch noch ganz entspannt", sagte Hannes. Laut. Und mit Betonung auf dem „noch".

„Du bleibst hier", sagte Bea und folgte den Herren nach hinten.

Hannes blieb am HV-Tisch stehen, zählte bis zehn, sagte leise *Oommm,* zählte dann noch mal bis zehn und bemühte sich, auf seine Vernunft zu hören, nicht auf seine Empörung und die daran hängenden inneren Stimmen, die ihn aufforderten, ein Exempel zu statuieren, also Wulpe am fettigen Anzugkragen zu packen, zur Tür zu tragen und dort in die Fußgängerzone zu entlassen, mit einem diesbezüglich hilfreichen, beschleunigenden Tritt in den Arsch.

Seine Vernunft erwiderte, das sei ganz und gar nicht zielführend, und klang dabei sehr nach Bea. Hannes' innere Stimmen protestierten, also zählte er noch mal bis zehn.

Und das genügte schon. Denn die Herren tauchten bereits wieder auf. Wulpe hielt einen Salbentiegel in den Händen und verstaute diesen im Gehen in seiner Aktentasche, Bea folgte ihm – und sah nicht mehr so gelassen aus wie eben noch, als sie ihm nach hinten gefolgt war.

„Jetzt hören Sie aber auf!", sagte sie.

Wulpe hatte Hannes fast erreicht, blieb ruckartig stehen und wandte sich Bea zu. „Womit? Mit dem Schutz von Bürgerinnen und Bürgern vor Quacksalbern wie Ihnen?" Tatsächlich konnte der kleine Pensionär verblüffend laut sprechen. Die Aufmerksamkeit aller in der Filiale anwesenden Bürgerinnen und Bürger war ihm jedenfalls gewiss. „Das könnte Ihnen so passen, Herr Hertz! Frau Hertz! Ungesicherte hochallergene Substanzen mitten in der Kaffeeküche!"

„So ein Blödsinn!", sagte Bea und sah Hannes an. „Er meint die Fumarsäure, die der Kurier vor zehn Minuten gebracht hat..."

„Butterkuchen!“, sagte Wulpe.

Hannes sah ihn fassungslos an.

„Butterkuchen! Unverpackt! In unmittelbarer Nähe chemischer Substanzen.“

„Der Butterkuchen steht auf dem *Tisch*“, sagte Bea. „Die Lieferung steht sicher verpackt, was reden Sie denn da für einen Un...“

„Er meint“, sagte Hannes, „den Karton hättest du nur mit Schutzanzug annehmen dürfen. In unserer Dekontaminationsschleuse. Und hab ich dich überhaupt heute schon geimpft?“

Wulpes Zeigefinger hing urplötzlich verblüffend dicht von Hannes' Gesicht. Das war nun allerdings neu, denn normalerweise verstand Wulpe zwar keinen Spaß, reagierte aber auch nicht so selbstbewusst auf Hannes' Sarkasmus.

„Sie!“

Hannes hob die Hand, mit strengem Blick, um Wulpes Zeigefinger aus seiner Privatsphäre zu schieben, und erwiderte das „Sie!?“ mit leicht verändertem Tonfall, aber der kleine Mann zog den Finger schon freiwillig wieder zurück. Hannes war immerhin fast dreißig Zentimeter größer als er. Triumphierend, wenn auch von weit unten, präsentierte aber nun Wulpe den kleinen Salbentopf mit dem Aufkleber der Hertz-Apotheke. „Antibiotikumsalbe! Fünf Tage alt! Nicht gekühlt! Ha! Mein lieber Freund!“

Bea hoffte, dass Wulpe Hannes' kurzes Zusammenzucken nicht bemerkt hatte. Aber sie hatte. Und natürlich bemerkte sie auch, dass die Pause bis zu Hannes' Reaktion deutlich länger ausfiel als unter normalen Umständen. Die Reaktion selbst war allerdings eher Notwehr als souverän.

„Na, wenn's sonst nichts gibt!“, sagte Hannes. „Sie wissen doch selbst, dass wir so was nicht abgeben.“

„Mh-mh.“

„Das ist nicht abgeholt worden und steht da nur als Erinnerung. Sollte die Kundin doch noch mal wiederkommen, bereiten wir die Salbe natürlich neu.“

„Mh-mh."

„Sagen Sie mal, Wulpe, was soll das? Wer schwärzt uns hier an? Doch nicht Adler? Krill? Hellmann?"

Bea meinte, tatsächlich ein Zucken in Wulpes Gesicht bemerkt zu haben, nur hatte Hannes seine Verdächtigenliste dummerweise zu schnell abgefeuert. Auf welchen Namen Wulpe reagiert hatte, war nicht zu erkennen gewesen.

„Oder der Lockvogel selbst?", sagte Hannes. „Und, nein, Wulpe, ich bin nicht auf den Kopf gefallen. Hier tauchen häufiger charmante junge Damen auf, die gern wegen ihrer angeblichen Osteoporose beraten werden wollen. So was können Sie sich gern schenken."

„Mh-mh." Wulpe verstaute sein Salbenbeweisstück in seiner Aktentasche wie ein am Tatort entdecktes blutiges Messer. „Na, dann schauen wir mal, was die Kammer dazu meint. Und der Staatsanwalt."

„Das gehört nicht zum Staatsanwalt, das wissen Sie selbst."

„Mh-mh."

Und mit diesem bescheuerten Mh-mh sollten Sie mal zum Psychiater gehen.

„Aha", sagte Wulpe.

Und Hannes begriff, dass er das tatsächlich nicht nur gedacht, sondern gesagt hatte.

Wulpe bedeutete Stein, ihm zu folgen. Der Geste nach zu urteilen, direkt zur Staatsanwaltschaft, zur Bundesregierung oder zu einem guten Henker.

Und während Bea sich noch fragte, ob sie Hannes vorwurfsvoll anschauen oder trösten sollte, meldete sich ihr Smartphone brummend in der Kitteltasche. Hannes, ebenfalls unentschlossen, hob den Zeigefinger, klappte den Mund auf und folgte Wulpe und Stein, obwohl er erkennbar gar keine Idee hatte, wie er das drohende Unheil noch abwenden sollte. Bea sah gleichzeitig aufs Display, das einen unbekannten Anrufer auswies, und entschied sich instinktiv, den anzunehmen.

„Hertz", sagte sie.

„Frau Hertz, wie schön, dass ich Sie erreiche." Die Frauenstimme klang nach Hotline, und Bea wollte direkt sagen „Wir brauchen kein Spielfilmpaket", aber die Frau war schneller. „Betrachten Sie das als gut gemeinte Warnung."

Bea erstarrte.

„Sie haben etwas, was Ihnen nicht gehört. Und das übergeben Sie mir freundlicherweise heute noch. Autobahnraststätte Stillhorn, Fahrtrichtung Hamburg, Punkt ein Uhr, äußerste rechte Lkw-Parkbuchten, ganz am Ende. Sie und Ihr Mann parken dort, niemand begleitet Sie. Wir kommen auf Sie zu, Sie übergeben uns unser Eigentum. Sollten Sie nicht erscheinen, tragen Sie die Konsequenzen."

„Was reden Sie denn da?"

„Frau Hertz", sagte die Telefonstimme, sehr freundlich. „Sie wissen ganz genau, wovon ich rede. Punkt eins. Bis nachher."

„Nein", sagte Bea, „weiß ich nicht."

Aber die Leitung war schon vor dem „weiß" tot, und auch Beas folgendes „Hallo?" fiel ins Leere.

Fassungslos sah sie ihr Smartphone an. War das eben wirklich passiert?

Sie sah nach links. Zu Hannes. Der inzwischen draußen stand, wohin er Wulpe und Stein gefolgt war, ohne die beiden noch einmal anzusprechen. Bea sah, dass Hannes sein Smartphone aus der Kitteltasche zog und einen Anruf entgegennahm, und sie blieb einen langen Moment wie festgewurzelt stehen. Hannes stand draußen, hörte offenbar zu – und schien dabei ebenfalls festzufrieren.

Bea setzte sich in Bewegung. Vorbei an Mitarbeitern und wartenden Kunden, die sie im Vorbeigehen lächelnd begrüßten. Bea brachte es nicht fertig, darauf angemessen zu reagieren. Sie erreichte Hannes, als der eben mit einem „Hallo?" aufs Display seines Handy schaute, ungläubig, das Gerät noch einmal an sein Ohr hielt, abermals „Hallo?" sagte und dann die nun neben ihm stehende Bea verdattert ansah.

„Was war das denn?", fragte er sie.

„Die Frau?"

„Ja." Hannes' Blick wurde noch ein bisschen verwirrter, sofern das möglich war. „Woher ...?"

„Die hat mich eben auch angerufen."

„Was soll denn das?"

„Wenn ich das wüsste ..."

„Was soll ich der mitbringen?"

„Das wüsste ich auch gern."

„Und wieso zehntausend?"

„Was?", sagte Bea.

„Ich hab nichts zu verkaufen."

„Wieso verkaufen?"

„Zehntausend. Für die Beweise."

„Welche Beweise?"

„Ich denk, die hat dich eben auch angerufen?"

„Ja, die wollte das, was ‚uns nicht gehört', heute Nacht in Stillhorn."

„Aber was gehört uns denn nicht? Nein, heute Nacht auf dem Parkplatz der HoFa."

„Nie im Leben treffe ich nachts Unbekannte auf einem ...? Nein, da hast du dich verhört, Parkplatz Stillhorn."

„Nein, Honigfabrik. Das ist in Wilhelmsburg."

„Ja, weiß ich, aber das hat die nicht gesagt."

„Doch."

„Quatsch."

„Hä?", sagte Hannes.

„Bitte?", sagte Bea.

„Gehören Sie dazu?", sagte eine Stimme von links. Bea und Hannes sahen hin. Die Stimme war aus einer mutig unvermummten und äußerst attraktiven jungen Frau gekommen, die eine Packung Orthomolekulares in der Hand hielt und dazu offenkundig eine Frage an die beiden Kittelträger hatte.

„Nein", sagte Hannes und gestikulierte die Kundin weg, in Richtung von Marlene und Doro.

Bea konstatierte, dass nicht nur sie die Lage für dramatisch hielt. Hübsche junge Kundinnen schickte Hannes nie in Richtung Personal. Diesmal sah er der irritiert sich abwendenden jungen Dame aber nicht einmal nach.

„Das war nicht die Gleiche?“, sagte er.

„Wohl nicht.“

„Zwei?“

„Aber dann sind die die schlecht koordiniert.“

„Gar nicht.“

„Was denn nun, Geld oder kein Geld, Autobahn oder Hofa?“

„Ergibt keinen Sinn.“

„Doch. Wenn die beiden nichts voneinander wissen.“

„Wie, die eine will zahlen, die andere nicht?“

„Nein, die andere droht.“

„Nicht mit Geld?“

„Nein.“

„Ich rufe Stocker an“, sagte Hannes.

„Tolle Idee“, sagte Bea. „Und was sagst du dem? Eine Frau bedroht mich am Telefon mit Geld?“

Hannes schweig.

„Wir müssen uns entscheiden. Hofa oder Stillhorn.“

„Spinnst du?“

„Wir können uns doch nicht trennen!“, sagte Hannes. „Viel zu gefährlich.“

„Trennen? Was? Nein! Wir gehen da gar nicht hin!“, sagte Bea.

„Müssen wir doch.“

„Nein, natürlich nicht!“

„Ich rufe Stocker an.“

„Ja, ruf ihn an und sag ihm, wenn wir übermorgen einen Unfall hatten, dann war das ... Krill. Oder Hellmann. Oder irgendein Pole.“

„Das ist doch ein Bluff.“

„Muss einer sein.“

„Ja. Die wollen uns nur einschüchtern.“

„Ja. Muss so sein."
„Die rufen morgen wieder an."
„Ja."
„Und dann klären wir das. Unter zivilisierten Leuten."
„Genau."
„Ich rufe Stocker trotzdem an."
„Wie du möchtest."

Hannes nickte. Schwieg. Nickte noch ein bisschen weiter. Hörte kurz auf zu nicken. Und nickte dann noch mal. „Ich möchte eigentlich nur, dass das aufhört."

Draußen schien immer noch die Sonne. Die Kunden und das Personal waren immer noch ungewöhnlich gut gelaunt. Aber Bea war nicht mehr so sicher, ob der Kosmos es wirklich gut mit ihr und Hannes meinte. Vielleicht hatte der Kosmos, randvoll mit dunkler Energie und dunkler Materie auch nur einfach einen farblich passenden Sinn für Humor.

21

Sie hatten es versucht. Gemeinsam und getrennt. Müde waren sie beide schon um halb elf gewesen, wie jeden Abend. Das immer wieder gleiche Gespräch hatten sie schon vorher ein paar Dutzendmal geführt, die Frage „doch hinfahren?" immer wieder mit „Nein" beantwortet, das Fazit abwechselnd gezogen, mit allenfalls leicht variierendem Wortlaut. Das wäre ja völlig verrückt gewesen. Um halb zwölf führten sie das Gespräch zum letzten Mal. Hannes leerte den Rest des Antinori und versuchte es danach mit der Lektüre des langweiligsten biomedizinischen Buches, das er je gelesen hatte. Bea versuchte Kamillentee und das BGB. Mit Musik von *Liquid Mind* auf den Ohren.

Schlaf wollte sich nicht einstellen. Sie versuchten es mit Sex. Als Ablenkung funktionierte das ganz hervorragend, und auf die die postkoitale Aktivierung des Parasympathicus konnte man sich doch immer verlassen. Sonst jedenfalls. Aber diesmal eben nicht. Um zwei zog Hannes um ins Gästezimmer. Bea nahm Baldrian. Hannes schlief um drei Uhr morgens ein, Bea um halb vier. Um fünf Uhr dreißig klingelte der Wecker, um kurz nach sieben saßen die beiden im Auto. Bea fuhr. Hannes schlief auf dem Beifahrersitz ein.

Dennoch attestierte PTA Marlene beiden beim Betreten des Personalraumes der Harburger Filiale, sie sähen aus wie zwei Nebendarsteller aus *The Walking Dead* und schlug höflich vor, Chefin und Chef sollten doch bitte gleich wieder nach Hause fahren und den Tag verschlafen.

Was natürlich nicht ging.

Aus einigen Gründen. Aber vor allem deshalb, weil um zehn Uhr das Regionalfernsehen anrücken würde, wie seit langem besprochen, um den freundlichen Beitrag zum Jubiläum der Hertz-Apotheken zu drehen.

Was natürlich auch nicht ging. So, wie Hannes aussah.

Aber Bea war sicher, dass die Fernsehleute irgendwen mit etwas Make-up dabei haben würden. Andernfalls würde sie Hannes eben selbst schminken.

Sie stellte ihrem Mann einen Kaffee auf den Tisch und setzte sich zu ihm. Hannes hatte gerade sein Smartphone aus der Tasche gezogen und wischte sich durch die Einstellungen.

„War deins an?“, fragte er.

„Ja“, sagte Bea.

„Flugmodus vergessen. Aber keine Nachricht von Stocker.“

„Hast du den doch noch angerufen?“

„Ja. Um drei. Hat mir keine Ruhe gelassen.“

„Und was hast du ihm gesagt?“

„Wenn ich das wüsste.“

„War das nach dem Chianti?“

„Weit nach.“

Hannes' Smartphone klingelte. „Wenn man vom Teufel spricht..." Er sah auf das Display und korrigierte sich. „Oder auch nicht... Hertz."

„Sie waren nicht da", sagte eine Frauenstimme in seinem Ohr.

„Nein", sagte Hannes. „Weil wir nichts haben, was wir Ihnen geben können."

Bea war schlagartig hellwach. Sie bedeutete Hannes, den Lautsprecher einzuschalten.

„Nichts von Patrick?", sagte die Frau in Hannes' Ohr.

„Nein. Wer sind Sie?"

Die Frau in seinem Ohr schwieg. Hannes schaltete den Lautsprecher ein. Die Frau schwieg weiter.

„Sie gehören nicht zu Krill", sagte Hannes. „Sie sind Beata?"

Schweigen.

„Wir würden gern mit Ihnen..."

„Ich glaube Ihnen", sagte die Frau. „Ich schicke Ihnen eine E-Mail, wo wir uns treffen. Nicht am Telefon. Bringen Sie 5.000 Euro mit, dann erkläre ich Ihnen alles. Ich muss hier weg, Sie auch."

Sie wartete nicht auf Hannes' darauf folgendes „Was?". Die Leitung war tot.

Hannes und Bea wechselten einen Blick.

„Ich weiß nicht, wie ich das finde", sagte Hannes.

„Ich auch nicht", sagte Bea und sah über Hannes' Schulter Marlene eintreten.

„Ihr Termin ist da", sagte Marlene.

„Wir kommen", sagte Bea.

„Welcher Termin", sagte Hannes.

„Das Fernsehen."

Beas Hoffnung, „das Fernsehen" werde natürlich eine Stylistin mitbringen, wurde enttäuscht. Das Fernsehteam bestand aus lediglich drei Personen, einem Kameramann, einer jungen Frau und einem jungen gutaussehenden Mann, der die Fragen stellen würde. Der eigentlich hierfür vorgesehene Kollege, bekannt aus dem Regionalformat, war plötzlich erkrankt, wie die junge Frau Bea bedauernd erklärte, die zuständige Redakteurin, ebenfalls nicht vor Ort, ließ herzlich grüßen. Der junge Herr Pütz, Vorname Sascha, werde das Interview aber ebenso charmant führen wie sein erfahrener Kollege. Sascha besprach unterdessen mit seinem Kameramann und Hannes, wo man das Gespräch führen wollte, die Wahl fiel auf den letzten HV-Tisch vor dem zweiten Eingang, dem zur Einkaufspassage. Die Automatiktür wurde hierzu kurz geschlossen, zum Glück war ja kein Wulpe da, der dies zum Anlass nehmen konnte, wegen blockierter Fluchtwege direkt Anzeige zu erstatten.

Hannes platzierte sich hinter dem HV-Tisch, Sascha davor. Der Kameramann baute gleich zwei Stative auf, eines mit der großen Kamera drauf, eines mit einer kleineren. Während tatsächlich etliche Kunden neugierig stehen blieben und auch keine Anstalten machten, die Apotheke wieder zu verlassen, gratulierte Sascha Hannes vorab zum Jubiläum, vergewisserte sich, dass tatsächlich Hannes' Vater und Mutter die Gründer der ersten Hertz-Apotheke in Winterhude gewesen waren, und dass der Begriff „Regulationsmedizin" für das ganze Themenfeld, einschließlich der von Hannes bereits seit dreißig Jahren angebotenen Umweltanalytik, zutraf. Hannes bejahte, erfreut, dass Sascha offenbar im Bilde war. Sascha nickte und ergänzte zu Hannes' Beruhigung, er werde ein paar Fragen mehr stellen. Der Beitrag solle zwar nur drei Minuten dreißig lang werden, aber auf diese Weise könne man sich später im Schnitt die Highlights herauspicken. Hannes nickte zurück und fand das ungeheuer professionell; obwohl Hannes nach Beas Geschmack wirklich viel zu blass war, sah er jetzt zumindest wach aus.

Sascha sah seinen Kameramann an, der Kameramann nickte, „läuft", und Sascha moderierte seinen Gesprächspartner feierlich an. Erfolgreicher Familienbetrieb, seit 75 Jahren vor Ort, Sohnemann Johannes schon früh mit der genialen

Idee, Umwelteinflüsse zu messen und eigene Therapien darauf aufzubauen. Alles immer mit „einem Her(t)z für den Patienten", nicht so sehr für den „Gesundheitskunden", denn so heißt der ja heute. Hannes nahm das Stichwort dankbar auf, denn der Patient brauchte ja, wie der Begriff schon sagte, vor allem Geduld, der Gesundheitskunde hingegen habe es oft leider sehr eilig.

Sascha hakte freundlich nach. „Da sind Sie natürlich sehr beim Menschen. Nicht so sehr beim Umsatz, und darum geht es ja der Pharmaindustrie vor allem."

„Ja, da gibt es sicher unschöne Entwicklungen. Aber wir selbst machen natürlich auch Umsatz, ohne geht es ja nicht."

„Auch mit ihren Test-Kits, die Sie ja schon seit Ende der achtziger Jahren anbieten – da waren Sie wohl einer der Ersten?"

„Ja."

„Nun ist das natürlich alles nicht billig, und die Kassen übernehmen ja die Kosten nicht, weil der Nutzen dieser Analytik nicht nachgewiesen ist. Verstehen Sie die Kritik?"

„Nein", sagte Hannes. „Natürlich kostet auch die Umweltanalytik Geld, aber es ist doch besser, schädliche Einflüsse zu eliminieren, als grundlos Medikamente zu nehmen. Denn die haben ja nicht nur Wirkungen, sondern auch Nebenwirkungen."

„Damit verlassen Sie aber das reine Apothekersein und begeben sich ja im Grunde auf ärztliches Niveau – Sie behandeln ja dann selbst, auch wenn Sie nur empfehlen, zum Beispiel, dass jemand sich anders ernähren soll?"

„Das kann man so sehen. Aber das gehört historisch mit zu unserem Beruf. Zumindest früher waren wir als Apotheker ja auch Behandler."

„Da können Sie natürlich auf einen reichen Erfahrungsschatz zugreifen. Ihr Vater hat die erste Hertz-Apotheke direkt nach dem Krieg gegründet. War aber schon zu seiner Zeit bei der Wehrmacht glühender Verehrer der ‚germanischen Medizin'."

Hannes sah Sascha irritiert an und sagte: „Nein."

„Das ist falsch?"

„Ja."

In Beas Kopf ging eine große rote Alarmleuchte an.

Sascha sprach aber bereits weiter.

„Aber es trifft zu, Dr. Hertz, dass Sie die AFD jetzt nicht mehr finanziell unterstützen?"

Hannes' Blick war angemessen verdattert. „Nein", sagte er.

„Sie unterstützen die AFD weiter, trotz der Äußerungen von Höcke? Oder wegen?"

„Nein, habe ich auch nie. Hören Sie mal..."

Bea begriff, was Sascha sammelte. Schnittfutter. Jetzt benötigte er statt Hannes „Nein" eigentlich nur ein passendes „Ja" mit Zusatz, um es direkt hinter seine Höcke-Frage zu schneiden.

„Dann ist auch das falsch?"

„Ja. Natürlich."

Sascha lächelte.

Zwischen Hannes Augen bildete sich eine tiefe Falte, geboren aus berechtigtem Zorn. Bea verstand ihn nur allzu gut, aber sie verstand umso besser, dass das nicht gut *war*.

„Ich weiß nicht, woher Sie das haben", sagte Hannes. „Aber es gehört sicher nicht hierher."

„Weil Sie lieber nicht möchten, dass Ihre Kunden das wissen?"

„Nein, weil es nicht zutrifft. Und weil ich nicht weiß, was das soll."

„Dass Sie Ihre Kompetenzen regelmäßig überschreiten, ist ja inzwischen aktenkundig – die Frage muss aber erlaubt sein, ob das nur unter ‚Abzocke' fällt, wie der Gesundheitsminister es nennt, oder ob es sogar gefährlich ist für Ihre Kunden?"

Während Beas innere Alarmleuchte jetzt rotierte und sehr laute Geräusche von sich gab, wurde es zwischen den erstaunt zuschauenden und lauschenden Kunden plötzlich unruhig, und als Bea den Kopf nach rechts wandte, sah sie, dass eine junge Frau sich den Weg durch die Zuschauer bahnte, auf Hannes und Sascha zu.

Eine junge, sehr schlecht gelaunte Frau.

Deren linke Wange knallrot war und vorwiegend aus Blasen bestand.

Beas Herz blieb kurz stehen, als die junge Frau Hannes anschrie.

„Was haben Sie mit mir gemacht!"

Der Kameramann hatte verblüffend schnell reagiert. Er hielt bereits drauf, mit Kamera Nummer drei, seinem iPhone.

„Das ist doch kein Kortison!", schrie die Kundin Hannes an.

Und Hannes reagierte. Angemessen.

„Jetzt reicht's aber!", herrschte er seinerseits Sascha an. „Was veranstalten Sie denn hier!? Wer hat euch geschickt!?"

„Ich zeig Sie an!", rief die Kundin.

„Ja, nur zu", sagte Hannes. „Ich hab Sie noch nie gesehen!"

Die Frau deutete auf ihre Wange, jetzt hysterisch. „Das ist IHRE Salbe!"

Hannes sah nach vorn. Sein Blick traf den von Sascha. Der sich alle Worte sparen konnte, denn sein Blick sagte alles. Reingefallen.

Bea sagte „Nein", in der stillen Hoffnung, dass ihr leidenschaftlich roter Mann ausnahmeweise blau und beherrscht reagieren möge, aber natürlich tat er das nicht.

Hannes fuhr den Zeigefinger aus, empört, Richtung Sascha – ohne die Kamera neben dessen rechter Schulter überhaupt noch wahrzunehmen. „Damit kommen Sie nicht durch! Schluss jetzt, machen Sie das aus!"

Sascha reagierte nicht. Er trat bloß einen Schritt zur Seite, weil er, wie Bea, wusste, was nun noch fehlte und kommen würde.

Hannes trat um den HV-Tisch herum.

„Unerhört ist das!"

Und stieß die Kamera um.

Bea fiel ihm in den Arm.

„Mörder!“, rief die junge Frau.

„Machen Sie das aus“, sagte Bea zum Kameramann, der nun ihr sein iPhone ins Gesicht hielt.

Der Kameramann nickte höflich und ließ das iPhone sinken. „Ist ja gut.“

„Ja, jetzt reicht's aber wirklich!“

Bea und Hannes sahen Sascha an. Wieso schrie jetzt *der*? Und dann auch noch... ängstlich?

„Wir gehen ja schon! Ist ja gut! Kein Grund, hier noch die Leute zusammenzuschlagen!“

Er und sein Kameramann beeilten sich, die beiden Kameras und Stative vor Hannes' Zugriff in Sicherheit zu bringen, und Sascha fuhr beide Arme nach vorn aus, um den wütenden Apotheker zu beruhigen.

Auch das filmte sein Kameramann noch mit. Obwohl er das eigentlich gar nicht mehr musste. Denn inzwischen filmten auch sämtliche Kunden mit.

„Raus!“, sagte Hannes zu Sascha.

„Klar“, sagte Sascha zu Hannes, „Beruhigen Sie sich doch!“. Im Wissen, dass er jetzt selbst zwanzigfach gefilmt wurde und dass sicher mindestens zehn der freiwilligen Journalisten ihre Beiträge bei Facebook und youtube einstellen würden, brachte er einen wirklich überzeugend eingeschüchterten Gesichtsausdruck zustande.

Sogar der stolpernde Abgang des kleines Teams wirkte erschreckend realistisch. Als würden sie verfolgt von einem blutrünstigen Oger.

Oder eben einem bleichen Nazi-Apotheker, der seine unschuldigen Kundinnen verätzte und Journalisten zusammenschlug, die darüber berichten wollten.

22

Kommissar Danny Stocker hatte Hannes Hertz vor dessen zwei nächtlichen Anrufen im Vollrausch nur für einen harmlosen Sonderling gehalten. Den Wunsch nach einem Rückruf hatte er nicht ernst genommen, schon weil Hertz dies bei beiden Gelegenheiten kaum mehr seriös über die Lippen gebracht hatte. Aber selbst wenn der Apotheker klar und nüchtern gewesen wäre, hätte Stocker ihn zirka auf Platz 100 seiner To-do-Liste geparkt, denn die Liste war voll, lang und wichtig. Um die Top 10 prügelten sich Berufs- und Privatleben. Ein zu observierender Anwalt, der offenbar allen Ernstes von der Harburger Schlossinsel aus – Bootsparkplatz in der Tiefgarage inklusive – seine Hamburger Klientel mit Koks belieferte, ein in diesem Zusammenhang verschwundener junger Kurier, Hinweise aus der Bevölkerung, die sich zu neunzig Prozent als Wichtigtuerei und Müll entpuppten, dazu für den kommenden Tag geplant mehrere Razzien von Heimfeld bis in den Rosengarten bis ins Alte Land, Zugriff dort auf einen anonym beschuldigten Verdächtigen namens Koch, der mit der Bande des Harburger Anwaltes nach Stockers Wissens gar nichts zu tun haben konnte, aber parallel zu diesem ganzen Irrsinn war auch Stockers Privatleben an mehreren Stellen gleichzeitig explodiert.

Theo hatte ein blaues Auge, die Schulleiterin Angst vor dem Schulhofschläger beziehungsweise dessen großem Bruder, der nicht umsonst mehrfach vorbestraft worden war. Darum würde Stocker sich privat kümmern müssen, nicht dienstlich. Und um seine Mutter auch. Denn Vera hatte offenbar einen neuen Verehrer, was in ihrem Alter schon mal gar nicht ging. Schlimmer und dringender aber war, dass auch Nici offenbar einen neuen Verehrer hatte, was erst recht nicht ging.

Auf Stockers Frage „Was hat der, was ich nicht habe?“ hatte sie geantwortet „Er ist Jamaikaner“. Das wäre natürlich ein Argument gewesen, war aber nur ein Scherz. Die Wahrheit war schlimmer, denn der Neue hatte gar nicht mehr als Stocker, sondern weniger: kein Kind, keine Oma in der Wohnung, keine grauen Haare, keine Schulden, keine Sorgen. Dafür hatte er einen gut bezahlten Job als Anwalt, schwebte also über den Dingen und nicht, wie Danny, dauernd in Lebensgefahr.

Der betrunkene Apotheker hatte jedenfalls auf Stockers To-do-Liste höchstens unter ferner liefen gestanden, neutral eingestuft als „irrelevant“. Das aber änderte sich an diesem Abend, und zwar mit eindeutig negativem Vorzeichen. Stocker hatte sich bis zum Beitrag des Regionalfernsehens ja durchaus noch einbilden können, er verfüge über einen Rest Menschenkenntnis, aber der Beitrag zog ihm diesbezüglich den letzten Zahn. Was Stocker aus verschiedenen Gründen äußerst unangenehm fand. Und da eindeutig der Apotheker die Schuld daran trug, ließ Stocker ihn schlecht gelaunt ein paar Plätze höher rücken auf seiner Liste. Allerdings nicht mit dem Zusatz *klären*, sondern mit dem ausdrücklichen Zusatz *sofort aus dem Verkehr ziehen.*

Vom Fernsehbeitrag über den „Wahnsinngen“ hatte Stocker vom Kollegen Schiller gehört, kurz vor dessen Abgang in den Feierabend. Schiller wusste ja, dass Stocker Hertz kannte und schätzte, und da Schiller Stocker nicht schätze, war es ihm eine erkennbare Freude gewesen, den Kollegen mit schlecht gespieltem Mitgefühl aufzuziehen. „Kann ja mal vorkommen, dass man sich irrt. Nicht nur bei Frauen.“ Schiller war aber noch ein bisschen weiter gegangen, denn nach seiner Ansicht würde der prügelnde Nazi-Apotheker vermutlich ab morgen Polizeischutz anfordern müssen, und das war natürlich auch Stockers Schuld, irgendwie.

Stocker dankte für den Hinweis, ergänzt um den freundlichen Hinweis, Schiller möge sich einen guten Psychiater suchen und ansonsten ins Knie ficken.

Den Fernsehbeitrag sah er sich erst danach an, in der öffentlichen Mediathek. Und die ergänzenden diversen „Making of"s im youtube-Kosmos. Den Klickzahlen und Kommentaren nach zu urteilen, hatte Hertz einen viralen Hit gelandet mit seinem Ausraster vor laufenden Kameras, aber vor allem hatte er eine rasch eskalierende Debatte in der Kommentarspalte ausgelöst. Natürlich überwog die Empörung. Natürlich forderten etliche Kommentatoren, „so einer" müsse zusammengeschlagen oder weggesperrt werden und dürfe nicht als Apotheker tätig sein, keinen Tag länger. Aber binnen kurzer Zeit tauchten auch zunehmend Kommentatoren auf, die Hertz energisch verteidigten. Wegen seiner grundsätzlich richtigen Haltung. Weil er die germanische Medizin unterstützte. Und die AFD. Man warf ihm zwar vor, dass er sich nicht offen zur Partei bekannte, lobte ihn aber dennoch als aufrechten Kämpfer gegen „linksversiffte Journalisten" und andere Schmarotzer.

Stocker hatte nicht den Hauch einer Ahnung, was „germanische Medizin" überhaupt sein sollte, aber es klang im Zusammenhang mit Hertz' offenbar nationalistischer Gesinnung absolut passend. Hinzu kam aber, dass Stocker ja noch etwas mehr wusste als das geneigte Publikum, denn Hertz hatte ihm ja nun schon zweimal aufs Band gesprochen und weitere Belege für seinen schweren Sockenschuss geliefert.

Stocker hörte sich die beiden Mitteilungen tatsächlich noch einmal an. Unterm Strich blieb als Behauptung des Apothekers stehen, dass „die" lange Arme hatten, Leute in Hotels und Krankenhäusern umbringen ließen, und danach sogar ganz schnell einäschern konnten, obwohl die armen Opfer sich echte Särge gewünscht hatten. „Die" waren nämlich skrupellos. Die Mafia, mindestens. Und der lallende Apotheker bestand darauf, sollten er und seine Frau morgen tot sein, hätte ihn entweder Krill ermordet (wer auch immer das sein mochte), Hellmann (wer auch immer das sein mochte) oder ganz grundsätzlich „die Polen!".

Na klar.

Stocker hatte aus mehreren Gründen richtig schlechte Laune. Nicht nur, weil Hertz „die Polen!“ für seine Feinde hielt und seine Brieftasche offenbar am äußerst rechten Fleck trug. Der Apotheker, dem er vertraut hatte, war nicht nur politisch gestört, sondern offenkundig komplett. Ein Fall für die Anstalt. Ein paranoider Säufer, der wilde Verschwörungstheorien entwickelte, der jeden für einen Mörder hielt, Leute verstümmelte und auf Journalisten losging.

Hertz war offensichtlich gefährlich.

Und er hatte Stocker offensichtlich getäuscht. Eingewickelt. Reingelegt. Vollständig.

In Stockers Leben gab es nicht viele Konstanten. Aber wenigstens eine dann doch. Es hatte noch niemand Danny Stocker ungestraft verarscht. Und das würde auch so bleiben.

23

Beatrice Hertz wünschte sich ein anderes Gehirn. Eine andere Farbe. Ein anderes Temperament. Andere Möglichkeiten, mit der Krise umzugehen. Am besten natürlich solche, die ihr Lösungswege aufzeigten. Aber sofern es diese Wege nicht gab, wünschte sie sich doch wenigstens Optionen, mit ihrer Sorge und ihrem Kummer umzugehen. Dabei nämlich halfen ihr die eigenen Stärken, Verstand, Analyse und Logik – kein bisschen weiter. Nie hatte sie sich so dringend eine andere Natur gewünscht. Eine hysterische, notfalls. Oder eine laute, herumbrüllende. Oder einfach etwas Grünes, Stoisches, Urvertrauendes.

Denn so, wie die Dinge nun mal lagen, lebte sie gefährlich. Flüchten konnte sie nicht, kämpfen auch nicht, weil sich der eigentliche Gegner nicht zu erkennen gab und der stellvertretende Gegner gar nicht greifbar war – bestand der doch aus inzwischen Zehntausenden, die Hannes und ihr nach dem Leben trachteten, drohend, geifernd, wahlweise NS-Parolen unter die youtube-Videos platzierend. Mit denen konnte sie sich nicht auseinandersetzen. Mit denen konnte sie nichts argumentativ klären.

Sie saß in der Falle.

Keines ihrer Talente nützte ihr etwas.

Und sie wusste, dass sie sich auf dünnem Eis befand, gesundheitlich betrachtet. Denn wenn sie ihre größte Stärke in einer Krisensituation nicht ausspielen konnte, drohte der Kollaps eben jenes Organs, das diese Stärke verkörperte. Gerieten Grüne in ausweglose Lagen, drohten Magengeschwüre und Schlimmeres. Gerieten Rote ins Ausweglose, drohten Infarkte. Trieb man Blau in die Ecke, verabschiedete sich bevorzugt und schlagartig das Gehirn.

Dass Hannes ebenfalls in großer Gefahr schwebte, war ihr bewusst und machte alles nur noch schlimmer. Am allerschlimmsten aber war, dass er aus lebenserhaltenden Gründen, um sein Herz zu schützen, den für sich einzig richtigen Weg gewählt hatte, nämlich den ins Schweigen. In die innere Emigration. In die Stille, in der er wohl eine Lösung zu erfühlen hoffte. Aber so richtig und zulässig das für ihn selbst war, so zusätzlich quälend war es für Bea. Die sprechen wollte. Musste. Analysieren. Einen logischen Weg finden hinaus aus der entsetzlichen Lage, in die sie geraten waren.

Hannes konnte ihr dabei nicht dienen. Und sie ihm nicht. Was die Lage zusätzlich verschlimmerte, denn in diesem Punkt waren sie sich ja vollkommen einig, in Logik, Gefühl und Überzeugung: Wer liebte, nahm das Wohlergehen des anderen wichtiger als sein eigenes. Wer liebte, den erfreute die Freude des anderen mehr als die eigene. Wer liebte, der litt mehr als der andere, wenn der litt.

Und so war die Bedrohung durch alle tatsächlichen oder imaginierten Gegner von Krill bis Hellmann, von Polen bis Polizei, zwar überaus ernst, aber nicht annährend so lebensgefährlich wie das, was diese Bedrohung in Bea und Hannes auslöste. Weil sie nicht aus ihrer Haut konnten. Und genau diese Haut völlig ungeeignet war, mit der Situation umzugehen.

Hannes hatte sich den Fernsehbeitrag am Vorabend schweigend angesehen. Schweigend und starr. Danach hatte er Bea auf die Stirn geküsst, schweigend, und war verschwunden. Zunächst in sein Arbeitszimmer, später ins Gästezimmer.

Bea war schockiert gewesen, als sie morgens in der Küche wieder mit ihm zusammengetroffen war. Er konnte wieder nicht oder nur sehr wenig geschlafen haben, er war nicht mehr blass, sondern inzwischen fahl, und seine Augen lagen stumpf viel zu tief in ihren Höhlen. Ihre Umarmung erwiderte er. Aber die Sprache hatte er noch nicht wiedergefunden.

Die Kinder hatten sich gemeldet. Alle drei, zuerst Claudia, dann Paul, dann Götz. Alle drei in Sorge um den Vater, alle drei unüberhörbar erleichtert, zunächst bei Bea gelandet zu sein, im Vorzimmer, am Puls des Vaters, dessen inneren Zustand sie sich alle vorstellen konnten. Bea bestätigte die Vermutungen der Kinder, die immer ebenso ihre Kinder gewesen waren wie die von Hannes. Sie teilte Claudias rote Sorge um das Herz des Vaters, sie teilte Pauls blaue Ansicht, gegen einen derartig empörenden Angriff könne und müsse man juristisch vorgehen, mit guten Aussichten auf Erfolg, und sie litt mit ihrem grünen Götz, der die ganze Dimension der seelischen Verheerung in Seele, Herz und Geist des Vaters instinktiv erfühlte. Dreimal nacheinander ging sie mit dem Smartphone zu Hannes, der reglos im Sessel vor dem

Wohnzimmerfenster saß und erkennbar schwarzen Gedanken nachhing, dreimal fragte sie ihn, ob er sprechen wolle, könne, dreimal schüttelte er den Kopf.

Schweigend.

Er schwieg auf der Fahrt nach Harburg.

Er schwieg, als sie vom Parkdeck hinuntergingen in die Fußgängerzone.

Er schwieg, als sie die Apotheke erreichten. Die großen Scheiben, rot beschmiert mit „Nazis raus!“-Parolen. Die kleinere Scheibe rechts vom Eingang, die keine mehr war. Sondern in Form von Scherben um einen Pflasterstein herum lag, zwischen Grippemitteln.

Marlene trat aus der Apotheke, einen Besen und eine Rolle rot-weißes Flatterband in den Händen, mit trotzigem Blick. Hannes ging an ihr vorbei, hinein. Schweigend.

Bea begrüßte Marlene und half ihr, das Band zu befestigen und die Splitter vom Pflaster zu fegen. Unter den Blicken des Publikums, das als steter Strom durch die Fußgängerzone floss. Bea fühlte sich wie auf einer Bühne, als Straßenkehrerin vor geschmierten Parolen, und beeilte sich, ihren Auftritt zu beenden.

Die Offizin war leer. Keine Kunden.

Bea begrüßte das anwesende Personal mit einem möglichst aufmunternden Nicken und ging nach hinten, in den Personalraum. Wo Hannes am Küchentisch saß, vor dem Laptop. Bea sah über seine Schulter, dass er ein Mail-Fenster und youtube geöffnet hatte. Und las.

Sie setzte sich zu ihm.

Schwieg.

Hannes sah sie nicht an. Scrollte mit einem Finger auf dem Touchpad. Las. Bekümmert, empört, verletzt.

„5.000“, sagte er. „14 Uhr, Außenmühle.“

„Was?“

„Post von Vermutlich-Beata. Treffen auf dem Wasser, im Boot. Können wir machen, können wir aber auch lassen.“

„Wieso lassen? Wenn Sie uns sagen kann, was dahintersteckt..?“

Endlich sah Hannes sie an. Aber sein Blick verhieß nichts Gutes. „Selbst, wenn. Das nützt uns ja nichts mehr. Wir hatten unsere Chance, die haben wir nicht genutzt...“

„Konnten wir ja nicht...“

„... jetzt fahren die uns gegen die Wand. Oder haben uns schon gefahren, wie du siehst. Ich bin jetzt ein prügelnder Nazi, der seine Kunden verätzt...“

„Hannes, das wird sich doch aufklä...“

„... Wulpe wird alles, was er hat, direkt an die Staatsanwaltschaft weitergeben. Gibt also nicht nur ein Berufsgerichtsverfahren. Das wäre ja schon schlimm genug, die Kammerrüge ist uns sicher. Aber so werden wir richtig verurteilt...“

„Nein, werden wir nicht, du hast ja nichts falsch gemacht.“

„Recht haben ist nicht Recht bekommen. Wir sind zu erfolgreich, wir haben keine Freunde...“

„Doch. Wenige, aber...“

„Adler ist doch nicht der Einzige, der uns weghaben will.“

„Hannes...“

„Hast du das gelesen?“ Er deutete auf den Bildschirm, auf das youtube-Fenster. „Deshalb ist es leer. Ich habe gerade mit Winterhude telefoniert. Da sind auch keine Kunden. Bea, wir sind Nazis. Niemand kauft bei Nazis. Außer anderen Nazis. Und die feiern uns als Polenhasser. Das macht alles nur noch schlimmer, so kann überhaupt keiner mehr bei uns einkaufen.“

„Es wird sich...“

„Das Einzige, was die jetzt noch hinbekommen müssen, ist eine echte Vorstrafe für uns. Wie auch immer. Irgendwas werden die ja erfinden können, wie dieses angeblich verätzte Mädchen. Jetzt noch irgendein getürkter Verstoß gegen das Betäubungsmittelgesetz, oder Hartmut zeichnet heimlich ein Gespräch mit seiner Mutter auf, über das Gras, und gibt die Aufzeichnung Adler, und der gibt sie der Polizei, ein Jahre Knast, keine Bewährung, und wenn Albert auch noch versehentlich auspackt, zwei Jahre wegen Dealerei, so oder so eine Vorstrafe, vorbestraft darfst du keine Apotheke betreiben, verpachten darfst du die dann aber auch nicht, weil das nur ein Apotheker darf, also kannst du nur verkaufen, aber wenn du keine Kunden hast, weil du eben eine Nazi-Apotheke bist, kauft dir keiner die Apotheke ab, oder eben nur mit Verlust für dich."

Bea schwieg.

„Bea", sagte Hannes. „Wir sind erledigt."

Marlene trat in den Personalraum, blieb stehen und deutete mit dem Daumen über die Schulter, Richtung Offizin.

„Da ist... die Polizei für Sie."

Hannes und Bea wechselten einen Blick.

„Na, komm", sagte Bea. „Die werden ja diesmal auf unserer Seite sein, die Scheibe haben wir ja nicht selbst eingeschmissen."

Sie stand auf, aber Marlenes Blick war weniger zuversichtlich als ihr eigener. „Das sind aber keine normalen Polizisten, das ist dieser Kommissar."

Die Vorzeichen waren verkehrt. Nicht die Apotheker erwarteten ihren Kunden hinter dem Handverkaufstisch, sondern Stocker erwartete Bea und Hannes. Mit beiden Händen aufgestützt, als handle es sich um *sein* Revier, seinen Verhörtisch oder an was auch immer Polizisten Kriminelle in Empfang nahmen.

Das war falsch. Alles. Und Bea verteidigte ihren HV-Tisch, indem sie ebenso dicht herantrat wie Stocker und sich ebenfalls mit den Händen aufstützte. Alles hatte Grenzen. Nur interessierte Stocker sich leider gar nicht für ihren Versuch, ihr Terrain zu verteidigen, sondern fixierte Hannes. Der bedauerlicherweise alles andere als kampfbereit aussah.

„Hallo", sagte Bea. „Schön, dass Sie sich selbst kümmern. Dieses ganze abgekartete Spiel ist für uns existenz..."

„Hertz", sagte Stocker zu Hannes. „Was soll der Scheiß?"

„Ich mache keinen Scheiß", sagte Hannes, viel zu leise. „Wir haben nur die falschen Fragen gestellt, deshalb..."

„Ich stell mal die richtigen. Du unterstützt die AFD und kannst deinen Job nicht?"

„Er...", sagte Bea.

„Weder noch", sagte Hannes. „Dieser Fernsehtyp war gekauft. Die Frau auch, die war doch nur gut geschminkt. Und Wulpe hat auch jemand losgeschickt. Die wollen uns vernichten."

„Sicher", sagte Stocker. *„Die.* Die Mafia? Die CIA? Oder wer gibt sich solche Mühe?"

Bea sah, dass Hannes unter Stockers Worten langsam wieder zu sich kam. Bei aller Niedergeschlagenheit – an zusätzlichem Spott hatte er erkennbar keinen Bedarf.

„Herr Stocker, wir haben mächtige Feinde!"

„Mh-mh."

„Die hier völlig ungestraft höchst kriminell agieren, auch weil Sie Ihren Job nicht machen!"

„Ja, das haben Sie mir ja schon ins Ohr gelallt, reiner Schwachsinn."

„Das ist kein Schwachsinn. Jemand hat Patrick Hillert gegen dessen Willen einäschern lassen. Jemand hat Patrick Hillert im Krankenhaus umgebracht!"

Bea sah und hörte es mit Sorge. Stockers mimische Reaktion war alles andere als ermunternd, und dass Hannes jetzt leidenschaftlich Fahrt aufnahm, machte nichts besser.

„Ich weiß nur immer nicht, wer und warum! Aber das ist ja auch *ihr* Job, nicht meiner! Ich kann meinen Job!"

„Die Meinung haben Sie aber gerade exklusiv."

„Sie schützen durch Ihre Untätigkeit Verbrecher!"

„Whoh", sagte Stocker. „Bisher hab ich durch meine Untätigkeit Sie geschützt, weil ich weggeguckt habe. Aber jetzt gucke ich mal genauer hin, Apotheker."

„Ja, das machen Sie mal! Aber dann gucken Sie auch auf BBOS. Und auf Krill. Und wenn Sie schon mal dabei sind – auch Piotr und wahrscheinlich auch diesen Struck hat jemand umbringen ..."

Bea unterbrach Hannes energisch – und legte ihm gleichzeitig die Hand auf den Unterarm, bremsend.

„Hannes. Lass gut sein."

Hannes sah sie verdutzt an.

„Am besten lässt du jetzt mal den Herrn Kommissar seine Arbeit machen. Und wir unterhalten uns erst mal mit unserem Anwalt."

Stocker feuerte ihr einen Blick mitten zwischen die Augen. Bea fand das unangemessen, aber sie konnte ja auch nicht wissen, dass Stocker gerade mit zwei Anwälten Ärger hatte, dem Kokslieferanten auf der Schlossinsel und dem anderen Anwalt praktisch schon auf seiner Freundin.

„Na, dann mal los", sagte Stocker. „Ich seh mal zu, dass ich noch mehr Arbeit für den finde. Ihr alter Kumpel Manni wird ja nicht die einzige Leiche in Ihrem Keller sein." Er wischte mit der Hand über den Tisch, abschließend. „Wir sehen uns, Herr Apotheker." Er verpasst Bea einen letzten unhöflichen Blick und unterstrich den verbal. „Und Anhang."

Stocker wandte sich ab. Und ging.

Hannes und Bea sahen ihm nach, bis er die Apotheke verlassen und verschwunden war. Dann wandte Hannes seinen Blick zu Bea, fragend.

„Wieso hast du mich unterbrochen, das muss er doch ..."

„Das fehlt uns noch. Dass du jetzt auch noch von Patricks Schwiegervater anfängst."

„Aber das gehört doch dazu.

„Wozu? Hast du gesehen, wie der dich anguckt? Ich weiß, dass es nicht verrückt ist, aber du musst zugeben, dass es schon so verrückt klingt. Wenn du jetzt auch noch die nächste Verschwörungstheorie servierst, dann lässt Stocker dich vermutlich direkt einweisen, und wenn du erst mal in der Geschlossenen bist... du weißt ja wohl selbst, dass die da keinen wieder rauslassen."

Hannes schwieg. Natürlich wusste er das.

„Wir reden mit dieser Frau", sagte Bea. „Wenn die wirklich was weiß, dann ... können wir ja damit zu Stocker. Wenn es sein muss."

Bea fand selbst, dass das nicht besonders zuversichtlich klang.

Hannes nickte und stand auf.

„Gut. Ich gehe zur Bank. Soll ich dir was mitbringen?"

„Eine Zeitmaschine, bitte."

„Wo willst du hin? 1985?"

„Nein. Nur eine Woche zurück und dort anders abbiegen."

24

Sie wählten den unbequemen Weg. Fuhren auf Umwegen Richtung Stadtpark, den Blick immer wieder auf den Rückspiegel gerichtet. Verzichteten darauf, die Parkplätze auf der Nordostseite anzufahren, und stellten das Auto stattdessen am Straßenrand ab, in einer Sackgasse im Wohngebiet nahe des Westeinganges. Fünf Minuten blieben sie im Auto sitzen und vergewisserten sich, dass niemand ihnen gefolgt war, dann machten sie sich auf den zwanzigminütigen Fußweg zum Bootshaus. Bea war seit zwanzig Jahren nicht hier gewesen, der Weg erwies sich als gepflastert mit Erinnerungen. An Schulsportrunden um den großen See. An das „Top Ten", an betrunkene Freunde und junge Dealer. An die Warnungen von Eltern und Lehrern, auf den Spielplätzen im Park nicht in Nadeln zu fassen.

Bea hatte das alles vergessen, bis zu diesem Spaziergang.

Dass die Sonne sich bedeckt hielt, erschien ihr angemessen.

Nach zwanzig Minuten, im sicheren Wissen, dass niemand ihnen spazierend folgte, erreichten Bea und Hannes das Bootshaus. Die Tische des Cafés waren gut besetzt, aber nach Tretbootfahren stand offenbar kaum jemand der Sinn. Auch Hannes nicht.

„Ich bin Segler“, sagte er beim Besteigen des Bootes. „Kein Treter.“

Tatsächlich erwies sich ihr pastellblaues Gefährt als irritierend, nicht nur, weil es viel zu fröhlich aussah. Zu Verschwörertreffen reist man nicht im Tretboot an. Und schon gar nicht verabredet man sich auf einem spiegelglatten riesigen Präsentierteller.

„Ungeschützter kann man sich ja wohl kaum total heimlich treffen“, sagte Bea.

„Stimmt. Aber auch wenn es sich bescheuert anfühlt – wenn jemand lauschen wollte, würden wir den hier wohl bemerken.“

Sie fuhren plätschernd und gluckernd hinaus bis in die Seemitte, weit weg von Anleger, Restaurants und der Bäderlandschaft des Midsommerlandes.

„Und jetzt?“, sagte Bea.

„Jetzt warten wir wohl“, sagte Hannes.

Bea sah sich um.

Vier Boote hatte sie auf dem See gesehen, das fünfte nicht. Denn jenes wartete tatsächlich noch ein Stück weiter entfernt vom Bootshaus nahe des Ufers, halb verborgen unter den langen Fingern einer am Ufer stehenden Trauerweide.

Und näherte sich ihnen jetzt.

Hannes kniff die Augen zusammen und fixierte die langsam nähertretende Fahrerin. Als sie bis auf zehn Meter herangekommen war, nickte er sagte er schließlich „Ah, deshalb.“

„Was, deshalb?“

„Ich habe nicht nach schwarz gesucht.“

Die Tretbootfahrerin, schwarze Haare, schwarze Sonnenbrille, hatte ihr Ziel jetzt fast erreicht. Hannes sah Bea an. „Wildrosenweg, bei Hillert. Ist da an mir vorbeigefahren, aber ich hab nicht geschaltet. Ich hab doch nur nach blond gesucht.“

Beata Smuda ging längsseits.

Sie hatte ein sehr hübsches Gesicht. Ob sie auch hübsche Augen hatte, ließ sich allerdings nicht sagen, denn sie nahm die Sonnenbrille nicht ab.

„Hallo“, sagte Hannes.

„Haben Sie das Geld?“

„Ja.“

Hannes klappte sein Revers leicht nach links, sodass sie den Umschlag sehen konnte. Aber er klappte das Revers auch gleich wieder zurück. Sofern irgendwer sie mit einem Feldstecher vom Parkplatz aus beobachtete, plauderten sie ja nur kurz mit einer anderen Tretbootbegeisterten. Umschläge über Bord zu reichen, erschien ihm nicht klug.

„Hergeben“, sagte Beata. Offenbar sah sie das anders.

Hannes zögerte.

„Erzählen Sie doch erst mal“, sagte Bea. „Sonst wissen wir ja gar nicht, was wir kaufen.“

„Sie kaufen gar nichts“, sagte Beata, „wenn Sie mir nicht das Geld geben.“

Bea sah Hannes an. „Na ja. Wenn sie nichts hat und flüchtet, sind wir bestimmt zu zweit schneller. Und stärker.“

„Auch wieder wahr“, sagte Hannes.

Er griff mit der Linken nach Betas Boot, zog die Boote Seite an Seite und reichte ihr den Umschlag herüber. Die Hand, mit der sie den Umschlag entgegennahm, zitterte merklich.

Hannes ließ die Reling los, und die Boote schaukelten wieder etwas weiter auseinander.

Beata steckte den Umschlag weg.

„Was wollen Sie wissen?“

„Alles“, sagte Bea.

Beata sah sie an. Dann sah sie Hannes an.

„Es ist verrückt, dass Sie noch leben. Piotr hat Hellmann umbringen lassen.“

Hannes sah sie verdutzt an. Alles an diesen zwei Sätzen verwirrte ihn, nicht nur Satzstellung. „Hellmann?“

„Ja. Haben Sie Beweise gegen ihn?“

„Nein. Wieso Hellmann?“, sagte Bea.

Die Verwirrung war jetzt gegenseitig.

„Sie waren doch bei seiner Tochter“, sagte Beata zu Hannes.

„Ja, aber wegen Patrick, nicht... Hellmann hat? Augenblick mal, also Hellmann hat Ihren Bruder... und dann auch noch diesen Amtsleiter, oder was?“

Beata nickte. „Ja. Ich muss weg. Pavel ist ja schon weg.“

„Der Freund Ihres Bruders?“

„Ja.“

„Verstehe ich nicht.“

„Piotr und Pavel wollten Geld von Hellmann. Damit sie nicht sagen, dass er Struck bezahlt hat. Um den Bauauftrag zu bekommen.“

„Für die Europaklinik?“

Sie nickte.

„Patrick wusste das. Und er hat auch gemeint, Struck würde reden. Wenn das rauskommt. Wenn die Polizei ihn befragt. Aber keiner hat damit gerechnet: dass Hellmann nicht zahlt, sondern alle umbringen lässt.“

Sie schwieg.

Hannes schwieg. Bea schwieg.

Die Boote gluckten.

„Sie müssen auch weggehen“, sagte Beata. „Hellmann ist sehr gefährlich.“

Hannes schüttelte den Kopf. „Ja. Nein ...“

„Wieso Hellmann?“, sagte Bea. „Ich dachte, Sie haben *Patrick* erpresst?“

Beatas Blick blieb ihr wegen der Sonnenbrille verborgen, aber Bea fühlte sich auch so wie aufgespießt. Es dauerte eine ganze Weile, bis die Schwarzgefärbte nickte.

„Zuerst. Ja.“

„Nichts für ungut“, sagte Bea, „aber wenn ich Ihnen hier weiter alles aus der Nase ziehen muss, nehm ich Ihnen die 5.000 gleich wieder weg.“

Die Sonnenbrille blieb fest auf Beas Gesicht gerichtet. Das Gehirn dahinter konnte offenbar Fluchtchancen berechnen.

„Piotr und Pavel“, sagte Beata. „Es war nicht schwer für mich, Patrick rumzukriegen. Und dann haben wir ihm gesagt, ich behalte das für mich. Unsere Affäre. Seine Frau erfährt nichts. Wenn wir 500.000 kriegen. Er war doch reich. Dachten wir. Aber er hatte ja gar nichts. Das gehört alles seiner Frau. Und Hellmann. Er hat sich dann was ausgedacht. Wissen Sie doch.“

„Nein“, sagte Hannes. „Wissen wir nicht. Er wollte Beas Galenik kaufen, aber das hätte ja nur Geld gekostet, nichts gebracht.“

„Doch. Er hatte ja einen Käufer, in der Schweiz. BioNova?“

Bea nickte und sah Hannes an. „Das ist das ‚BN' in seinen Notizen. Alles klar.“

Hannes war noch nicht alles klar, aber er nickte sicherheitshalber mit.

„Aber dann“, sagte Beata zu Bea. „Haben Sie ihm das gar nicht gegeben, diese Galenik. Und deshalb ging das nicht. Also hat Piotr gesagt, Patrick soll das Geld auftreiben. Oder wir sagen alles Sandra. Und dann hat Patrick uns von der Klinik und Struck erzählt. Von Hellmann. Und Piotr und Pavel wollten das Geld von Hellmann, und jetzt ist Piotr tot.“

Sie verstummte.

Die Boote gluckten pietätlos weiter.

„Na schön“, sagte Hannes und bemerkte sofort, dass die Formulierung nicht optimal gewählt war. „Also, natürlich nicht schön, mein Beileid. Aber Hellmann hat ja *Patrick* nicht umbringen lassen.“ Hannes wandte sich Bea zu. „Er hatte keinen Grund. Auch wenn er seinen Schwiegersohn nicht leiden konnte, er wusste ja nichts von Beata und ihren Freunden. Und nichts davon, dass Patrick denen den Tipp gegeben hatte wegen seiner Bestechungsgeschichte, wegen Struck. Also hat Hellmann Patrick nicht töten lassen. Also: warum ist Patrick tot?“

Er sah Beata an.

„Waren Sie mit ihm in dem Hotelzimmer?"

„Was?"

„Im Europäischen Hof. Wo er seinen Infarkt hatte."

„Nein", sagte sie.

„Wer dann?"

„Das weiß ich nicht.

„Gut", sagte Bea. „Mal weiter. Nach dem Tod Ihres Bruders... lassen Sie und Pavel alles stehen und liegen und wandern zurück nach Polen? Offenbar nicht..."

Beata schwieg einen längeren Augenblick die Wasseroberfläche an.

„Nein", sagte sie schließlich. „Pavel hat den Preis erhöht, danach. 750.000. Wegen Piotr."

„Aber Sie wussten doch, dass Patrick kein Geld hat."

„Ja. Aber Pavel hat gedacht, Patrick lügt bestimmt." Sie sah Bea und Hannes an und schwieg kurz. Dann sagte sie. „Hat er ja auch. Er war feige."

Bea wartete. Hannes wartete mit.

„Er wollte sich hinter diesen Schweizern verstecken und sich das Geld da holen. Ohne dass sein Boss das merkt, dass er da mitmacht. Bei der Klinikgeschichte ist er auch nicht selbst aufgetreten, das waren Piotr und Pavel. Aber jetzt musste er ja."

„Musste was?"

„Seinen Chef erpressen. Damit Pavel seiner Frau nichts sagt."

„Du mich ich ihn – keine gute Idee", sagte Bea. Und nickte. „Eine seiner letzten SMSen an Sie."

„Ja. Er hatte Angst."

„Herrgott", sagte Hannes. „Ja. Gut. Aber womit hat er Krill erpresst? Hatte der auch eine polnische Geliebte, oder was? Spielschulden und Drogen wären dem doch wohl völlig egal gewesen, der hat doch nicht vom Geld seines Schwiegervaters gelebt."

„Patrick hatte Videos“, sagte Beata.

„Mann“, sagte Hannes. „Von was?“

„Das weiß ich nicht“, sagte sie, jetzt zum ersten Mal gereizt, inspiriert von Hannes’ reißendem Geduldsfaden. „Von irgendeinem Inder, verdammt. Daten. Videos. Bilder, was weiß ich.“

„Ha!“, sagte Hannes und sah Bea an. „Siehste!“

„Nein.“

„Das sag ich doch die ganze Zeit. Und du nennst mich ‚Verschwörungstheoretiker‘, nur weil ich das Offensichtliche ausspreche!“

„Und zwar?“

„Arliuthan. Die Studien müssen getürkt sein. Entweder funktioniert das Zeug gar nicht, oder es hat Todesfälle gegeben oder schwere Nebenwirkungen, oder sie haben Studien abgebrochen und verschwinden lassen oder sie haben einfach nur die Daten manipuliert, und Patrick hatte die Rohdaten. Ganz egal, was da gelaufen ist, das wäre tödlich für das Geschäft von BBOS.“

„Also für Patrick.“

„Ja.“

Beide sahen Beata an, die offenkundig höchstens Bahnhof verstand.

„Und wo sind die, diese Beweise?“, sagte Hannes.

„Das weiß ich doch nicht! Ich dachte, Sie haben die! Deshalb hab ich Sie doch angerufen.“

„Wieso sollten wir die Beweise haben?“

„Sie waren bei der Witwe.“

„Ja, aber auf den Festplatten war nichts. Jedenfalls nicht das …“

„Wenn Sie es nicht haben, ist es weg“, sagte Beata. Und legte den Rückwärtsgang ein. Bea und Hannes sahen ihr erstaunt zu, aber im Grunde hatte sie ja recht. Alles war gesagt. Sie wiederholte es trotzdem.

„Sie müssen hier weggehen.“

Das war's. Glucksend und platschend entfernte sich das fröhliche Tretboot. Und Bea und Hannes blieben zurück. Wechselten einen ratlosen Blick, schweigend im Gleichklang.

Wie sollen wir denn hier weggehen?

Sie beließen es beim Gehen. Und beim Schweigen. Auf dem Weg zurück zum Bootshaus. Auf dem Weg zurück durch den Park. Nachdenklich, diesmal ohne jeden Blick für die Umgebung, Erst als sie das Tor auf der Westseite durchquert hatten, war Bea am Ziel ihres Gedankenganges angekommen, noch vor Hannes.

„Wahnsinn", sagte sie. „Du hattest von Anfang an recht."

„Mh", sagte Hannes. „Du sagst das so, als käme das praktisch nie vor."

Bea lächelte kurz. „Unsinn. Aber Krill hat es doch sogar selbst zugegeben."

„Was hab ich verpasst? Sein Geständnis?"

„Nein. Nur sein gelassenes Eingeständnis. Dass wir für BBOS ungefährlich sind. Obwohl sie meine Galenik verwenden. Wir sind zu klein, wir hätten uns keinen Anwalt für die Klage durch alle Instanzen leisten können. Aber BioNova ist groß genug, die könnten das. Und das wusste Patrick: Wenn die Galenik BioNova gehört, können die Arliuthan stoppen. Seine Idee war also: Er kauft den Galenikschutz von uns, für 500.000, BioNova kauft den Schutz von ihm, für mindestens eine Million, schwarz, und dann geht der BioNova-CEO zum BBOS-CEO Krill und sagt: ‚Hallo? Die Galenik in eurer neuen Wunderpille gehört *uns*, wir haben die älteren Rechte. Entweder ihr kauft uns die ab, oder ihr könnt euer neues MS-Blockbuster-Medikament gar nicht auf den Markt bringen. Und wenn ihr's doch tut, verklagen wir euch.' Im Gegensatz zu uns hätte BioNova das Geld für einen langen Prozess gehabt. BBOS hätte Arliuthan nicht anbieten können. Die Umsatzprognose für nächstes Jahr liegt zwischen 500 und 750 Millionen, weltweit."

Sie hatten das Auto erreicht.

„Weiß der Himmel, worauf BioNova und BBOS sich geeinigt hätten. Zehn Millionen? Hundert?“

„Und das haben wir Patrick vermasselt. Und BioNova.“

„Absolut.“

„Sonst wäre Patrick noch am Leben.“

„…“

Hannes öffnete Bea die Tür, schweigend.

Sie stieg ein. Er schloss die Tür hinter ihr, ging um den Wagen herum und stieg selbst ein.

„Es ist nicht unsere Schuld“, sagte Hannes.

„Nein“, sagte Bea.

Bea sah nach vorn, obwohl es dort nichts zu sehen gab. Hannes tat es ihr nach.

„Aber am schlimmsten ist“, sagte Bea, „dass jetzt am Ende das Gleiche herauskommt, mal abgesehen davon, dass einer sterben musste.“

„Drei.“

„Und jetzt… hat Krill uns zu Nazis gemacht, die ihre Kunden verletzen. Die Läden sind leer, wir brauchen seine 250.000. Dringend. Für das Trinkgeld hat er dann alles geregelt. Und einen Haufen Millionen gespart.“

Hannes nickte. Dann aber ging sein Nicken fließend über in Kopfschütteln.

„Aber nein. Das kann doch nicht alles sein. Die Galenik… Herrgott, nichts gegen deine geniale Erfindung, aber die hätte er doch auch weglassen können, wenn das rechtlich *so* heikel ist.“

„Ich glaube nicht. Du hast recht, die Wirkung ist die gleiche, aber denk mal an die Psychologie. Du hast MS, du sollst umsteigen auf ein oral einzunehmendes Mittel.“

Hannes zuckte die Achseln. „Eindeutig besser als Spritzen.“

„Schon. Aber jetzt stell dir vor, du bekommst von der neuen Wunderpille sofort Herzrasen und einen roten Kopf. Da bleiben dann doch viele lieber bei der Spritze. Und wenn das – Herzrasen und roter Kopf – nur ein Drittel der Kandidaten von Arliuthan abhält, kostet diese Nebenwirkung BBOS … 200 bis 300 Millionen Umsatz im Jahr. Ungefähr. Dafür kann man schon mal eine kleine Apothekerin beklauen."

„Also, du meinst, da sollten wir zumindest nach mal nachverhandeln …"

„Ich will *gar nicht* mit dem verhandeln!"

„Ich auch nicht. Ich will, dass der eingesperrt wird."

„Ich auch, aber wegen was? Für sein freundliches Angebot? Für den Rest haben wir doch nicht mal Indizien. Dass er uns angeschwärzt hat beim Amt? Eine gut geschminkte ‚Verätzte' geschickt hat? Und einen gekauften Fernsehheini? Einen Mord können wir ihm erst recht nicht nachweisen. Und was noch viel schlimmer ist: Wenn du Stocker jetzt die *ganze* Story erzählst, fängt der an, hinter Hellmann her zu recherchieren."

„Hm."

„Und dann verrät irgendeiner Hellmann, dass der Tipp von uns kam."

„Hm."

„Hellmann fackelt ja nicht lange."

„Hm."

„Und dann sind wir genauso tot wie Struck und Piotr."

„Hm."

„Und Krill ist trotzdem fein raus."

Hannes nickte. „Ich liebe dich sehr. Aber manchmal mag ich deine logische Art nicht, das hat schon was sehr Deprimierendes."

„Verzeihung."

„Selbstverständlich."

„Aber."

„Ja?"

„In einem Punkt hat Beata doch ganz entschieden unrecht."

„In welchem?"

„Das Material ist nicht weg. Die Rechner sind gelöscht, ja, und auch auf den abgekoppelten Festplatten ist es nicht drauf, aber es *muss* doch da sein. Sonst hätten die uns doch nicht nach Stillhorn bestellt, damit wir abgeben, was uns nicht gehört."

„Stimmt."

„Der Anruf muss von BBOS gekommen sein, von Krill. Von seiner Assistentin. Und was auch immer wir haben *könnten* – aber nicht haben –, muss für ihn brandgefährlich sein, wenn er so viel in Bewegung setzt, vom Morden bis Beerdigungen umbestellen, vom Festplattenhacken und -löschen bis zum uns Vernichten mit gekauften Journalisten und Laienschauspielern."

„Gut. Also ist es noch da. Aber wo?"

„Zurück auf Start", sagte Bea. „Patricks blöde Texte. *Die Wahrheit liegt in der Mitte*?"

„Na, von mir aus. Aber welcher Mitte? Seines Hauses? Seiner Festplatte? Seiner... Urne?"

„Die Grille spuckt nicht auf den Stein, der auf ihr liegt, das Ziel ist im Weg, Einhandklatschen gegen die eigene Stirn, Ooomm hat einen Artikel, nicht Das. Das fällt doch raus, das ist nicht albern, das ist kryptisch ..." Bea sah Hannes ungläubig an. „Oh Gott, ich glaube, nein, ist es nicht... wir müssen zu Albert."

25

Danny Stocker war bekennender Antibuddhist. Von wegen Ooommm. Von wegen „Leben im Jetzt". So was ging ja gar nicht. Außer man war kinderlos oder asozial oder stinkreich. Oder alles zusammen. Wer Kinder hatte – wie er – konnte sich nicht dauernd im Jetzt aufhalten, sondern musste häufiger mal in die Zukunft schauen. Und zum Beispiel dafür sorgen, dass in Zukunft keine Rotztüte mehr Theo drangsalierte, wenn der auf dem Schulhof kein Schutzgeld zahlen wollte. Stocker war allerdings nicht sicher, ob seine zivile Botschaft den zwölfjährigen Bully erreicht hatte. Er hätte dem Jungen lieber direkt eine gescheuert, als ihm erst mal nur mit zwei Wochen Krankenhaus zu drohen. Der Bengel hatte daraufhin zwar leicht verunsichert geguckt, aber nicht so ausgesehen, als könne er sich irgendwas länger merken als 48 Stunden. Leben im Jetzt.

Stocker schaute in seinen leeren Kaffeebecher. Schaute durch die Windschutzscheibe des unauffälligen Einsatzfahrzeuges auf die Wohnanlage am Wasser. Den Blick nach links schenkte er sich, denn er wusste ja aus Erfahrung: Sofern er seinen heutigen Partner anschaute, Kriminalhauptmeister Andreas Görgen, würde der garantiert anfangen zu sprechen, und für Gespräche war Stockers Laune längst zu schlecht.

Nicht nur wegen Theos Schulhoffeind. Nicht nur wegen Nicis neuem Verehrer. Nicht nur wegen Veras neuem Verehrer. Nicht nur wegen des Apothekers. Der Koksanwalt auf der Schlossinsel ging ihm auch auf die Nerven. Denn der war verabredet, wie sie wussten – weil sie ihn seit einigen Tagen aufmerksam abhörten. Aber der Anwalt schien es nicht nötig zu haben, Termine sonderlich ernst zu nehmen, jedenfalls war er eindeutig zu spät dran. Seit fast zwei Stunden. Leisten konnte er sich das natürlich. Single, kinderlos, wohlhabend, nicht zuletzt wegen seiner Nebentätigkeit als Kokslieferant von Golfern und Rotariern. Garantiert hatte der einen Buddha auf dem Eichenparkett in seinem Penthouse stehen. Und brummte durch die Panoramascheiben dreimal am Tag neben Buddy Budhha Ooommms Richtung Hafen, bevor er losfuhr und seine Ware verteilte.

Was er allerdings an diesem Nachmittag nicht tat, dummerweise.

Was Stocker gewaltig auf die Nerven ging. Nicht nur, weil sein Kaffee längst alle war.

„Der HSV muss echt aufpassen“, sagte Görgen.

„Verschon mich“, sagte Stocker.

„Du hast aber auch eineReckslaune.“

„Kann nicht jeder haben.“

„Besser ist das.“

Görgen atmete tief ein und wieder aus. Und gab es auf.

Stocker sah erneut in seinen leeren Kaffeebecher. Aber weder materialisierte sich dort frischer Kaffee, noch konnte er aus den paar winzigen Krümeln Kaffeesatz am Boden herauslesen, was die Zukunft bringen würde. Noch, was die Vergangenheit bedeutete, das Geschehene.

Er hatte sich getäuscht. In Apotheker Hertz. Na gut. Der war also kein kompetenter, toleranter und freundlicher Fachmann, dem man vertrauen konnte, sondern ein stümpernder, jähzorniger Altnazi. Aber selbst wenn Stocker dies einsah und akzeptierte, dass er sich so gründlich getäuscht hatte, blieb die Apothekergeschichte verwirrend.

Natürlich konnte es Zufall sein, dass der böse Apotheker urplötzlich so viele Feinde hatte, die alle gleichzeitig mit dem Finger auf ihn zeigten. Aber es war ein bisschen viel auf einmal. Der Prüfer der Apothekerkammer hatte seine Meldung direkt an den Staatsanwalt weitergegeben. Das war zumindest unüblich, normalerweise beließ man es bei einer internen Untersuchung – sofern es überhaupt Anlass gab, etwas zu bemängeln. Der Tipp, Hertz handle mit Marihuana und beziehe das von einem Stader Produzenten namens Koch, war von einem anonymen Anrufer gekommen, und der hatte auch gleich eine der Kundinnen des Apothekers mit verpfiffen. Eine Frau Engler, achtzig, krebskrank. Die auf Befragen durch Stockers Kollegen alles bestritten hatte. Dummerweise hatte ihr bei ihr lebender Sohn, ebenfalls schon fast im Rentenalter, den Beamten daraufhin Mutters Marihuanavorräte gezeigt.

Stocker hasste Petzen.

Aber ignorieren konnte er den Sachverhalt natürlich nicht. Also hatte er Hertz sicherheitshalber observieren lassen, durch den Kollegen Peters. Weil er selbst, Stocker, ja den Anwalt festnehmen musste. Hätte festnehmen müssen. Wenn der nicht verschlafen hätte. Oder gewarnt worden war.

Der Stader Großhändler des Apothekers, offenbar inkognito im Lande, fiel in den Zuständigkeitsbereich des dortigen Kommissariats. Da man vermuten musste, dass so ein Drogenbaron bewaffnet war, würde man diesen Herrn Koch mit geeigneter Personalstärke und geeigneter Bewaffnung kassieren. Die zuständigen Beamten waren stolze Niedersachsen und hatten Stocker deutlich mitgeteilt, seine Hilfe sei dabei weder erforderlich noch erwünscht.

Also hatte Stocker sich zurückgehalten. Und seine Kollegen nicht darauf hingewiesen, dass der Fall durchaus *auch* in seinen Zuständigkeitsbereich fiel. Denn anders als die Stader hatte er sich nicht nur für die genaue Adresse des Großdealers interessiert, sondern auch für die langweiligen Fakten dahinter. Und dummerweise hatte sein Blick in den Grundbuchauszug genau das bestätigt, was er befürchtet hatte. Die vermutlich zeitnah fällige Festnahme der Besitzerin des Grundstücks fiele nämlich sehr wohl in Stockers Zuständigkeitsbereich, denn die Besitzerin wohnte in Hamburg-Blankenese. Hieß Beatrice Hertz. Und war verheiratet mit dem drogendealenden Apotheker.

Stocker gefiel das nicht. Aber das hatte er für sich behalten. In der stillen Hoffnung, dass seine Menschenkenntnis ihn doch nicht vollständig im Stich ließ. In der stillen Hoffnung, dass weder dieser ominöse Koch bewaffnet ein Opiumfeld bewachte, noch, dass das Apothekerpaar Hertz schwerkriminell dahintersteckte.

Das Funkgerät knarzte ihm in die Hoffnungen. Peters war dran, der stoische Kollege, den Stocker zur Observierung der Hertzens eingeteilt hatte.

„Moin“, sagte Peters. „Ich glaub, Apotheker haben zu viel Freizeit.“

„Weil?“

„Wer fährt unter der Woche einfach Tretboot? Für so was hat doch keiner Zeit.“

„Die fahren Tretboot?“

„Sind gefahren. Außenmühle. Superschlau auf der anderen Parkseite ausgestiegen und dann durch den Park rübergestiefelt, aber wo willste da schon hin, hatte ich recht, da war ich dann schon selber auf dem Parkplatz hier drüben.“

„Man kann sich auch mitten im Park mit Leuten treffen.“

„Ham die aber nicht.“

„Gut, nennen wir's Intuition.“

„Danke. Die haben sich von Boot zu Boot mit 'ner Frau unterhalten, jung. Hab ich fotografiert, ist in 'nem Taxi wieder abgehauen, Kennzeichen habe ich. Soll ich nachfragen, wo der Fahrer die Frau abgesetzt hat?“

„Ja. Und was machen die jetzt, die Freizeittreter? Schwäne füttern?“

„Nee, jetzt fahren sie Auto. Vor mir her, auf der Cuxhavener, Richtung Westen.“

Peters' sachliche Angabe erzeugte binnen Sekundenbruchteilen eine schlüssige Prognose in Stockers Kopf, und die Prognose war alles andere als erfreulich. Bewährungsstrafen für Marihuanabauern sahen die deutschen Gesetze nicht vor. Sofern der ominöse Koch tatsächlich etwas anbaute, ginge er für mindestens ein Jahr in den Bau. Besaß er Marihuanapflanzen *und* eine Waffe, mindestens für zwei Jahre. Den Apothekern drohte dasselbe. Als Händler und Besitzer der Plantage würde man sie ebenfalls wegsperren. Und natürlich würden sie nie wieder eine Apotheke betreiben dürfen.

Stocker war jetzt regelrecht beleidigt. Er wusste nur noch nicht genau, auf wen er stocksauer war. Auf Hertz, klar, sofern der ihn so vollständig getäuscht hatte, auf sich selbst, weil er sich so vollständig in seiner Menschenkenntnis vertan hatte, oder auf den- oder diejenigen, die den Apotheker offensichtlich angeschwärzt und verpfiffen hatten.

Stocker mochte keine Petzen.

„Peters, wo sind Sie jetzt?“
„Fischbek.“
„Gut, dann wenden Sie mal. Wir tauschen Plätze. Sie kommen her, zur Schlossinsel, und behalten mit Görgens die Tiefgaragen im Auge. Ich übernehme Ihre Aufgabe und observiere Ihre Verdächtigen.“
„Hä? Wie soll das denn gehen? Die finden Sie doch nie wieder.“
„Doch, ich kann hellsehen. Und bringen Sie Görgens mal einen Kaffee mit, der ist alle.“
Stocker beendete die Verbindung. Und sah den verdutzten Görgens an.
„Stell dich mal kurz in die Sonne.“
„Dein Ernst?“
„Klar. Ist gesund. Du brauchst doch Vitamin D.“
Görgens schüttelte den Kopf und öffnete die Tür.
„Du hast sie doch echt nicht alle.“
„Noch nicht. Aber ich bin dabei, sie mir alle zu schnappen.“
Stocker musste die Tür nicht schließen. Görgens nahm ihm das ausgesprochen energisch ab. Und Stocker machte sich genauso energisch auf den Weg. Natürlich hatte er beim Zugriff der Stader Kollegen nichts verloren, aber die Festnahme dieser hochkriminellen Apothekerin war ja wohl sein Bier. Und mit etwas Glück kam er ja versehentlich etwas zu früh.
Menschenkenntnis? Er hoffte immer noch, dass er die hatte.
Stocker war gefährlich geladen. In jeder Hinsicht.

26

Für einen längeren Augenblick befürchtete Bea Hertz tatsächlich, ihrem alten Freund Albert einen Herzinfarkt beschert zu haben. Denn Albert hatte hinter Magnolien und

Rhododendron auf der kleinen Terrasse vor der Scheune in einem Liegestuhl in der Sonne gedöst, den näherkommenden Hybrid mal wieder nicht gehört und war erst zu sich gekommen, als Bea ihm in die Sonne getreten war und ihn gerade mit einem sanften Stubser an die Schulter hatte wecken wollen.

Albert reagierte alles andere als gelassen. Er schaffte es, gleichzeitig zusammenzuschrecken, die Augen aufzureißen und aufzuschreien, verlegte sich dann aber rasch aufs Hyperventilieren und einen spontanen Griff in die Herzgegend.

Bea versuchte es mit beruhigenden Lauten, während Albert sich unter einigen „Oh Gott!"s aus dem Liegestuhl aufrappelte.

„Himmel nochmal!"

„Hallo, Albert."

„Immer diese Anschleicherei! Seid ihr wahnsinnig!?"

„Hallo, Albert. Entschuldige. Wir suchen was."

„Ich nehme nicht mehr teil an eurem Verschwörungsirrsinn!"

„Musst du ja auch nicht, wir brauchen nur die Geschenke. Wo sind die?"

„In der Speisekammer, in den Ikea-Kisten."

„Danke."

Bea tätschelte kurz Alberts Knie und ließ ihn dann links liegen. Hannes blieb stehen, achselzuckend. „Ihre Idee klingt weit hergeholt, aber schlecht ist die nicht."

„Welche Idee?"

Bea kehrte aus dem Hausinneren zurück, eine der Ikea-Kisten in den Händen, in denen sie und Hannes die gesammelten Geburtstagspräsente bei Albert abgeladen hatten. Sie stellte die Kiste auf den Gartentisch, mit einem „So", und begann, zwischen Buddhas, Elefanten und den diversen Werbegeschenken zu kramen.

„Der *Artikel* vor dem Ooommm ist nicht ‚Das'", sagte sie, „sondern ‚der'. Ein Scherz."

„Was?", sagte Albert.

„Ein Scherzartikel.“

„Und Patricks Ommmm“, sagte Hannes, „war kein Hinweis auf Indien, sondern auf Entspannung.“

„Ihr seid verrückt geworden“, sagte Albert. „Offensichtlich.“

Bea fand die Scherzdose zwischen Mariendistelkapseln und mehreren Vitamin-D- und -B12-Plastikdosen. Markenname *Chillo-Pillo*, eine klassische Hunderterdose, die sich allerdings durch die aufgedruckten „Zzzzz“s und „Oooommm“s als albernes Mitbringsel outete. Die Dose war, wie auch die seriösen Dosen in der Kiste, am Deckelrand verschweißt mit einem umlaufenden Plastikstreifen, also originalversiegelt. Aber genau das sah Bea sich jetzt genauer an und stellte fest, dass sie recht gehabt hatte.

„Tesa“, sagte sie. „Transparent.“

Und löste mit spitzen Fingern das kleine Stück kristallklares Klebeband, das Patrick Hillert verwendet hatte, um das gebrochene Plastiksiegel wiederherzustellen. Triumphierend hielt Bea Hannes und Albert den winzigen Beweis für die Richtigkeit ihrer Theorie hin.

„Geflickt“, sagte Bea.

„Mach auf“, sagte Hannes.

Bea tat es. Drehte die Dose auf. Schaute, wie Hannes, wie Albert auf Watte.

Zog die Watte heraus.

Und schaute auf weiße Zuckerpastillen.

„Das ist euer Beweis?“, sagte Albert. „Ist ja toll.“

„Die Wahrheit liegt in der Mitte“, sagte Bea, drehte die Dose um und ließ die Pastillen auf den Tisch klötern.

Der Memory-Stick, der mittendrin mit herausfiel, war tatsächlich ebenfalls weiß und nur unwesentlich größer als die Pastillen. Im Unterschied zu denen war er allerdings mit dem dezenten Hinweis bedruckt, er enthalte statt Traubenzucker bis zu 128 Gigabyte Daten.

„Ta-ta“, sagte Bea.

„Großartig!“, sagte Hannes.

Albert schob sich die Lesebrille auf die Nasenspitze und die Nase dicht an den Fund zwischen Beas Fingern. Sein „Mh“ klang in Beas Ohren unpassend.

„Was?“

„Das Kleingedruckte.“

„Sehe ich.“

„Nein, unter der 128. AES Total Lock.“

„Kann ich nicht lesen, du hast eine Brille, ich nicht. Ist das wichtig?“

„Jein. Also, sofern du das Passwort kennst, ist es nur beruhigend.“

„Welches Passwort?“

„Ja, dachte ich mir. In dem Fall ist der Total Lock genau so gemeint. 256-Bit-Verschlüsselung, Passwortlänge dürfte zwischen sechs und 18 Zeichen liegen, alles zugelassen, auch Sonderzeichen.“

„Oh“, sagte Bea.

„Und…“, sagte Albert. „Moment.“

Er wandte sich ab, verschwand durch die Terrassentür ins Haus und kehrte mit einem seiner Laptops zurück. Klappte das Laptop auf, das sofort aus dem Ruhezustand erwachte, und hielt Bea seine geöffnete Handfläche hin. Bea gab ihm den kleinen Memorystick, Albert drückte diesen in den USB-Slot und klickte das auf dem Desktop erscheinende Festplattenicon an.

Wie erwartet, fragte der Speicherstick ihn nach einem Passwort.

Albert wartete nicht auf Vorschläge, sondern tippte etwas ein.

„Was machst du?“, sagte Bea.

Der Memorystick lehnte Alberts ersten Vorschlag ab. Albert tippte einen neuen.

„123456“, sagte er. „Machen ja die meisten.“

Der Memorystick lehnte auch diesen zweiten Vorschlag ab. Albert tippte einen dritten.

„Sandra, oder?"

„Äh. Ja." Sagte Hannes, einigermaßen verdutzt.

Der Memorystick lehnte auch *Sandra* ab. Und ersetzte die Eingabezeile durch ein neues Fenster. Eine kleine, rückwärtslaufende Zeitanzeige. 15 Minuten.

„Das hatte ich befürchtet", sagte Albert.

Bea staunte die Anzeige an.

„Wir haben alle 15 Minuten drei Chancen?"

Albert nickte.

„Da gibt's doch ein Programm, das das automatisch macht?"

„Ja. Automatisch drei Versuche alle 15 Minuten. Bei zulässigen Groß- und Kleinbuchstaben sowie Ziffern kommen wir aber schon ohne Sonderzeichen bei einer Passwortlänge von zehn bis 15 Zeichen auf zirka 3.500 Jahre Suchzeit. Ohne die jeweils 15 Minuten Pause."

„Aber man kann doch so was knacken."

„256bit? Das ist militärische Sicherheitsstufe, das kann nicht mal die NSA. Obwohl, kann sein. Aber wir sind nicht die NSA."

Bea sah auf den Bildschirm. Die langsam rückwärts heruntertickende Uhr.

„Dann müssen wir das eben wissen. Das Passwort."

„Genau", sagte Albert. „Vorname der Frau war's nicht. Wir können ja in der nächsten Runde den Namen seiner Affäre probieren. Oder seine Kinder. Oder seinen Geburtstag. Oder was Schlaues. Ich verkürze immer Sätze wie „Albert hat eine tolle neue 1-Terabyte-Festplatte" auf „Ahetn1-T-F". Wenn euer Freund auch so schlau war: viel Spaß."

„Mh", sagte Bea.

Hannes kratzte sich am Kopf, unzufrieden, und sah Albert an. „Wo sind die Bögen?"

„Was? Im Büro, wieso?"

„Das geht ja nur nach dem Prinzip Heureka. Nicht grübeln, sondern wissen. Nicht suchen, sondern finden. Nicht zielen, sondern treffen."

„Ja, das sage ich dir seit Jahren, aber du triffst ja nicht."

Bea sah Hannes ungläubig an. „Das ist nicht dein Ernst."

„Doch."

„Du willst jetzt Bogenschießen?"

„Ja." Hannes nickte. „Du bist blau, du kannst deinen Verstand für so was benutzen. Mir kann das nur einfallen. Mal schauen, wer schneller ist."

Und Hannes ging.

Albert sah Bea an und zuckte die Achseln. „Ich gebe ihm ja nicht oft recht, aber die Strategie ‚Heureka' hat was für sich. Wenn man so tickt wie er."

Die Uhr war heruntergelaufen auf vier Minuten. Bea schaute der Sekundenanzeige zu. Es konnte natürlich weder Patricks Geburtsdatum sein, noch konnten es die Namen seiner Kinder oder seiner Affäre oder sonst was Einfaches sein. Da Patrick offensichtlich mit voller Absicht ihr und Hannes den Stick hatte zukommen lassen, musste das Passwort natürlich eines sein, auf das sie kommen konnten. Und niemand sonst. So weit war das schlicht logisch, und dazu brauchte ja wohl niemand einen Bogen oder ein Heureka.

Fumarsäure

Arliuthan

JohannesHertz

Lock. 15 Minuten.

„Kaffee?"

„Bitte, ja. Und die kopierte Festplatte von Patrick."

Johannes Hertz wusste: Ein Heureka ließ sich nicht erzwingen. Allenfalls provozieren. Die Voraussetzungen waren Expertise (gegeben), eine längere Phase zielgerichteter Arbeit ohne Ergebnis (gegeben), Loslösung von der Fragestellung (gegeben, Wannenbad nicht vorhanden, daher Zielscheibe), Offenheit, Zulassen neuartiger Assoziationen (gegeben). Hieraus hatte die kreative Idee spontan zu entspringen. Also der Geistesblitz.

Vier seiner ersten zehn Pfeile landeten in der Scheibe, immerhin. Vier im Fangnetz. Einer im Feld. Einer im Stamm der Kirsche drei Meter neben dem Netz. Hannes nahm sich fest vor, die entstandene tiefe Wunde direkt im Anschluss an seine Heureka-Suche mit Harz zu versorgen.

Und setzte seine Ablenkung konzentriert fort. Tief ins Dantian einatmen, dabei aufziehen, Ankerpunkt finden, innehalten, Ergebnis imaginiert vorwegnehmen, Pfeilspitze im Bull's Eye, Pfeil wie eingeatmete Luft gleichzeitig und ohne Widerstand loslassen, fertig.

Immerhin. Die Richtung stimmte. Der Pfeil steckte fast mittig.

Allerdings im Boden, zwei Meter vor der Scheibe.

Beatrice Hertz wusste: Ein Heureka ließ sich nicht provozieren, nur erzwingen. Die bewusste Ablenkung zum Erreichen des Heureka war eine Legende, ein Irrweg. Archimedes war ja nicht Joggen gegangen oder Kuchenbacken, als ihm sein erstes Heureka einfallen war. Er hatte in der Wanne gesessen. Und dabei war ihm eingefallen, dass er sein bis dahin unlösbares Problem mittels Wasserverdrängung lösen konnte. Ein Geistesblitz, wohl wahr, aber keiner, der sich ergeben hätte, weil Pfeile verschossen hatte. Sondern, weil er bei der Sache geblieben war.

Bea klickte sich durch die endlosen Ordner auf Hillerts jetzt angeschlossener Festplatte. Hatte Patrick damit gerechnet, dass sie die auch finden würden? Wohl kaum. Oder? Steckte irgendwo in diesem Heuhaufen aus Informationen ein Hinweis auf die Nadel, den Schlüssel, das Passwort? In den Bezeichnungen der diversen leeren Ordner? Natürlich musste das, was auf dem Memory-Stick gespeichert war, mit BBOS zu tun haben, mit Krill und mit Arliuthan, mit was denn sonst? Aber das schränkte ja die Auswahlmöglichkeiten für das Passwort nicht nennenswert ein, denn alles von „Monoethyl“ bis „MultipleSklerose“ konnte man ja verwenden – und mit einer zusätzlichen Ziffer oder mehreren erst recht sicher machen, also unkenntlich. Fumarsäure, Fumarat, Multiple Sklerose, MS2019, Flush, Galenik, Schuppenflechte, Hautausschlag, Dimethyl, Dermit, Arliuthan.

Die Wahrheit liegt in der Mitte.

Die Wahrheit. Liegt. In der Mitte.

Albert stellte einen frisch gebrühten Espresso neben dem Laptop ab. Schweigend.

„Danke", sagte Bea. Und wusste im nächsten Augenblick, wie Heurekas funktionierten. Weniger wie ein Geistesblitz. Eher, als zöge man einen dünnen Vorhang beiseite und erkenne plötzlich etwas ganz Offensichtliches, was schon immer da gewesen war. Der „Erfinder" des Rades musste ja auch gedacht haben, „Sag mal, wieso ist das eigentlich in den letzten 500 Jahren keinem eingefallen, das ist doch ganz einfach."

Bea sagte „Ach, Gott", stand auf, ging ins Haus, suchte und fand auf dem Esstisch einen Kugelschreiber und einen Einkaufsbon, kehrte mit beidem zurück an den Gartentisch und schrieb unter Alberts verdutztem Blick ihre Lösung auf die Rückseite des Bons.

Albert sah ihr zu. Und sie dann fragend an, als sie „IN DER MITTE" notiert hatte.

„Ja, und?", sagte Albert. Das ist das Passwort?"

„Nein, wir reden doch die ganze Zeit über ein Medikament gegen eine Hautkrankheit. Haut ist Dermis, griechisch, und er hat es uns überall verraten, mehrere seiner Dokumente heißen so. Ich hab's nur nicht verstanden. Die Wahrheit liegt in der Mitte. Von in der Mitte", sagte Bea und strich die vorderen zwei Buchstaben weg. Und dann die letzten zwei.

~~„IN~~DERMIT~~TE."~~

Albert lachte. „Oh, verdammt."

Die Uhr sprang auf null.

Bea tippte *Dermit* in die Eingabemaske.

Voila.

Die Inhaltsanzeige des Memory Stick war ausgesprochen übersichtlich. Sieben Hauptordner, nummeriert und eindeutig betitelt.

Studienrohdaten. Studienabbruch. Ausgestiegene_P. Verstorbene. Formel. Netzwerk. Geständnis.

Die Studienrohdaten, üblicherweise das am besten geschützte Geheimnis von Medikamentenherstellern, das sie selbst gegen neugierige Regierungen erfolgreich verteidigten, ließ Bea zunächst einmal links liegen. Es würde Wochen oder Monate dauern, die Daten auszuwerten, und sie war natürlich keine Expertin für p-values. Im Ordner Studienabbruch fanden sich vier Unterordner. Abgebrochene Studien meldeten Pharmahersteller nie, auch dieser Fund Hillerts war hochexplosiv. Die Liste der ausgestiegenen Studienteilnehmer war etwa hundert Namen lang. Normalerweise stiegen Menschen nur wegen schwerwiegender Nebenwirkungen aus Studien aus. Oder weil sie während der Studie starben. Aber die Todesopfer der frühen Arliuthan-Versuchsreihen hatte Hillert ja extra hinterlegt, unter *Verstorbene.* Bea klickte einige der dreißig Profile an und schaute nur kurz auf die Geburtsdaten unter den indischen Namen. Die im Rahmen der Studien Verstorbenen waren überwiegend mittelalt und vorerkrankt gewesen. Der Ordner Formel enthielt zahlreiche Dokumente, einige waren mit Galenik Hertz überschrieben, aber obwohl Bea das brennend interessierte, wandte sie sich dem Ordner Netzwerk zu und sah nach dem Öffnen, dass Hillert hier Word-Dokumente und PDFs unter einfachen Namen versammelt hatte. Den Namen Byron hatte Bea im Zusammenhang mit der Arliuthan-Zulassung durch die amerikanische FDA gelesen, den Namen Salber kannte sie ebenfalls, denn Professor Salber aus Bayreuth hatte sich öffentlich sehr energisch für die Freigabe von Arliuthan eingesetzt. Natürlich nur aus medizinischen Gründen. Im Ordner Geständnisse befanden sich drei Dokumente. Ein Video, betitelt „Geständnis Gosh“, ein Word-Dokument, in dem die biographischen Eckdaten zu

Professor Gosh gesammelt waren, dem Leiter der vorletzten Arliuthan-Studie. Sein Todesdatum stand ebenfalls im Word-Dokument, er hatte die Videoaufzeichnung nur zwei Monate überlebt. Das letzte Dokument im Ordner war ein mp3. Krill-20-02-19. Bea klickte das Soundfile an und lauschte. Die Tonqualität war miserabel, aber sie erkannte Patrick Hillerts Stimme, etwas lauter, und die von Krill, gedämpft.

„iPhone in der Hemdtasche", sagte Albert. „Aber vermutlich ging das nicht anders."

Bea hatte völlig vergessen, dass Albert überhaupt da war. Sie nickte. Und stellte den Ton des Laptop lauter. Und lauschte durch das laute Rauschen.

Hillert und Krill klangen entspannt. Sachlich. Gut gelaunt.

Und tatsächlich erklärte Krill Hillert, dank der versetzten Freigabe des Wirkstoffes dank der veränderten Galenik sei man den *Flush* endlich los, also genau die Nebenwirkung, die Patienten sicher abgeschreckt hätte. Dass Hillert hier nachhakte, hätte Krill vielleicht misstrauisch machen müssen, aber wer rechnete schon damit, dass die eigenen Pharmavertretern solche fiesen Spione waren?

„Bleibt nur die UAW Leberschaden", sagte Hillert – entspannt.

Und Krill antwortete, ebenso entspannt: „Ja. Unschön, aber nur einer von etwa tausend. Das bekommen wir noch unter ‚sehr selten' gedreht auf dem Beipackzettel."

„Das wäre wichtig."

„Klar."

„Es wird trotzdem auffallen. Arliuthan wird ein Blockbuster."

„Na, aber sicher", lachte Krill. „Gut so. Machen Sie sich keine Sorgen, Ihre Provision ist sicher. Denken Sie an Vioxx."

Bea fror. Urplötzlich.

„Der außergerichtliche Vergleich", sagte Hillert, „hat dann aber ein paar Milliarden gekostet."

„Ja, Peanuts. Aber an Arliuthan sterben ja nicht zehntausende Leute, da bleiben wir sicher weit drunter. Und nicht bei allen wird ‚Leberversagen' auf dem Totenschein stehen, wir sprechen hier von MS-Kranken. Da wird man selten oder nie einen eindeutigen Zusammenhang herstellen können, und wenn, dann in zehn Jahren. Keine Sorge, Hillert, bei unseren Arliuthan-Umsätzen per anno zahlen wir jede irgendwann kommende Strafe aus der Portokasse."

Hillert lachte.

Krill lachte.

Dass er als Nächstes „Ach, Gott" sagte, irritierte Bea aus drei Gründen. Erstens passte Krills Tonlage nicht zu seinem Lachen, zweitens klang er lauter als vorher, drittens fehlte das Rauschen. Bea reagierte binnen Sekundenbruchteilen auf diese Widersprüche. Indem sie aufsah.

Krill war um den Rhododendron herumgetreten.

Albert japste laut. Es war ja nicht das erste Mal, dass er näherkommende Gäste auf E-Bikes und in Hybridautos nicht hörte, aber diesmal hängte er an sein Japsen keinen Vorwurf.

Krill legte den Kopf dezent zur Seite, eine Mischung aus Vorwurf und Bedauern.

Sophia, seine so verblüffend unauffällige Assistentin, trat ebenfalls aus dem Schatten des Rhododendron, höflich hinter dem Rücken ihres Chefs nach rechts und blieb dort stehen, leicht nach hinten versetzt. Sie machte sich nicht die Mühe, die Pistole in ihrer Rechten zu verbergen.

„Ein Jammer", sagte Krill. Und lächelte Bea an, weiter mit leisem Bedauern.

Bea schwieg. Und versuchte sich zu erinnern, wie man sich bewegte. Wie man irgendwas bewegte. Wenigstens einen Finger. Oder eine Augenbraue.

Krill trat an den Tisch und klappte den Laptop zu. Das Rauschen endete.

Die Vögel unterhielten sich weiter. Fröhlich, als wäre nichts geschehen.

„Wirklich", sagte Krill. „Sehr ärgerlich. Ich kann Sie gut leiden. Wo ist ihr Mann?"

Bea schwieg. Versuchte, irgendeinen klaren Gedanken zu fassen.

„Brötchen holen“, sagte sie.

Krill nickte. Lächelte. Dann nickte er Sophia zu. Eine Aufforderung Richtung Haus und des hinter dem Haus gelegenen Grundstücks. Sophia setzte sich in Bewegung, die Waffe jetzt in beiden Händen.

Beas Herz raste. Ihr Gehirn auch.

Hannes' Herz raste. Sein Gehirn raste nicht. Sondern konzentrierte sich auf eine einzige Aufgabe, darauf, seinen Besitzer im Unsichtbaren zu halten.

Er war nicht freiwillig in den Graben gegangen. Die Gräben zur Linken und zur Rechten der Scheune, eigentlich nicht mehr erforderlich, seit das Lühe-Sperrwerk die tieferliegenden Anbaugebiete vor Überschwemmungen schützte, waren komplett zugewuchert mit Disteln, Brombeeren und Brennnesseln und schlammig sogar zu Trockenzeiten. Niemand hielt sich dort freiwillig auf, allenfalls die Bisamratten. Aber Hannes hatte bei seinem Heureka-Versuch nicht besser geschossen als sonst, und die Aluminiumpfeile waren zu teuer, um sie einfach in der Wildnis stecken zu lassen.

Auch Hannes hatte den näherkommenden Hybrid nicht gehört. Er hätte den Wagen auch nicht kommen sehen, wäre nicht kurz der grelle Sonnenlichtreflex vom Dach aus genau in seine Richtung gefallen.

Hannes verzichtete auf die Relativierungsversuche seines Verstandes – er kenne die Gäste doch gar nicht, vielleicht seien das Freunde von Albert oder nur Zeugen Jehovas oder DHL-Boten in Zivil – und duckte sich in den Graben. Trotz der Brennnesseln. Trotz der Proteste seines Verstandes, das könne er ja wohl auch schmerzloser lösen.

Von der Terrasse war Hannes in seinem Versteck etwa dreißig Meter entfernt. Den Besucher kannte er nicht, aber die kleine Frau meinte er schon einmal gesehen zu haben. Er musste ein bisschen länger in seinem internen Bilderalbum blättern, denn sie war wirklich die unauffälligste Frau, die er je gesehen hatte. Aber er hatte, und zwar doppelt. Und als er das begriff, ging er noch etwas gründlicher in Deckung. Die kleine unauffällige Frau war die Beifahrerin der schönen Frau gewesen, die ihn von Hillerts Haus aus bis zur Tankstelle verfolgt hatte. Und ein zweites Mal hatte er die kleine Frau gesehen, aber nicht bewusst wahrgenommen, als er mit Thilo zu viel getrunken hatte. Hannes' Verstand schaltete sich ein und ergänzte den Rest. Der Begleiter der kleinen Frau konnte niemand anders sein als Krill.

Und mit dieser Erkenntnis einigten sich Hannes' Herz und Hirn auf ein gemeinsames Ziel – Überleben – und gemeinsame Raserei. Hannes' Körper steuerte seine Zustimmung bei, indem er reichlich Adrenalin ausschüttete.

Krill und seine Begleiterin sprachen unhörbar, aber offensichtlich, mit den Hannes' Blicken verborgenen Bea und Albert. Hannes sah Krill nicken. Dann setzte die kleine Frau sich in Bewegung, und Hannes erkannte die Waffe in ihrer Hand.

Er duckte sich noch etwas tiefer in den Graben und dankte Albert innerlich, dass der das Grundstück so gründlich hatte verwildern lassen. Gras und Unkraut unter den Kirschbäumen wuchsen hoch, und dank des zusätzlichen Schutzes durch die Grabenkante konnte die kleine Frau Hannes unmöglich entdecken. Jedenfalls, solange sie nicht deutlich näherkam. Hannes' Herz setzte aus, als sein Gehirn die schlichte Frage „Bogen?“ präsentierte, und Hannes' Herz raste dankbar weiter. Denn er hatte Bogen und Köcher nicht am Abschussort abgestellt, sondern erst unmittelbar vor seinem Suchausflug in die Botanik. Bogen und Köcher standen an den Stamm einer Kirsche gelehnt, auf Hannes' Seite des freigemähten Weges. Die Frau konnte beides nicht sehen. Solange sie nicht beschloss, dem Weg Richtung Felder zu folgen.

Sie kam. Ein wenig. Schaute sich um und sondierte das Terrain. Wildnis, mittendrin ein eingezäunter Gemüsegarten.

Gräben. Der freigemähte Weg zwischen den hoch zugewachsenen Kirschbäumen, zwei Meter breit, von der Scheune wegführend in die 200 Meter weiter beginnenden, kultivierten Apfelfelder. Hannes dankte dem Schicksal, dass er nach dem Ende seiner ergebnislosen Heureka-Session auch das Fangnetz und die Zielscheibe wieder aus dem Weg geräumt, bevor er sich an die Pfeilsuche gemacht hatte. Netz und Zielscheibe standen unschuldig im Abseits und verrieten nicht, dass sie eben noch im Einsatz gewesen waren.

Die kleine Frau bewegte sich weiter vorwärts. Auf den Gemüsegarten zu. Ließ den links liegen und scannte, so gut es eben ging, die Wildnis vor ihr. Sogar aus dreißig Meter Entfernung konnte Hannes erkennen, dass ihr der Anblick nicht gefiel, dass sie erkannte, dass sie hier nichts erkennen konnte. Sie wandte sich ab. Und setzte sich wieder in Bewegung, diesmal die Waffe im Anschlag. Auf die rechte Hausseite zu, auf der man ebenfalls, auf einem kleinen gepflasterten Weg, nach vorn auf die Terrasse gelangte. Sie erkannte richtig, dass sich dort jemand verbergen konnte. Und es war Hannes nicht unrecht, dass sie den Weg überprüfte und als Versteck ausschloss. Denn dieser Weg, diese Position, war die einzige, die ihm etwas nützen würde beim Versuch, Bea und Albert zu retten.

Sofern er diese Position erreichte.

Die kleine Frau war um die Hausecke verschwunden, und Hannes' Gehirn arbeitete schnell und zielstrebig. Sie würde etwa dreißig Sekunden brauchen, um den Weg zurückzulegen, die Terrasse zu überqueren und wieder neben Krill Aufstellung zu nehmen, mit freiem Blick auf die Auffahrt zu ihrer Linken und den Garten und auf den in die Felder führenden Weg zu ihrer Rechten. Hannes blieben also nur dreißig Sekunden, aus dem Graben zur einen Seite des Hauses in den Graben auf der anderen Seite zu wechseln. Die Alternative war unattraktiv. Denn stünde die Frau wieder an ihrer alten Position, würde er durch den Graben 200 Meter feldwärts krabbeln müssen, dort durch den Quergraben zurück auf die andere

Seite des Grundstücks und im anderen Graben wieder 200 Meter zurück. Bis er auf diesem langen Weg zurück beim Haus wäre, hätten Krill und die kleine Frau Bea und Albert möglicherweise bereits erschossen.

Hannes' schnell arbeitendes Gehirn hatte alle Argumente auf seiner Seite und ordnete an: Steh auf und lauf.

Aber Hannes' Gefühl überstimmte das Gehirn. Und hielt Hannes fest. Hannes' Gehirn protestierte entsetzt und mit vielen Ausrufezeichen. Drei Sekunden. Dann verstummte es schlagartig.

Die kleine Frau kehrte auf dem gleichen Weg zurück, auf dem sie verschwunden war. Ein Blick auf den leeren Pflasterweg hatte ihr genügt. Sie ging nicht über den Pflasterweg nach vorn, sondern hinten herum, auf dem Weg, auf dem sie gekommen war.

Wäre Hannes der Empfehlung seines Gehirns gefolgt, hätte er beim Versuch, das Grundstück zu überqueren, genau in ihrem Blickfeld gestanden.

Die kleine Frau kehrte zurück auf die Terrasse.

Und Hannes' Gedanken rasten. Sein Smartphone lag im Haus. Die Nachbarhöfe zur Rechten und zur Linken waren mindestens fünf Minuten Laufweg entfernt, aber ob dort überhaupt jemand zu Hause wäre, war mehr als fraglich. Er hatte keine andere Wahl. Vorsichtig krabbelte er aus dem Graben und biss die Zähne zusammen, als die Brennnesseln sein Gesicht und seine Arme in Empfang nahmen, auf dem Weg zu seinem Bogen und dem Köcher. Vorsichtig nahm er beides an sich und krabbelte rückwärts wieder in den Graben. Er zog die Pfeile behutsam aus dem Plastikköcher. Den würde er nicht mitnehmen können. Und Hannes dachte ein Stoßgebet, obwohl er unter vernünftigen Umständen alles andere als gläubig war, öffnete den Reißverschluss der kleinen Tasche an der Vorderseite des Köchers, spürte die darin abgerissene Feder, einen Tiegel Bogenwachs, und unterdrückte einen Schmerzschrei als er fand, worauf er gehofft hatte.

Sein Daumen blutete, aber Zeige- und Mittelfinger waren zum Glück heil geblieben. Hannes zog die Jagdspitze aus der Köchertasche, ein ebenso pragmatisches wie ästhetisches Utensil. Drei verstärkte, ineinander verdrehte Rasierklingen aus Stahl, mit Widerhaken an der Oberseite, damit das getroffene Ziel sich Pfeil und Spitze nicht mit dem Maul aus der Wunde ziehen konnte. Er kramte vorsichtig weiter und fand eine zweite Jagdspitze. Mehr nicht. Aber er machte sich nichts vor. Mehr als zwei Chancen würde er auf keinen Fall bekommen. Und die zweite Chance auch nur, wenn er die erste nutzte.

Und Hannes machte sich auf den langen Weg. Durch die Gräben. Allerdings nicht krabbelnd, sondern geduckt. Denn auch wenn Krabbeln noch sicherer gewesen wäre – Pfeile und Bogen konnte er unmöglich zwischen den Zähnen transportieren, und Pfeile und Bogen einfach liegen zu lassen, war keine Option.

Im Gegenteil. Pfeile und Bogen mitzunehmen und einzusetzen, war seine einzige Option.

Mit dem Abgang von Sophia nach hinten stolperten Beas Gedanken nur noch durcheinander, in Bruchstücken und Halbsätzen. *Hannes, um Himmels willen. Sei einfach weg. Versteck dich. Lauf weg. Hol die Nachbarn. Ruf die Polizei. Womit? Dein Smartphone liegt im Haus.* Sie wartete förmlich auf das leise Plopp des Schalldämpfers von hinten, aber sie versuchte, das auszublenden. Sie versuchte, auch Albert auszublenden, der in Schockstarre dasaß und Krill ansah wie ein Kaninchen die Schlange. Sie verstand ihn gut. Sie fühlte dasselbe. Es gab keine Handlungsanweisung in Alberts und ihrem, Gehirn für „plötzliche akute Lebensgefahr wegen Auftauchens eines Raubtieres“. Weder hatten sie das je erlebt, noch hatten sie sich darauf gedanklich vorbereitet. Sie waren zu Hause, nicht in einem Kriegsgebiet oder nachts zu Fuß in der Serengeti unterwegs. Was sie gerade erlebten, konnte einfach nicht passieren.

Alberts Gehirn befand sich erkennbar im Lockdown. Aber Bea wusste, dass sie nicht abschalten konnte. Nicht jetzt. Sie brauchte eine Lösung, schleunigst, wenn sie und Albert überleben wollten. Ihr Gehirn gab allerdings Albert recht, indem es per raschem Überschlag für jede ihrer Handlungsalternativen eine Überlebenswahrscheinlichkeit auswarf von null Prozent.

Zeit war das Einzige, was ihr spontan einfiel. *Zeit* war ihr Rettungsring im stürmischen Meer, das sie zu verschlingen drohte. *Zeit,* um ein Heureka zu provozieren.

Dass Krill nach dem Verschwinden seiner bewaffneten Begleiterin seelenruhig blieb, beunruhigte Bea allerdings zusätzlich. Immerhin waren sie jetzt zu zweit gegen einen, und auch wenn Krill ein Angeber und ein Macho war und sich vor Frauen und Alten nicht fürchtete – er musste doch wenigstens eine *Spur* wachsamer werden. Außer, er war ein absoluter Psychopath. Oder hatte selbst eine Waffe. Oder beides. Bea wünschte sich, diese Erklärung wäre nicht so verdammt logisch gewesen.

Zeit. Gewinnen.

„Sie hören uns die ganze Zeit ab?"

„Nein", sagte Krill. „Nur in Ihrem Auto, seit dieser Tankstelle. Und wir wissen immer, wo Sie sind. Das hat ja genügt. Danke für den Hinweis, dass sie Patricks kleines Geschenk hier vermuten. Hat ja gestimmt."

„Und jetzt?"

Krill zog erstaunt die linke Augenbraue hoch. Lächelnd. „Ja, zu blöd", sagte er. „Es hätte doch alles so einfach sein können, die kleine Rufschädigung hätten Sie mit den 250.000 auffangen können, das war ja der Sinn der Übung. Sie hätte nur ‚ja' sagen müssen, und all das wäre nicht passiert."

„Patrick hat uns ihr erstes Angebot gar nicht überbracht."

Krill nickte. „Ich weiß, inzwischen. Zu gierig. Wollte Ihnen den Schutz für 500.000 abkaufen, dann Ihre Idee wohl für ein paar Millionen an irgendeinen Konkurrenten von uns verkaufen."

„An BioNova."

„Ach, tatsächlich?"

„Ja."

„Danke, gut zu wissen. Ts." Krill schüttelte belustigt den Kopf. „Der Eppler. So ein Sauhund. Wir kennen uns gut, aus der Schweiz, wir haben früher häufiger Tennis gespielt."

„Aha."

„Da hat der auch nichts geradeaus gespielt. Alles mit Schnitt, Stopps ohne Ende. Weibertennis."

In Beas Kopf rotierte das Alarmlicht noch etwas schneller. Ernsthaft?

Krill trat auf sie zu, zog sich den freien Stuhl heran. Und setzte sich. Lächelnd. Was erwartete er? Dass sie ihm einen Espresso anbot?

„BioNova", sagte Bea, „hätte dann faktisch die älteren Rechte an der Galenik gehabt."

„Stimmt. Und BioNova ist, anders als Sie, kleine Apothekerin, also groß genug, um uns zu ärgern. Patrick wusste das. Wir hätten uns mit BioNova einigen müssen, da hätten wir sicher fünfzig Millionen gezahlt. Und Patrick hätte zwei oder drei selbst kassiert, als Provision von BioNova, ohne je selbst in Erscheinung zu treten."

„Clever."

„Ja. Wie gesagt, Sie hätten nur ja sagen müssen. Aber Sie wollten ja nett sein und ihr Produkt weiter verschenken. So war ihre Nettigkeit eben tödlich für ihn. Für sowas ist im Markt kein Platz. Sollten Sie ja eigentlich wissen, Sie sind doch Unternehmerin."

„Der Markt ist schuld, dass Sie Leute umbringen? Interessante Theorie"

„Nein, Fakt. Solange Sie sich an die Marktgesetze halten, passiert keinem was. Sobald Sie nicht mehr mitspielen, sind Sie ein Saboteur. Und wenn ihre Sabotage alle vernünftigen Mitspieler Geld kostet, sind Sie eben tot."

Bea schwieg.

„Aber wenn es Sie beruhigt“, sagte Krill. „Sie haben ja auch ein bisschen recht. Er hätte es ja beim Versuch belassen können, dann wäre nichts passiert. Also hat seine eigene Gier ihn umgebracht, nicht Sie. Dass er sich geoutet hat, in die Offensive gegangen ist und gedroht hat, unsere ... kleineren Weglassungen auszuplaudern, *das* ging ja nun wirklich nicht, da wird es ganz entschieden persönlich. Ich frage mich aber bis heute, was ihn da geritten hat, das muss er doch geahnt haben, dass das nicht gutgeht.“

„Er hatte keine Wahl. Er brauchte die Million, er ist erpresst worden.“

„Ach, tatsächlich?“

„Ja. Von seiner Affäre.“

„Was Sie nicht sagen?“

„Ist so.“

„So was Blödes. Na gut, dann ist er nicht nur an seiner Gier, sondern auch an seiner eigenen Blödheit gestorben, das ist doch prima. So sind Sie wenigstens nicht allein schuld an seinem Ableben, das ist doch gut fürs Karma.“

Die kleine Frau kehrte zurück auf die Terrasse. Krill sah sie an. Sie schüttelte den Kopf. Krill wandte sich wieder Bea zu.

„Ich finde Sie nett. Und genial waren Sie auch. Sehr bedauerlich.“

Endlich wurde Bea klar, als was Krill ihr Gespräch betrachtete. Als betriebsbedingte Kündigung. Ein freundliches Gespräch mit einer scheidenden Mitarbeiterin. *Wir müssen uns leider trennen, Danke für die angenehme Zusammenarbeit.* Dass sie und Albert nach dem Gespräch nicht arbeitslos wären, sondern tot, schien für ihn keinerlei bemerkenswerten Unterschied zu machen.

Zeit.

Krill und Sophia hatten offensichtlich akzeptiert, dass Hannes tatsächlich zum Bäcker gefahren war. Sie mussten ebenso offensichtlich auf ihn warten, denn er musste ebenso im Bilde sein wie Albert und Bea selbst. Aber da die kleine

Frau Hannes nicht entdeckt hatte, musste der längst auf dem Weg sein zu ihrer Rettung. Auf dem Weg zu den Nachbarn. Die hoffentlich nicht auf den Feldern waren, sondern zu Hause. Beide Nachbarn waren Jäger. Beide Nachbarn würden nicht zögern, sondern herkommen und sie retten.

Zeit.

„Nur, damit ich nicht dumm sterbe“, sagte Bea. „Wer hat Patrick umgebracht? Sicher nicht Sie selbst.“

„Ach, was. Sie sind doch auch Unternehmerin. Man muss delegieren können. Sophia war so freundlich.“

Bea sah Patricks Mörderin an. Sophia zuckte nicht mal mit der Wimper.

„Ich habe Patrick bestätigt, dass wir im Geschäft sind, Termin Europäischer Hof. Sophia hatte das Geld sogar dabei, aber eben auch den Rest. Man unterschätzt unsere Sophia. Sehr. Immer. Ich würde ihr nicht den Rücken zuwenden. Wobei, ehrlich gesagt, wenn sie etwas will, nützt es Ihnen auch nichts, wenn Sie wachsam sind. Elektroschock, potentiell letal, aber den hat er tatsächlich noch lebend überstanden. Der Rest war Insulin, eine Überdosis.“

Bea nickte. „Praktisch. Löst sich binnen Stunden auf und fällt bei einer Obduktion nicht auf.“

„Eben. Aber wir mussten tatsächlich improvisieren. Patrick sollte friedlich einschlafen in seinem Hotelbett, Infarkte kommen ja vor. Wenn dieses blöde Zimmermädchen nicht gewesen wäre. Das war wirklich eine absolute Zumutung. Aber wir konnten ja reagieren. Wenn Leute Kinder haben, wie Nachtschwester Manuela, und diese Kinder nach der Schule verschwunden sind und man der Mutter avisiert: Sie bekommen ihr Kind zurück, und sogar lebend, wenn sie heute Nacht eine halbe Stunde … einfach ein Nickerchen machen. Dann geht das schnell. Und Manuela weiß ja auch weiterhin, wenn sie je schnattert, ist die Tochter eben tot. Das ist doch ein schöner *Reminder*, für immer.“

Bea sah nach links, zu Sophia.

„Waren das auch Sie? Im Krankenhaus?“

Die kleine Frau starrte sie an. Schweigend. Ohne jede Regung.

„Wie?“, sagte Bea.

Wieder lachte Krill. „Sie sind aber auch neugierig bis zuletzt, Sie Fachfrau. Wir haben Kaliumchlorid erwogen, die Venüle war ja dankenswerterweise schon drin, Digitalis wäre auch gegangen. Aber am Ende haben wir uns doch für eine zweite Runde Insulin entschieden. Unterstützt mit einem schlichten Kissen. Es wäre wohl auch *nur* mit dem Kissen gegangen, er lag ja schon im Koma, aber dank der Online-Bestatter wussten wir ja auch, dass er nach seinem Exitus sofort in den Ofen kommt. Es ist tatsächlich gar nicht so kompliziert, die Überwachungssensoren für zehn Minuten an ein Decoy zu hängen, Herz- und Lungenfunktion liefen vorn in der Luxus-Überwachungszentrale schön weiter, als der gute Mann schon längst tot war. Am Ende wieder umstöpseln, und während vorn urplötzlich die Flatline angezeigt wird und das Personal aufwacht, war unsere unauffälligste Mitarbeiterin bereits halb aus dem Haus. Im Schwesternkostüm bemerkt Sophia übrigens auch niemand, das ist ein echtes Phänomen. Ich glaube, Sophia würde sogar dann keiner sehen, wenn sie nackt mit einem Sturmgewehr durch eine Fußgängerzone liefe.“

„Sie hatten trotzdem wahnsinniges Glück, dass kein Arzt nachgeschaut hat.“

„Oh nein, schon wieder falsch. Selbst unter normalen Umständen hätten die Ärzte das Kreuz unter ‚natürliche Todesursache‘ und ‚Infarkt‘ gesetzt, man holt sich doch bei einem so klaren Fall nicht den Ärger selbst ins Haus, in Gestalt eines Gerichtsmediziners. Ich bitte Sie. Wir sind weltweit die Nummer eins bei der Dunkelziffer, die Gerichtsmedizin ist dank Spahn praktisch … ausgestorben.“ Er lachte kurz. „Herrlich. Und konsequent, denn in unseren Krankenhäusern sterben ja jedes Jahr 40.000 Leute allein an resistenten Keimen und bestimmt 50.000 an fachgerecht verabreichten Medikamenten und einwandfreiem ärztlichem Tottherapieren. Wenn man da genauer hinschaute, würde jeder Einzelne von denen mehr Fragen aufwerfen als ein eindeutiger Herzinfarkt. Dank Spahn lag unser Risiko, erwischt zu werden, bei... null."

Bea nickte. „Aber für so ein paar Erschossene im Alten Land bekommen Sie den Totenschein nicht einfach so nachgeworfen."

Bis zu Beas „Erschossene" hatte Hannes noch geglaubt, er habe eine Chance. Aber genau dieses Wort aus dem Mund seiner geliebten Frau erschütterte seine mühsam aufrecht erhaltene Contenance. Er senkte den Blick und sah, dass sein Daumen und sein Zeigefinger, direkt am Nockpunkt auf der Bogensehne, zitterten.

Bis hierher war alles so gegangen, wie er gehofft hatte. Auf dem konzentrierten Weg durch die Gräben hatte er ausblenden können, was ihn Ende seiner kurzen Reise erwartete, was von ihm gefordert wäre. Er war ganz und gar fokussiert gewesen auf seine Bewegungen, darauf, vollkommen lautlos zu bleiben, im geduckten Schleichen und Krabbeln die Pfeilspitzen herauszudrehen und gegen die Jagdspitzen zu tauschen, lautlos über den flachen Wildzaun auf der rechten Hausseite zu steigen und, den Rücken zur Wand, sich duckend beim Passieren der zwei kleinen Fenster auf der Nordseite des Hauses, bis zu Hausecke zu schleichen, von der aus er einen Blick auf die Terrasse haben würde. Geschützt von den Blättern und Ästen des zweiten Rhododendron, den Albert allzu nachlässig zurückgeschnitten hatte, dankenswerterweise.

Bis hierher war alles nach Plan gegangen. Und wie Hannes mit einem vorsichtigen Blick durch die Blätter festgestellt hatte, standen und saßen Sophia wie Krill seitlich zur Hausecke, würden ihn also mit größer Wahrscheinlichkeit nicht einmal bemerken, sofern er sich nicht rasch bewegte, sondern mit aufgezogenem Bogen ganz langsam das kleine Stück aus seiner Deckung auftauchte, bis zu dem Punkt, an dem er freies Schussfeld hätte.

Bis zu Beas „Erschossene" hatte Hannes tatsächlich ganz pragmatisch ausblenden können, um was es am Ende ginge. Nicht nur, dass die Erschießung von Bea und Albert drohte. Er hatte auch bis zu diesem Moment nicht wirklich realisiert, was die einzige Alternative darstellte. *Er* war im Begriff, einen Menschen zu erschießen.

Und mochte das auch hundertmal logisch, richtig und notwendig sein – was er dabei empfand, verriet ihm leider ausgerechnet seine zitternde Hand.

„Ihnen ist klar", sagte Bea, „dass Sie danach dran sind?"

Krill lächelte. „Nein. Zugegeben, das Risiko ist marginal höher. Man wird Sie obduzieren. Ein Loch im Kopf hält niemand für eine natürliche Todesursache."

„Sehen Sie. Und dann kommt man sofort auf Sie."

„Oh. Aber nein. Dieser Mord wird ja souverän aufgeklärt von unseren fähigen Beamten. Glauben Sie mir, das wird ein schönes Drama für Herrn und Frau Lieschen Müller. Sie schaffen es bestimmt in die BILD."

Krill sah den schweigenden Albert an. Lächelnd.

„Ein durchgeknallter, untergetauchter, illegal in Deutschland lebender Ex-Professor, Photonen-Verschwörungstheoretiker-Drogendealer, abgelehnt von der Frau, die er heimlich liebt, dreht im Rausch durch und erschießt seine Angebetete und deren Gatten, danach richtet er sich selbst."

Krill lächelte weiter Albert an.

Albert erwiderte den Blick, stoisch.

Dann sagte er. „Hält vermutlich keiner Überprüfung stand."

Krill lachte. „Na ja, wenn *Sie* das untersuchen dürften, mag sein. Aber überschätzen Sie nicht die zuständigen Beamten. Dass Sie einen schweren Knall haben, ist ja nun ausreichend belegt durch Ihre Karriere, Ihren Rauswurf und Ihre Vorgeschichte. Und dass diese dubiosen Apotheker ihre Kunden fahrlässig verletzt haben, Drogenbarone waren und Journalisten verprügelnde Nazis, na ja, das ist ja inzwischen ebenfalls bekannt. Sie schaffen es aber bestimmt posthum noch ins Fernsehen und schaden Ihrem gesamten Berufsstand, keine Sorge."

Natürlich würde er die Frau treffen. Selbst wenn er kein besonders guter Schütze war, das Ziel stand diesmal keine zehn Meter entfernt. Selbst wenn seine Finger ein bisschen zitterten, würde er treffen. Aber Hannes machte sich nichts vor. Er konnte sie nicht irgendwo, irgendwie treffen. Sein Ziel war winzig. Und es war ein entsetzliches Ziel.

Krill beugte sich vor. Und nahm den Laptop mit dem darin steckenden Memorystick an sich. „Bedauere", sagte er. „Aber ich bin sicher, dass man sie privat in guter Erinnerung behalten wird."

Hannes' Gedanken überschlugen sich ohne Punkt und Komma. *Wenn er Bea umbringt werde ich meines Lebens nie wieder froh wenn ich einen Menschen töte werde ich meine Lebens nie wieder froh ich werde meines Lebens nie wieder froh ich muss töten.*

Er hörte Beas Stimme. Und er hörte, dass die Stimme sie jetzt verließ, auch wenn sie weiterhin versuchte, gelassen zu klingen.

„Gegenvorschlag", sagte sie. „Wir vergessen das einfach?"

Albert nickte und gab einen zustimmenden Laut von sich. „Wir können Alzheimer, unter diesen Umständen."

„Bedaure", sagte Krill.

Hannes' Puls raste mit seinen Gedanken. *Keine Chance auf einen Blattschuss die Frau steht mit der rechten Seite zu dir du hast keine Chance durch den ganzen Brustkorb nicht mal aus dieser Entfernung du musst das andere Ziel treffen Größe unter ein Zentimeter es geht nur so.*

Krill hob gelassen den Finger der rechten Hand, auf Schulterhöhe, und ließ den Finger dann leicht wieder nach vorn fallen, auf Bea und Albert deutend. Sophia verstand. Und hob langsam die Waffe.

Hannes spannte den Bogen.

Und bewegte sich langsam nach links.

Die Jagdspitze aufs Ziel fixiert. Zitternd.

Er musste treffen.

Durch das Auge.

Ins Gehirn.

Sophias Waffe wanderte wie in Zeitlupe höher.

Hannes entschied sich, zum Mörder zu werden.

Der Rest war Superslowmotion, optisch, aber verwirrenderweise blieb der Ton in Normalgeschwindigkeit erhalten. Die Abfolge der Ereignisse geriet daher in Hannes' Wahrnehmung gründlich durcheinander.

Was er hörte, waren ein lautes, sehr maskulines „Hey!", vier überraschte, leise Laute, feminin wie maskulin, ein Aufschrei, feminin, ein Pistolenschuss, sehr laut, und das Geräusch von Metall durchschlagendem Metall.

Was er sah, in extremer Verlangsamung, war Sophias Kopf, ruckartig blitzschnell ungeheuer langsam sich drehend in Richtung Zufahrt, die Waffe in ihrer Hand, nur leicht verzögert, in diese Richtung mitschwenkend. Leicht versetzt, ihre rechte Schulter, hart getroffen, fast ohne jeden Zeitlupeneffekt zurückfliegend. Fast gleichzeitig eine dezente Explosion aus Blut und Gewebe in der Luft direkt hinter Sophias Schulterblatt.

Beas entsetzter, panischer Blick. Alberts entsetzter Blick. Krills entsetzter Blick. Krill, aufspringend, Albert, aufspringend, auf Krill zu.

Die leere Sehne des Bogens. Die bunte Leitfeder auf dem Blech der SUV-Tür, neben einem zerfetzten Loch im Blech.

Sophia, taumelnd. Ein zweiter Schlag, diesmal in ihren Oberarm, eine neuerliche Wolke aus Blut und Gewebe an der Rückseite des Armes.

Das Schussgeräusch diesmal, in Echtzeit, untrennbar verbunden.

Gefolgt von der sehr lauten Ansage einer Männerstimme, die Hannes wiedererkannte.

Stockers „LASS ES!“ galt Sophia.

Erst jetzt, da Stocker die letzten Meter zu der Gruppe zurücklegte, bekam die Stimme ein Gesicht, und Hannes begann die Ton- und Bildinformationen koordiniert zu verstehen.

Sophia, doppelt getroffen, hielt sich den waffenlosen Arm, keuchend durch zusammengebissene Zähne. Stocker erreichte jetzt die Gruppe, schwenkte seine Pistole kurz in Krills Richtung und hob zweimal auffordernd den Lauf. Krill hob die Arme. Albert reagierte, ohne Aufforderung, und klopfte Krills Taschen nach einer Pistole ab, Stocker nickte dazu, trat zu Sophia, die allen Ernstes mit links nach ihrer heruntergefallenen Pistole angelte, und verpasste ihr unfassbar genderneutral einen harten Fußtritt gegen die Brust. Diesmal jaulte Sophia auf, schon vor der harten Landung.

Stocker nahm die Pistole vom Boden auf, mit vorwurfsvollem Blick zu Sophia.

„Sag mal.“

Und Stocker wandte den Blick. Aber nicht zu Krill, Bea und Albert. Sondern nach hinten.

Hannes' Verwirrung nahm zu, so weit das überhaupt möglich war.

Mehr Besuch.

Eine Limousine.

Und ein Mannschaftswagen.

Wieso war Stocker zu Fuß gekommen, wenn er so viel Verstärkung dabei hatte?

Zwei Männer in Anzügen sprangen aus der Limousine und richteten Pistolen auf Stocker. Der die Hände hob und sich sehr laut auswies: „Stocker, Kripo Hamburg. Ruhig bleiben, meine Herren.“

Die Herren wechselten einen verwirrten Blick. Aus dem Mannschaftswagen sprangen vier weitere Herren, die sich offenbar verlaufen hatten. Es war eindeutig zu warm für diese schwarzen Monturen und Helme, und die Sturmgewehre hatten im Alten Land sowieso nichts verloren, so was gehörte allenfalls nach Afghanistan.

Aber Hannes, den Blicken aller noch immer verborgen, weil er weiterhin schockstarr hinter Alberts ungepflegtem Rhododendron stand, schaltete schnell. Und verstand, was das hieß.

Er sah, dass Stocker Bea und Albert bedeutete, wie Krill die Hände zu heben. Sah, dass Stocker betont vorsichtig seinen Dienstausweis herauszog, um ihn seinen Kollegen zu präsentieren. Hannes sah aber auch, dass Stockers Blick kurz auf die bunte Leitfeder fiel, die neben dem Loch in der SUV-Tür hängengeblieben war. Stockers Blick fiel von dem Einschlagloch in der Tür in Hannes' Richtung.

Sein Blick traf Hannes' Blick.

Er nickte, unmerklich.

Trat einen Schritt nach links, geriet versehentlich gegen den SUV und wischte die Feder weg.

Hannes legte Bogen und Pfeile lautlos ab – und rannte. Nach hinten.

Über den Weg, über das Rasenstück zu Alberts eingezäuntem Gemüsegarten, über den flachen Wildzaun, durch die Erdbeeren, um das Gewächshaus herum, in das Beet vor der Brombeerhecke.

Dreißig Pflanzen.

Immer sechs auf einmal.

Immer sechs auf einmal im hohen Bogen über die Brombeerhecke, in den hoch zugewachsenen Graben.

Er hörte, dass jemand sich im Laufschritt näherte.

Die letzten zwölf Pflanzen warf er in flacherem Bogen, nicht über, sondern durch die Brombeeren.

Seine dreckigen Finger lagen mitten zwischen den verbliebenen Tomatenpflanzen, als der schwarzvermummte Helmträger ihn erreichte, mit vorgehaltenem Sturmgewehr.

Hannes erschrak angemessen laut. Und flüchtete, rückwärts krabbelnd, durch das Beet.

„Hilfe! Wer sind Sie! Nicht schießen! Bitte nicht!“

Der Vermummte hob sofort beschwichtigend die Hand und ließ die Waffe sinken, denn natürlich wollte er keinen Frührentner in den Herzinfarkt jagen. „Beruhigen Sie sich!“

„Wer sind Sie! Wieso bedrohen Sie mich!“

„Polizei Stade...“

„Wieso Polizei Stade!“

„Mann“, sagte eine Stimme von hinter dem Bewaffneten, „jetzt hören Sie mal auf, hier die alten Leute zu erschrecken.“

Stocker, begleitet von einem der Anzugträger, erreichte den Gemüsegarten und den im Beet hockenden Hannes.

„Haben Sie den Schuss nicht gehört., Apotheker?“

„Welchen Schuss? Ich hab mein Hörgerät drin. Also nicht im Ohr, im Haus.“

„Ihre Frau wäre eben beinahe erschossen worden.“

„Um Gottes Willen!“

„Wenn nicht“, Stocker nickte dem Vermummten und dem Anzugträger zu, „diese tapferen Beamten die Verbrecher zur Strecke gebracht hätten. Gestatten, Kommissar Schmidt, Kripo Stade. Doktor Hertz, Apotheker aus Hamburg, Gatte der eben von Ihnen geretteten Frau Hertz.“

Hannes rappelte sich auf. „Danke, Herr Kommissar! Was ist denn passiert? Wer wollte... meine Frau? Wieso wollte jemand meine Frau... ich muss zu meiner Frau...“

Kommissar Schmidt war offenkundig verwirrt von der Gesamtsituation.

„Wir?“, sagte er zu Stocker, während Hannes auf ihn zutrat und ihm ausgiebig die Hand schüttelte, was Kommissar Schmidt offenkundig gar nicht so recht war, nicht nur, weil Hannes’ Hände völlig verdreckt waren von der Tomatenerde. „Wir waren eigentlich...“ Schmidt sah Stocker an. „Was machen *Sie* eigentlich hier?“

„Amtshilfe“, sagte Stocker. „Aber den Orden können gern Sie und Ihre Leute haben, ohne Ihren Einsatz wären Frau Hertz und Herr Koch sicher tot.“

„Aha", sagte Schmidt. „Aber Herr Koch ist doch der Täter?"

„Wieso Täter?", sagte Stocker. „Er stand doch *vor* dem Lauf, nicht dahinter."

„Nach unseren Informationen", sagte Schmidt, musste dann aber erstmal nachdenken. „Wer ist jetzt der, der gegen das Betäubungsmittelgesetz verstößt, Koch oder der andere?"

„Der andere wollte gegen dieses andere Gesetz verstoßen", sagte Stocker. „Das aus der Bibel. Du sollst nicht töten."

„Aber hier soll sich doch eine Hanfplantage befinden", sagte Schmidt.

Hannes sah ihn erstaunt an. „Was?"

Stocker sah Schmidt ebenfalls erstaunt an. Und betrachtete die Beete. „Also, ich bin ja kein Gärtner, aber für mich sieht das eher nach Tomaten und Radieschen aus."

„Und Rosenkohl", sagte Hannes.

Schmidt betrachtete die grüne Beweislage.

„Hm", sagte er.

„So", sagte Stocker zu Hannes, streng. „Aber Sie schulden uns eine Erklärung, Apotheker. Sie, Ihre Frau und dieser Koch, Sie gehen alle mit aufs Revier. Das müssen Sie uns, Herrn Kommissar Schmidt und mir, nämlich ganz dringend mal erklären, wieso man sie erschießen wollte. Glauben Sie mal bloß nicht, dass wir das einfach so auf sich beruhen lassen. Richtig, Schmidt?"

„Richtig", sagte Schmidt.

„Ich kann Ihnen nur raten", sagte Stocker, „freiwillig mit den Kollegen mitzugehen. Nach Stade."

„Selbstverständlich. Aber ich glaube, der Fall gehört eher nach Brüssel."

„Das lassen Sie doch mal unsere Sorge sein", sagte Schmidt streng.

„Wahnsinnig gern", sagte Hannes.

EPILOG

Und wieder strahlte die Junisonne Wunder hervor. Hannes, im Schneidersitz auf dem warmen Unkrautvlies zwischen den Beeten sitzend, betrachtete zufrieden die von Albert gespannten Netze um die zarten Rosenkohlpflanzen, denn den Rosenkohl konnten sie auf gar keinen Fall Kohlfliegen und Kohlweißlingen überlassen. Bei keinem anderen Gemüse fiel der geschmackliche Unterschied zwischen unbehandeltem und behandeltem Anbau so dramatisch ins Gewicht wie bei den Miniatur-Kohlköpfen, und wer einmal echten Rosenkohl gegessen hatte, wurde zwangsläufig süchtig und spuckte die bitteren Wasserköpfchen aus dem Supermarktregal ungekaut wieder aus. Aber Albert war fleißig gewesen. Die irreführend putzigen Kohlweißlinge, flatternde Alleszerstörer, fanden keinen Weg durch die schützenden Netze, es würde ihnen nicht gelingen, ihre fetten gelbblauen Raupen unter die Blätter zu kleben.

Hannes war zufrieden. Mit sich, mit der Welt. Mit dem Kosmos, der sich als so verblüffend gerecht erwiesen hatte. Mit Stockers Auftritt. Mit den Auftritten seiner Stammkunden, die ihn eben nicht wegen der *Fake News* im Stich gelassen hatten. Insbesondere aber mit Marianne Englers rührendem Auftritt, denn die alte Dame hatte sich trotz ihres angeschlagenen Zustandes zu Rotary fahren lassen, zum Mittagessen im nahe Hotel Lindner. Hatte das Gespräch gesucht mit Hansen, dem Ex-Intendanten und rotarischen Freund ihres längst verstorbenen Mannes, hatte so die interne Neubewertung des Falles beim NDR erwirkt, die Richtigstellung des Senders in Form eines echten 45-Minuten-Beitrags über den „Fall BBOS“, und so die journalistische Entlarvung Krills und von dessen Intrigen befördert, inklusive der eingesetzten U-Boote und Maulwürfe. Erfreulicherweise hatte man den Beitrag der angeblich vernarbten Kundin ja bereits in Bild und Ton dokumentiert, abschließend musste sie nur mehr ganz narbenlos und unter Tränen gestehen, vom Redakteur Pütz gekauft worden zu sein, worauf Sascha tatsächlich nicht nur versetzt worden war, wie man das sonst mit unfähigen öffentlich-rechtlichen Festangestellten machte, sondern gefeuert. Die Schadenersatzforderung von Hannes' Anwalt hatte Sascha noch nicht erreicht, da dieser unbekannt verzogen war, aber sofern der Ex-Redakteur keinen guten Passfälscher kannte, würde er Hannes nicht entkommen.

Apothekerkammer und Staatsanwaltschaft, animiert von Blockwart Wulpe, hatten zunächst begeistert die Arbeit gegen den gefährlichen Quacksalber Hertz aufgenommen, dann aber, direkt nach den ersten Anfragen der Journalisten, die eigenen Ermittlungen gegen das Apothekerehepaar eingestellt. Die Kammer, besorgt um den eigenen Ruf, hatte Wulpe ehrenvoll in den Ruhestand entlassen, Wulpes Anzeigen gegen Passanten hatten seither massiv zugenommen. Die Anzeigen von Passanten gegen ihn allerdings auch. Hannes wünschte prinzipiell niemandem etwas Schlechtes, schon gar nicht die Höchststrafe, einen Daueraufenthalt in der Psychiatrie, aber bei Wulpe ließ er diesbezüglich Fünfe gerade sein. Man musste ja auch gönnen können.

Hannes sah nach links. Wo Bea und Albert in den Beeten knieten und fleißig Unkraut zupften. Bea drehte sich zu ihm um. Ihr Lächeln geriet ein bisschen schief.

„Bist du bald mal fertig mit deiner Meditation?"

„Kann sich nur noch um Stunden handeln", sagte Hannes.

„Er sät nicht", sagte Albert, „er jätet nicht, er erntet vielleicht, aber er isst gern."

„Hat doch was", sagte Hannes. „Wie die Lilien auf dem Felde."

„Seit wann essen Lilien Rosenkohl?"

„Ich bin halt eine Gourmet-Lilie."

Albert seufzte und wandte sich wieder dem Beet zu.

„Hoffnungslos", sagte er zu Bea. „Ich versage als Lehrmeister in jeder Hinsicht. Sowohl in Sachen Demut, vulgo ‚knie nieder und jäte Unkraut', als auch in Sachen ‚treffen statt zielen'. Nach einem Jahr Üben mit dem Bogen trifft er aus acht Meter Entfernung ... ein Auto."

Bea lachte.

„Ich hätte getroffen“, sagte Hannes. „Wenn nicht Stocker dazwischengeschossen hätte.“

„Ja, sicher“, sagte Albert. Er wandte sich Hannes zu. „Hat der sich eigentlich noch mal gemeldet?“

„Nein, Weshalb?“

„Wegen Hellmann.“

„Dazu wird er uns ja nicht brauchen. Stocker kann lesen, soweit ich weiß. Und zu Hellmanns Sauereien findet er alles auf Patricks HD. Er wird sicher nicht nur die Videos von Patrick und Beata gucken.“

„Aber sicher auch“, sagte Albert.

„Es sei ihm gegönnt. Ich hab die immer noch nicht gesehen.“

„Untersteh dich“, sagte Bea.

Hannes schloss die Augen und wandte sein Gesicht der Sonne zu.

„Würde ich doch nie machen, Sonne.“

„Gut“, sagte Bea. „Und nenn mich nicht...“

Sie legte den Kopf schräg. „Doch. Das gefällt mir. Sonne ist schön.“

„Wundervoll“, sagte Hannes, Beas Namenspatin zugewandt, „haben wir auch das geklärt.“

DANK

Und dann kamen die Apotheker. 2019. Als ich fertig war mit Gesundheit und Krankensystem, als ich dachte, ich hätte zu diesen Themen alles Erforderliche geschrieben – und genug Romane sowieso. Dem war aber nicht so. Jedenfalls möchte ich gern glauben, dass der Roman, den Sie gerade gelesen haben, nicht nur unterhaltend geraten ist, sondern vielleicht sogar relevant.
Es sei aber ausdrücklich darauf hingewiesen, dass dieses Buch ein Roman ist. Wenn auch einige seiner Charaktere erkennbare Vor- und Urbilder in der Realität haben.
Die geschilderten Charaktere sind Kunstfiguren, ihre Beschreibungen sind ebenso fiktiv wie das Handlungsgeflecht, das sie bilden, und die Ereignisse und Situationen, die sich dabei ergeben. Ähnlichkeiten einiger der fiktiven Charaktere mit lebendigen Persönlichkeiten mögen dennoch vorhanden sein, denn ich schreibe ja nicht über Legomännchen oder Steine. Und da ich auch keine Gruselgroschenromane über den Psychopathen von nebenan schreibe, hatten und haben meine frei erfundenen Thriller und Kriminalromane einen Bezug zur Realität. Das gilt für „Prophezeiung" ebenso wie für „Das fünfte Flugzeug", das gilt sogar für die „Shermans", und es gilt eben auch für „Die Apotheker".
Nicht erfunden habe ich Manni.
Und Bea und Hannes erst recht nicht. Aber das steht auf einem ganz anderen Blatt. Und bleibt unter uns.

Ich danke von Herzen: C&F, die diesen Roman inspiriert und mir ermöglicht haben, ihn zu schreiben. Eure Freundschaft zu mir ist von unschätzbarem Wert, eure Informationen, euer Zuspruch und eure konstruktive Kritik auf dem Weg durch die Story waren es auch. Alles, was in und an diesem Buch richtig ist, geht auf eure Kappe, alle Fehler gehen auf meine.
Ich danke Andreas von Westphalen für das kritische Lektorat, Sven Krüger für die entschlossen gezogenen Demarkationslinien, N. für die Ergänzungen meines eigenen gärtnerischen Wissens, Kit für inspirierende Patienten, Robert Schumann für die Gestaltungskunst und Jens Wernicke für seinen Mut und sein Vertrauen.
Persönlich unbekannterweise danke ich für ihre schrecklichen Inspirationen Peter Goetzsche, Ivan Illich, Caroline Walther und Frank Kobylinski, Frank Wittig, Gunter Frank, Marcia Angell, Jörg Blech, Ben Goldacre und Gerd Reuther (insbesondere für seine bemerkenswerte und von Hannes im Text ausgesprochene Feststellung: „Wer sich für eine Therapie entscheidet, verliert den Anspruch auf Schicksal. Dies will bedacht sein.“).

Ich danke nicht zuletzt, sondern zuallererst, Katia und Katharina. Für alles.

Sollten Sie Tipp- oder Satzfehler in diesem Buch finden, freuen wir uns über einen Hinweis an korrekturen@rubikon.news.

Die Deutsche Nationalbibliothek verzeichnet diese Publikation in der Deutschen Nationalbibliografie; detaillierte bibliografische Daten sind im Internet über http://dnb.d-nb.de abrufbar.

ISBN 978-3-96789-006-8
1. Auflage 2020

Lektorat: Dr. Katharina Theml
Konzept und Gestaltung: Buchgut, Berlin
Druck und Bindung: Friedrich Pustet GmbH & Co. KG, Regensburg
Printed in Germany